峨眉山旅游
认识实习教程

李娴　肖倩茹　余志勇 ◎ 编著

中国旅游出版社

P REFACE 前 言

　　旅游管理专业是培养文旅行业专门人才的应用型专业，具有很强的实践性。本教程旨在构建旅游管理专业认识实习知识体系；让学生了解旅游要素发展现状、掌握相关研究方法；在有效锻炼学生实践技能等方面发挥作用，为进一步专业学习打下坚实基础。

　　峨眉山地区文旅产业发展典型，具有代表性。峨眉山市 2019 年入选首批国家全域旅游示范区、首批天府旅游名县，聚集了众多类型的知名品牌文旅产业，包括峨眉山—乐山大佛（世界文化与自然双重遗产），峨眉山景区（国家 5A 级旅游景区），峨秀湖旅游度假区（国家级度假区），大佛禅院（国家 4A 级旅游景区），旅博天地（四川国际旅游交易博览会永久性会址），农夫山泉峨眉山工业旅游区（工业主题国家 4A 级旅游景区），罗目古镇、黄湾小镇、高桥里（文旅小镇），《只有峨眉山》（行进式体验剧目）等，是旅游管理专业认识实习的绝佳目的地。

　　成都理工大学峨眉实习基地位于四川省乐山市峨眉山市峨山镇，峨秀湖旅游度假区内，峨眉山景区旁，距离天下名山牌坊 500 米。该基地始建于 1984 年，是国家级实习基地，经过三十多年的建设已经发展成为我校最重要的实习基地，教室、图书馆、食堂、澡堂、师生宿舍、运动场地等设备齐全，为峨眉山旅游管理认识实习提供了基础保障。

　　本书主要有以下特点：

　　（1）教材贯穿课程思政理念，体现"立德树人"的根本任务。通过各模块的实习知识要点，面向当前国家战略需要并服务于地方旅游经济建设和美好生活，向学生传授爱祖国、爱生活的观念，树立建设美好中国、服务地方旅游经济发展的历史使命。

（2）构建旅游管理专业认识实习知识体系。本教程分为四篇：第一篇总论，明确了实习的目的、任务和实习范围；第二篇阐述了实习的知识要点，从区域旅游地学背景入手，挖掘自然景观和文化特色的根本地域背景与地学成因，进而认识旅游资源及其特征、旅游景区及其服务要素、旅游地产与接待住宿业、节庆活动与文艺演出；第三篇讲授实习方法和技能，包括旅游资源调查、分类与评价，旅游市场调研与分析，景区讲解方法与技巧、活动组织与策划；第四篇为实习组织保障，包括线路的安排和最终成绩认定。

（3）旅游产业要素理论与实践现状无缝链接。立足峨眉山具体实际情况，实习知识要点部分在相关理论讲解后，紧跟实际案例。理论联系实际，让学生直接接触文旅产业发展现状，与展会、餐饮、住宿、交通、景区、购物、休闲、文艺活动等旅游要素零距离接触，进行认识、学习和调查分析。

（4）注重加强学生的实践动手技能。在整个实习过程各知识要点中进行旅游资源调查与分析、景区讲解、市场调研、活动策划等动手能力的练习，有效提升学生的动手能力，并且提高学生对研究方法的使用能力，提升综合素质。

本教材具有科学性、时代性、可操作性，旨在为旅游管理专业学生以及爱好者提供有效的实习实训教材样板。

本教材第一章、第四章、第七章、第十一章、第十二章由李娴撰写；第二章、第三章、第六章、第十章由肖倩茹撰写，第五章、第八章、第九章由余志勇撰写。

编者

2022 年 5 月

C ONTENTS 目 录

实习总论篇

第 1 章　绪论 ··· 3

　1.1　实习目的与任务 ··· 3

　1.2　实习范围 ··· 4

实习知识篇

第 2 章　区域旅游地学背景 ··· 9

　2.1　峨眉山地质概况 ··· 9

　2.2　峨眉山旅游地学景观 ·· 20

第 3 章　旅游资源分类与特征 ····································· 57

　3.1　地文景观类旅游资源 ·· 61

　3.2　水域景观类旅游资源 ·· 71

　3.3　生物景观类旅游资源 ·· 76

　3.4　天象与气候景观类旅游资源 ··································· 84

　3.5　建筑与设施类旅游资源 ··· 91

　3.6　历史遗迹类旅游资源 ·· 112

3.7　旅游购品（文创产品）类旅游资源 ·············· 119

3.8　人文活动旅游资源 ·············· 125

第 4 章　旅游景区及其服务要素 ·············· 128

4.1　旅游景区概念与分类 ·············· 128

4.2　景区服务管理要素及要求 ·············· 133

第 5 章　旅游地产与接待住宿业 ·············· 148

5.1　旅游地产的基本内涵 ·············· 148

5.2　中国旅游房地产的起源与发展变革 ·············· 152

5.3　峨眉山旅游房地产的发展与现状 ·············· 154

5.4　超大型旅游地产项目集群 ·············· 157

5.5　接待住宿业 ·············· 159

5.6　峨眉山接待住宿业的发展与现状 ·············· 165

5.7　认识对象 ·············· 167

第 6 章　节庆活动与文艺演出 ·············· 171

6.1　会展场馆 ·············· 171

6.2　峨眉山会展场馆与活动 ·············· 177

6.3　文艺演出与设施 ·············· 186

实习方法及技能篇

第 7 章　旅游资源调查、分类与评价 ·············· 197

7.1　旅游资源调查 ·············· 197

7.2　旅游资源分类 ·············· 203

7.3　旅游资源定性与定量评价 ·············· 215

第 8 章　旅游市场调研与分析 ·············· 221

8.1　旅游市场调查方法 ·············· 221

8.2　调查方法与调查问卷 ·············· 228

8.3　数据处理 ·· 247

第 9 章　导游讲解的方法与技巧 ···································· 250

9.1　景区讲解的基本内涵 ·· 250

9.2　景区讲解的基本方法 ·· 252

9.3　途中模拟导游讲解 ·· 256

9.4　现场模拟导游讲解环节 ··· 257

第 10 章　活动组织与策划 ·· 261

10.1　认识节事活动 ·· 261

10.2　节事活动策划 ·· 268

10.3　节事活动的组织与管理 ·· 284

10.4　节事活动评估 ·· 285

实习组织保障篇

第 11 章　主题实习线路与组织 ···································· 299

11.1　峨眉山景区考察路线 ··· 299

11.2　峨秀湖度假区文旅业态考察路线 ································ 303

第 12 章　实习形式与考核 ·· 307

12.1　实习形式与任务 ·· 307

12.2　考核与成绩 ··· 308

附件 1：实习纪律 ·· 311

附件 2：小组实习报告成果展范例 ···································· 312

参考文献 ··· 319

实习总论篇

第1章　绪论

1.1　实习目的与任务

旅游管理专业是传承旅游管理相关知识体系、培养旅游行业专门人才、促进旅游业可持续发展、增进人类跨文化交往的应用型专业，专业具有鲜明的行业性，同时教学过程中也要求很强的实践性。在我国进入"十四五"高质量发展之际，文旅融合创新发展成为旅游业重要的发展方向，对旅游的高素质人才培养成为当今旅游管理专业人才培养的重点，在此背景下，纳入必修课程的专业认识实习高质量执行尤为重要。峨眉山旅游管理认识实习是旅游管理专业学生在学完"旅游管理专业导论""旅游学概论"等专业基础课程之后进行的第一次野外认识实习，属基础教学实践环节的必修课程。

1.1.1 实习目的

（1）通过在峨眉山地区进行现场观察、参观等教学环节，学生能建立对旅游管理专业的直观认识，了解旅游管理专业的研究对象、内容和任务。

（2）培养专业学习的兴趣，进一步巩固专业思想。

（3）认识旅游资源地学背景与资源特征，认识文旅产业各业态及相关运营现状。

（4）锻炼旅游资源调查、分类与评价，市场调研，导游讲解的技能以及基本的专业技能，为后续专业课程学习奠定一定基础。

（5）培养团队意识、协作能力，培养严谨的科学研究精神，培养吃苦耐劳精神。

1.1.2 实习任务

（1）培养学生初步认识旅游地学背景、了解旅游资源及其调查、分类与评价的步骤。

（2）了解旅游景区及其旅游服务要素，理解旅游景区精细化管理的基本要素。

（3）了解旅游地产与接待住宿业，理解产业融合发展的实践，理解不同住宿接待业的特点与区别。

（4）了解节庆活动与文艺演出等文旅新业态，了解旅游行业运作机制。

（5）实践旅游资源调查、分类与评价能力、旅游市场调研与分析能力，导游讲解能力；锻炼学生提出问题、分析问题、解决问题的能力。

1.2 实习范围

峨眉山专业认识实习是以成都理工大学峨眉山实习基地为中心，涉及峨眉山景区和峨秀湖度假区所辖范围，占地面积 168.79 平方千米，其中，峨眉山景区 158 平方千米，峨秀湖度假区 10.79 平方千米（图 1-1）。峨眉山景区是世界遗产地、国家 5A 级旅游景区、佛教圣地、动植物世界，突显山地型旅游景区特征，从低山区、中山区到金顶，呈现出不同的山地资源特征及相应的旅游项目开发；峨秀湖度假区是国家级旅游度假区，包括了度假小镇、禅修养身以及滨湖度假三个板块，集中了各类型的住宿接待业、文艺演艺、康体疗养、夜间旅游、佛教体验、运动健身等各旅游业态。

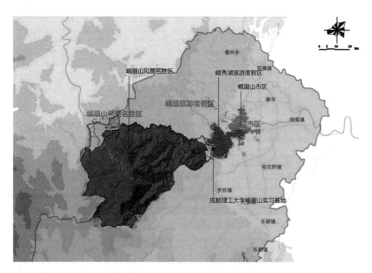

图 1-1 实习范围红线图

峨秀湖度假区包括了度假小镇、禅修养身以及滨湖度假三个板块及各文旅业态，其分布如图1-2所示。

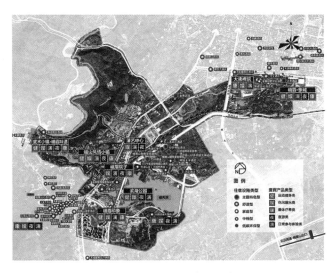

图1-2　峨秀湖度假区业态分布

峨眉山景区以山地旅游景区为特征，从低山区、中山区到金顶，呈现出不同的山地资源特征及旅游项目开发，其分布如图1-3所示。

图1-3　峨眉山景区文旅资源分布

实习知识篇

第2章　区域旅游地学背景

课程思政： 用辩证唯物主义观点认识和理解旅游区域地质背景和地学景观成因。

实习目的： 了解区域旅游地学背景；了解旅游地学景观特征及地学成因；了解旅游地学遗迹的保护与开发利用。

实习方法： 课堂讲解与实地观察。

实习地点： 基地、黄湾阶地、龙门硐、峨眉山。

知识要点：

1. 区域地质背景

熟悉峨眉山地质概况，了解峨眉山地层、地质构造、发展简史及其矿产。

2. 峨眉山主要景观特征及地学成因

掌握峨眉山各种旅游地学景观的特征及成因。

2.1　峨眉山地质概况

峨眉山地质，早就为中外学者所瞩目。虽然 1917 年日本东京地学协会曾派小林仪一郎（Kobayashi）来华绘制过峨眉山地质图，但地形地质率多错讹，参考价值不大。开创性研究为 20 世纪 20 年代末，赵亚曾先生步履峨眉山，绘制的峨眉山地质图、地质剖面图和所建立的地层层序，至今仍有重要的参考价值；他命名的"峨眉山玄武岩"一词沿用至今。20 世纪 20 年代末和 30 年代初，先后有瑞士地质学家汉漠（A. Heim）、中国学者李春昱、谭锡畴、袁见齐等对峨眉山地质进行了研究。其后杨登华、盛莘夫、赵家骧、王嘉荫等对峨眉山花岗岩、地层、地貌、地质构造等作了多学科研究。

20 世纪 50 年代以来，四川省地质矿产局、成都地质矿产研究所、四川省石油管理局、南京地质古生物研究所、四川省化工局地质队、四川省冶金地勘局、成都理工大学等科研、教学、生产部门先后对峨眉山地层、古生物、岩石、沉积相、构造、地貌及第四纪地质、水文地质等进行了大量研究工作，卓有成效。尤其是我校建立的两条著名的地层剖面：一是麦地坪剖面，已被国际地科联列为国际前寒武系—寒武系界线层型参考点之一；二是龙门硐三叠系沉积剖面，国内外学者考察后一致认为该剖面地层出露完整、沉积标志极其丰富，已由四川省人民政府于 1984 年列为省级地质剖面保护点。

2.1.1 地层

峨眉山地区的地层除志留系、泥盆系和石炭系完全缺失外，从上元古界至第四系均有出露。其中除上元古界浅变质岩、上二叠统下部为火山岩外，其余均由碳酸盐岩、陆源碎屑岩组成，总计厚度七千余米（表 2-1）。上元古界、下震旦统出露于大瓦山断块金口河一带，上震旦统—下奥陶统主要出露于洪椿坪—雷洞坪与大峨寺—张山一带对称分布，中二叠统—三叠系以洪椿坪、张沟一线也呈对称出露，但东侧龙门硐一带大都倒转。侏罗系—上新统分布于峨眉低山—平原过渡地带，第四系主要见于峨眉平原。

表 2-1　峨眉山实习区地层简表

年代地层		岩石地层	代号	厚度（m）	岩 性 组 合
第四系			Q	0~130	冲积、洪积、残积、坡积层
新近系	上新统	凉水井组	N_2l	135	半胶结的砾石层、粉砂质黏土层，产植物化石；河流相
古近系	始新统	名山组	$E_{1-2}m$	150	下部以砖红色中—厚层砂岩为主，夹薄层泥岩；上部以砖红色泥岩为主，夹粉砂岩及细砂岩；产介形类及孢粉化石；半咸化湖泊相
	古新统				

续表

年代地层		岩石地层		代号	厚度（m）	岩　性　组　合
白垩系	上统	灌口组		K_2g	423	砖红色、紫红色中—厚层粉砂岩、泥岩，岩石中含大量的石膏晶粒、膏盐晶洞，具水平层理、小型斜层理和微波状层理；产介形类化石；上部夹少量灰岩、白云岩及薄层石膏；咸化湖泊相
	下统	夹关组		K_1j	453	砖红色厚—块状砂岩夹粉砂岩及薄层泥岩，底部具底砾岩，具大型交错、平行、槽形层理，波痕、泥裂及冲刷面构造；产介形虫、鱼、恐龙足迹化石等；河流相
		天马山组		K_1t	260~370	棕红、砖红色泥岩、砂质泥岩为主，夹同色含长石石英砂岩或钙质砂岩，夹层以该组下部出现较多，局部具底砾岩。含介形虫：Cypridea sp.，Mongolianella sp.，等，与下伏地层为平行不整合接触；河湖相
侏罗系	上统	蓬莱镇组		J_3p	90	紫红色泥岩为主，夹粉砂岩及少量细砂岩，偶夹灰岩团块或薄层，发育微波状层理；产双壳类、介形虫为主的化石；湖泊相
		遂宁组		J_3s	370	鲜艳的砖红色泥岩为主，夹少量砂岩、粉砂岩及薄层泥灰岩，泥裂发育；产介形类化石；河泛平原上的河漫滩相
	中统	沙溪庙组	上段	J_2s^2	398	紫灰、灰绿、紫红色的砂岩、粉砂岩、泥岩的旋回层，上部夹少量泥灰岩，底部为厚约10m的灰黄色厚层砂岩，见斜层理、楔形层理、平行层理等；河流相
			下段	J_2s^1	178	灰绿、灰黄、紫红色砂岩、粉砂岩、泥岩的旋回层，底部有20m厚灰白色厚层砂岩，顶部为含叶肢介化石的泥岩（湖泊相），具斜层理、平行层理等；河流相
	下统	自流井组		$J_{1-2}z$	211	黄灰、绿灰、紫红色砂岩、粉砂岩、泥岩的旋回层，中上部夹薄层泥灰岩，底部为厚0.25m的砾岩，具水平、波状层理；产介形类、植物化石；湖泊相

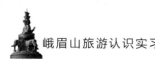

续表

年代地层		岩石地层	代号	厚度（m）	岩 性 组 合
三叠系	上统	须家河组	T_3x	699	中上部可分五段，二、四段以泥岩为主，具多层可采煤层，产双壳类、植物化石；沼泽相，其余段灰、黄灰色砂岩、粉砂岩、泥岩的旋回层，底有厚约0.5m的硅质细砾岩，河流相；下部灰、深灰色砂岩、粉砂岩、碳质页岩或劣质煤层或煤线的旋回层，与底部间见厚层硅质石英砂岩；产双壳类及植物化石；滨海—滨岸沼泽—河流相；底部深灰色、灰黑色薄—中层灰岩，泥灰岩与泥岩或页岩的韵律层覆于硅质细砾岩之上，产双壳类、菊石等化石；海相
	中统	雷口坡组	T_2l	450	底部浅绿灰白色水云母黏土岩（"绿豆岩"）、云泥岩、纹层状及中层状白云岩，中部以灰岩为主，上部为白云岩，含石膏白云岩夹膏溶角砾岩，具斜层理、微波状、微细水平层理和鸟眼构造等；产腕足类、海百合茎化石；咸化潟湖相
	下统	嘉陵江组	T_1j	190	下部黄灰色白云岩夹云泥岩，中部为灰紫色灰岩及泥灰岩，上部以黄灰色白云岩为主夹紫红色膏溶角砾岩，具潮汐层理、渠迹、鸟眼及格子状构造等；产双壳类、腕足类及遗迹化石等；海相
		飞仙关组	T_1f	90	灰白色灰岩与紫红色砂岩、粉砂岩、泥岩的旋回层，顶部为含玉髓砾石的砂岩、粉砂岩、泥岩的旋回层，具潮汐、包卷层理，重荷模、泥裂、波痕及缝合线构造等；产双壳类、腕足类及遗迹化石；河口湾相
		东川组	T_1d	200	主要为紫红色砂岩、粉砂岩及泥岩的旋回层，具大型板状、槽形、平行层理，冲刷面、波痕、泥裂等；未见化石；河流相
二叠系	上统	宣威组	P_3x	96	紫红、灰绿、黄绿等色的砂岩、粉砂岩、泥岩及煤线的旋回层，底部为玄武岩的古风化壳，含少量铜、铁、铝土矿等，具斜层理、冲刷面等构造；产植物化石；沼泽—河流沼泽相
		峨眉山玄武岩组	P_3e	258	深灰色微晶、隐晶、斑状、杏仁状等玄武岩旋回层，具柱状节理，底部有厚约1m的铝土质黏土岩、泥岩炭质页岩夹煤线等，产植物及腕足类化石；陆相喷发—滨海沼泽相
	中统	茅口组	P_2m	195	深灰色、灰色中—块状灰岩为主，夹薄层泥灰岩，含燧石条带或结核，灰岩中普遍含沥青质；产珊瑚、腕足、蜓及苔藓虫化石；海相

年代地层		岩石地层	代号	厚度（m）	岩 性 组 合
二叠系	中统	栖霞组	P_2q	92	以灰、深灰色中—厚层状灰岩为主，夹少量泥灰岩，上部含燧石结核，灰岩中普遍含沥青质；产珊瑚、腕足、蜓及苔藓虫化石；海相
		梁山组	P_2l	>1	主要为灰、灰黑色页岩、泥岩，夹少量砂岩及粉砂岩，局部夹煤线，产腕足类化石；含星散状黄铁矿；与下伏地层未见直接接触；滨海沼泽相
奥陶系	下统	大乘寺组	O_1d	80~167	灰绿、黄灰色页岩、泥质粉砂岩夹细砂岩。产丰富的三叶虫、笔石化石，与下伏地层整合接触；陆棚相
		罗汉坡组	O_1l	77~131	下部为杂色白云岩、灰岩与砂岩互层，上部为杂色砂岩、砂质泥岩，化石带自下而上分为笔石 Rhabdinopora flabelliformis 延限带，三叶虫 Wanliangtingia- Loshanella loshanensis 和 Chunkiangaspis sinensis-Lohanpopsis lohanpoensis 组合带及头足类 Cameroceras 延限带，与下伏地层整合接触；陆棚—滨浅海相
寒武系	上统	洗象池群	$\in_{2-3}X$	193~282	灰、浅灰色薄—厚层状粉晶白云岩，局部夹石英砂岩透镜体及硅质结核，含藻类化石，与下伏地层整合接触；潮坪相
	中统	西王庙组	$\in_2x$	7~16	紫红色泥质粉砂岩，白云质粉砂岩夹白云岩，局部夹石膏薄层，与下伏地层整合接触；潮坪相
		陡坡寺组	$\in_2d$	14~45	下部为杂色粉砂岩、泥岩夹粉晶白云岩，上部为灰黄色薄—中厚层状泥质白云岩与砂质白云岩互层，顶部为灰绿色页岩、粉砂岩，与下伏地层整合接触；陆棚相
	下统	龙王庙组	$\in_1l$	64~119	为一套浅灰白色含陆屑的砂泥质白云岩夹数层碎屑岩，时有膏盐层，与下伏地层整合接触；咸化浅海相
		沧浪铺组	$\in_1c$	95~106	下部杂色长石岩屑砂岩、白云石粉砂岩、粉砂质泥岩不等厚互层，上部含砾岩屑砂岩，顶部粉晶—砂屑白云岩，产 Girvanella sp.，与下伏地层整合接触；咸化浅海相
		筇竹寺组	$\in_1q$	250~334	灰、黄绿色泥质粉砂岩、粉砂岩，上部产丰富的三叶虫化石；与下伏地层平行不整合接触；海湾—陆棚相
		麦地坪组	$\in_1m$	35~38	下部为灰、深灰色薄—中层状砂屑白云岩夹硅质白云岩及胶磷矿条带、局部磷块岩上部灰、深灰色中厚—厚层状细晶白云岩及含胶磷矿砾屑不等晶白云岩夹少量水云母黏土岩，与下伏地层整合接触；低—中能潮坪海湾相

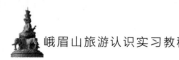

续表

年代地层		岩石地层	代号	厚度（m）	岩 性 组 合
震旦系	上统	灯影组	Z_2dn	869~942	灰白、浅灰色内碎屑、亮晶、粉晶白云岩为主，中部富含藻化石，形态多样，以底部黑灰色厚—巨厚层角砾状细晶白云岩，与下伏地层整合接触；潮坪相
		观音崖组	Z_2g	41~48	下部为灰白色白云质石英细砂岩与中厚层白云岩互层，底部含砾石英砂岩，上、中部为浅灰色薄—中厚层状白云岩、藻屑白云岩，上部夹薄层炭屑白云岩；潮坪相
	下统	开建桥组	Z_1k	2861	下部以紫红、紫灰色砂质凝灰岩为主，夹灰绿色流纹质玻屑凝灰岩、砂砾岩等，上部以灰紫、绿灰色含砾砂质凝灰岩、凝灰角砾岩、流纹质玻屑凝灰岩及凝灰质长石岩屑砂岩为主，夹凝灰质粉砂岩，含 Trematosphaeridiurn, Trachyminrcscula, Leiopsophasphaera 微古植物化石，与下伏地层整合接触；陆缘裂谷火山岩—滨岸相
		苏雄组	Z_1s	1164	下部灰绿色凝灰岩夹少量玄武岩及英安岩，中部以中酸性熔岩为主，上为沉凝灰岩和玄武岩，含 Trematoshaeridium, Palyporata, Lignurn 微古植物化石，与下伏峨边群呈不整合接触；陆缘裂谷火山岩相
峨边群		茨竹坪组	Pt_2cz	400~1500	以深灰色中层—块状变质石英砂岩、粉砂岩及板岩不等厚互层为主，夹变质砾岩、碳质板岩，含微古植物化石，与下伏地层整合接触；陆棚相
		烂包坪组	Pt_2lb	320~400	下部为绿、绿灰色酸—基性岩屑晶屑凝灰岩、砂砾质凝灰岩、凝灰质砾岩及变质玄武岩不等厚互层，底部为砾石，砾石成分除大量基性火山岩外，还见有下伏地层的白云岩、板岩等，分选及磨圆均差；上部为浅绿、紫灰、紫红色变质杏仁状、致密状、斑状玄武岩和玄武质凝灰岩，与下伏地层平行不整合接触；陆缘火山岩相
		枷担桥组	Pt_2jd	550~1100	灰、灰白色硅化白云岩、灰黑色板岩夹灰岩、灰绿色板岩，与下伏地层整合接触；潮坪相
		桃子坝组	Pt_2tz	1733	黑色板岩—灰绿色安山质火山岩、深灰色板岩夹白云岩与紫灰、浅绿色安山玄武质火山熔岩和火山碎屑岩组成两个沉积—火山旋回，未见底；陆海过渡相

注：据四川省岩石地层（四川省地矿局，1997）、峨眉山地区地质认识实习指导书（邓江红，2009），修改

2.1.2 地质构造

峨眉山位于扬子地台西部边缘峨眉山断块内，由一系列复背斜和复向斜组成，断裂纵横交错。教学区内褶皱构造主要有峨眉山背斜、二峨山背斜、牛背山背斜和桂花场向斜。断裂构造主要有峨眉山断层、观心庵断层、大峨寺断层、回龙山断层和挖断山断层等。

（1）峨眉山背斜：是本区规模最大的主干构造，分布面积约100平方千米，轴向近南北。核部位于张沟、洪椿坪一线，出露新元古界峨眉山花岗岩；两翼依次出露震旦系、寒武系、奥陶系、二叠系和三叠系。西翼岩层产状正常、倾角较平缓，金顶一带玄武岩倾角仅15°~20°；东翼岩层倾角较陡，在新开寺及其以东，二叠系及三叠系渐变为倒转。枢纽近水平，为一规模较大的斜歪倒转水平背斜。

该背斜南端被北东向峨眉山断层切断，北端被观心庵断层和大峨寺断层切断，形成西翼南北延伸约20千米，东翼仅4千米的背斜残体。

（2）二峨山背斜：位于二峨山主脉东南侧，轴向北东，向北东倾伏，两翼大体对称，倾角较陡。核部为寒武系，两翼依次为奥陶系、二叠系、三叠系。背斜在北西翼发育次级褶皱和断层。

（3）牛背山背斜：为本区次级褶皱构造。南起慧灯寺，北到尖尖石，中南段轴向北西，北段逐渐转为北东，迹长约27千米。核部地层为中二叠统，两翼分别依次为上二叠统、三叠系、侏罗系。南西翼产状正常，倾角中等；北东翼南端倒转，倾角较陡；枢纽倾伏南东，倾角中等，为斜歪倒转倾伏背斜。背斜轴部虽有断层通过，但因断距较小，褶皱形态仍然保持完整。

（4）桂花场向斜：是与牛背山背斜伴生的向斜构造，南起纯阳殿，北达砚台山。轴向北西，延长12千米以上。向斜北西段较宽，南东段较窄。木鱼山一线核部地层为下三叠统飞仙关组，两翼分别为下三叠统东川组、上二叠统宣威组、上二叠统峨眉山玄武岩组、中二叠统茅口组。南西翼倾角较缓，仅10°~20°；北东翼较陡，达20°~60°。枢纽分别向北西和南东倾伏，为一开阔的斜歪倾伏向斜。

（5）峨眉山断层：是本区主要的逆断层，它对本区构造单元的划分和地貌现状起着重要的控制作用。断层走向为北东—南西，倾向北西，倾角50°~70°。

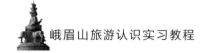

南段斜切峨眉山背斜，致使张沟一带的新元古界峨眉山花岗岩逆冲到二叠系、三叠系之上，最大地层断距达3500米；下盘地层局部倒转。断层向北东方向延伸至鞠槽附近淹没于第四系之下。

（6）观心庵断层：南起新开寺，往北西延至喻田子附近消失。断层走向北西—南东，长约15千米。断面倾向南西，倾角65°~70°。南西盘相对上升，为一逆断层。该断层被晚期北东向、东西向断层切为数段。

（7）回龙山断层：发育在牛背山背斜南西翼近核部，走向为北西—南东，断层面倾向南西，倾角65°。在回龙山南坡及龙门硐河谷底可清楚地看到断层面、断层破碎带、劈理、小型构造透镜体、地层不对称重复以及地层出露不全等断层证据。其性质为逆断层。

（8）挖断山断层：发育在牛背山背斜核部，走向北西—南东。南起麻柳湾，北至石店，全长约9千米。断面倾向南西，倾角较陡。在挖断山垭口，中二叠统茅口组灰岩覆于上二叠统峨眉山玄武岩之上，且玄武岩下部断失近百米。至北西两河口一带，茅口组灰岩被错断，岩石破碎，节理、劈理、构造透镜体等现象明显，为逆断层。

综上所述，峨眉山地区构造线方向有南北向——如峨眉山背斜，北东向——如峨眉山断层，北西向——如观心庵断层，近东西向——如大峨寺断层。主干构造峨眉山背斜的南北两端分别被峨眉山断层和观心庵断层、大峨寺断层切断；而丰都庙断层的北段又从二峨山北端通过，把本区分割成明显的三个（次级）断块：即西部的大峨山断块、南部的二峨山断块、东部的峨眉冲洪积平原菱形断块。

峨眉山断层以西的广大高—中山地区有深切峡谷、深切河曲、悬挂的喀斯特泉，与相邻断块地区比较，有同级阶地相对高程大、崩滑现象显著等特征，显示新构造运动期以上升运动为主，且幅度较大。二峨山断块区构造运动上升幅度相对较小。而峨眉平原断块则相对下降，沉积了新近纪以来各个地质时期的冲积、洪积层，厚度在130米以上。

2.1.3 地质构造发展简史

峨眉山可追溯的构造历史远至晚元古代晋宁运动，表现为强烈的褶皱造山运动，以峨边群为代表的基底地层发生区域变质作用和强烈的褶皱，伴随着酸性岩浆活动——峨眉山花岗岩（绝对年龄 8.2 亿年）的形成，构成了峨眉山"基石"。当上震旦统观音崖组滨浅海相碳酸盐岩沉积在下伏峨眉山花岗岩之上时，构成了本区第一个角度不整合接触关系。自震旦纪晚期直到古近纪渐新世长达 5 亿~6 亿年的漫长时间，各时代地层均以整合或平行不整合接触。早古生代期间的加里东运动记录了海平面的升降，二叠世中期海西运动（即东吴运动），伴随扬子陆块的裂解或地幔柱的隆升，广泛的基性玄武岩浆喷发，也未造成本区上地壳发生明显的水平缩短变形，并持续到广泛见于龙门山、松潘—甘孜以及三江地区的印支运动及燕山运动期间。第二个角度不整合面出现在新生代中晚期，表现在上新世凉水井组与下伏地层产状的不协调或断层接触，表明本区大规模褶皱变形开始于古近纪结束沉积之后、上新世沉积开始之前。第三个角度不整合面出现在第四纪期间，近于水平的中更新统角度不整合于产状近于直立的上新统凉水井组之上，这暗示了中更新世以来至今峨眉山地区的构造变形仍然在继续，只是强度明显降低了。因此，实习区的褶皱变形和逆断层发生在新生代期间，也就是喜马拉雅运动期间，尤其以上新世以来最为剧烈。

峨眉山断块平面形似匕首状块体（图 2-1），受西侧青藏高原强烈抬升及地壳物质向东逃逸的推挤下，向北东楔入四川盆地，很自然的，这个楔入体的前端，即麻子坝—桂花场—报国寺一带，遭受强烈的缩短变形，产生一系列褶皱变形、逆冲断裂和部分地层倒转，峨眉山北东山麓分布的万年寺逆断层、报国寺逆断层、挖断山逆断层等多条逆断层以及峨眉山背斜、桂花场向斜以及倒转的牛背山背斜等构造，均定型于这次构造应变场中。

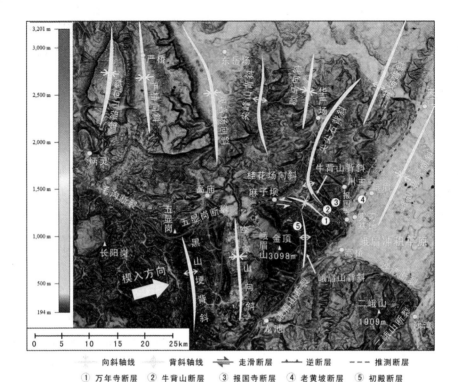

图 2-1 峨眉山构造—地貌示意

≪≪ 知识拓展 ────────────────────────

　　峨眉山新构造运动与地貌：晚新生代以来，"印—亚"碰撞导致了青藏高原的快速隆升、构造变形和地壳加厚，其地壳物质在向东逃逸的过程中，由于受到了扬子陆块的阻挡，在四川盆地西缘表现为强烈的构造隆升运动，发育了众多陡峻的山脉。峨眉山即是在这一地质背景下形成的。

　　继承了燕山晚期的构造隆升运动，新近纪以来峨眉山在东西向构造主应力的控制作用下，喜山初期表现为强烈的褶皱造山运动，形成了峨眉山的主体——峨眉山背斜，并沿峨眉山断层迅速抬升，海拔高度已达 2000 米左右。与此同时，受构造主应力在北西、北东方向的"X 形"分压应力的影响，峨眉山背斜内部形成了多个活动地块，并发育了众多北东和北西向的褶皱与断层，如北东向的二峨山背斜、北西向的牛背山背斜、桂花场向斜、观心庵断层、回龙山断层和挖断山断层等。喜山后期，构造应力以北西—南东方向的分压应力为主，断层及褶皱进一步发育，峨眉山持续隆升，与峨眉平原相对高差达 2600 多米。同时，由于各活动地块及其边界断层的构造隆升速率有所不同，从而逐渐形成了现今峨眉山自万佛顶—金顶一线高山地貌，向东分别发育中山（洗象池—九老洞）、低山丘陵（洪椿坪—伏虎寺）、平原（报国寺—凉水井）多台阶状构造—侵蚀地貌的基本格架与轮廓。

外动力地质作用对地貌的改造作用实质上是其对地表岩石的侵蚀、搬运和沉积作用的体现，是不同类型的外地质营力共同作用的结果，可称之为造貌作用或地貌作用。峨眉山的西部地区由于构造隆升运动形成了高大的山脉，而东部地区则由于地壳下降成为构造运动的沉降区。在外动力地质作用的侵蚀、搬运和沉积作用下，新构造运动隆升形成的高山地区，往往会受到外动力地质作用的侵蚀，形成高岭峡谷、深切曲流等构造侵蚀地貌。同时，由于外动力地质作用的搬运与沉积作用，在新构造运动的沉降区则会发育不同沉积环境下的堆积地貌，如大型的冲—洪积平原（峨眉平原）、中—小型的冲—洪积扇（庙儿岗洪积扇）、河流阶地（黄湾阶地）以及坡地堆积地貌等。

因此，现今峨眉山地区所形成的"高山—中山—丘陵—平原"以及在不同构造部位发育的侵蚀地貌和堆积（沉积）地貌即是新构造运动、多种外动力地质作用（风化、重力崩塌、河流、岩溶等）和时间三者共同作用于地表最为集中、最为典型的体现。

2.1.4 矿产

本区矿产种类较多，规模大小不等。兹将主要矿种简介如下：

（1）白云石：区内白云岩发育的主要层位有震旦系、寒武系及三叠系，厚度大，储量大。目前只在余山东侧开采，供高桥磷肥厂作钙镁磷肥的配料。

（2）石灰石：储量丰富，主要产自中二叠统、下三叠统嘉陵江组。目前在二峨山等处作为水泥原料开采。

（3）石膏：主要产出层位为中三叠统雷口坡组，在大为地区已进行半机械化露天开采。主要用于硅酸盐水泥作缓凝剂和建筑材料。

（4）煤：主要产出层位为上三叠统须家河组，在荷叶湾、龙池、川主一带

已有数十年开采史。煤层多且质好，但煤层薄，仅供地方小型煤矿开采。

（5）砂卵石：产于第四纪全新世冲积层，作为建筑材料，目前在临江河等处开采。

（6）石料：主要在下白垩统夹关组、上三叠统须家河组产出。高桥一带开采的须家河组厚层砂岩的抗压强度为 500~1000kg/cm²，属坚硬岩类，是较好的建筑材料。

此外，在张沟有小规模的花岗石料开采。

（7）泉水：泉水是一种宝贵的矿产资源。神水阁的峨眉玉液泉含有多种对人体有益的矿物质，且未遭受工业污染，为优质矿泉水。位于两河口附近的低氡温泉，也具有一定的医疗和旅游价值。

2.2 峨眉山旅游地学景观

峨眉山是我国四大佛教名山、119 个国家级风景名胜区、66 个创建 5A 级旅游景区之一，它不仅坐拥历史悠久的报国寺、万年寺、洗象池等宝刹古寺，挽携气象万千的洪椿晓雨、象池月夜、金顶佛光等自然风光，孕育出千姿百态的奇花异草、灵猴琴蛙等珍稀动植物，还具有观赏及科考价值很高的地质、地貌景观。合理地开发、利用和保护这些景观资源，对峨眉山的旅游和科考事业的可持续发展有着十分重要的意义。

峨眉山的地质演化史，概括起来，就是"八亿年的孕育，七千万年的成长，二百万年的春风时雨和潜移默化"。在数千万年的演变过程中，经历无数次强烈的地壳运动，形成多种类型的地质构造，在国际上划分的 13 个地质代中，除缺失中、晚奥陶纪，志留纪，泥盆纪和石炭纪外，其余各时代地层均有沉积，因此被誉为"地质博物馆"。

地学景观是指地球内、外营力综合作用于地球岩石圈而形成的各种现象与事物的总称。地文景观类旅游资源则是能对旅游者产生吸引力、可以为旅游业开发利用的地文景观物象。包括岩石、化石、典型地层、构造形迹、地震遗址、山岳、洞穴、海岸以及各种特异地貌等景观。

地文景观旅游资源可分为地质资源及地貌旅游资源两类，其中地质资源可细分为：典型地质构造遗迹旅游资源、生物化石与典型地层剖面旅游资源、岩石与矿物旅游资源、地震遗迹旅游资源及火山景观旅游资源；地貌旅游资源可细分为：山地景观旅游资源、峡谷景观旅游资源、岩溶景观旅游资源、海岸与岛礁旅游资源、干旱区景观、丹霞地貌景观旅游资源及其他地貌景观旅游资源。

2.2.1 地质景观

（1）岩石旅游景观。

①花岗岩景观。

主要成分：

花岗岩是由岩浆冷凝形成的酸性侵入岩，其 SiO_2 含量大于 65%，色率（暗色矿物占岩石的体积百分比）通常小于 15（图 2-2），石英含量大于 20%，长石为主要矿物，分为正长石、斜长石（碱石灰）及微斜长石（钾碱），常含一定量的黑云母、角闪石等（图 2-3）。其进一步分类按定量矿物、化学成分、副矿物种类、形成环境、物源等。广义的花岗岩还包括一些在成因上紧密相关、其 SiO_2 < 66%、石英 > 5% 的偏酸性的中性岩，以及由变质作用形成的花岗质岩石。花岗岩是世界上分布最广的一类侵入岩，占大陆地壳岩浆岩的一半以上。主要分布在造山带和古老陆（地）块的结晶基底上。花岗岩类与铁、铜、锡、钨、铋、钼、铌、钽、铀等金属及稀有、稀土和放射性元素矿产有关，其本身也因色泽美丽、质地坚硬难被酸碱或风化作用侵蚀而作为应用广泛的建筑材料；致密的花岗岩也是良好的隔水层和油气藏盖层。

图 2-2　斑状中粒二长花岗岩野外照片（风化弱）

图 2-3　细粒二长花岗岩（具花岗结构，+N）

花岗岩（Granite）的语源是拉丁文的 granum，而汉字名词花岗岩则是由日本人翻译而来。明治初期的辞典与地质学书籍将 Granite 翻译作花岗岩或花刚岩。花形容这种岩石有美丽的斑纹，刚或岗则表示这种岩石很坚硬，也就是有着花般斑纹的刚硬岩石的意思（图2-4）。中国学者则沿用此译名。

图2-4　花岗岩手标本照片

形成原因：

花岗岩与玄武岩同属岩浆岩，不同的是在岩浆喷发的时候，花岗岩是由地下深处炽热的岩浆上升，在高压下失热冷凝而形成，质地比喷出地表后形成的玄武岩严密得多，因此很坚硬。其凝结的部位，一般都在距地表3千米以下。花岗岩岩浆冷凝成岩并隆起成山，大致可分为以下几个阶段：

冷凝成岩和深成阶段：花岗岩岩浆从地下深处向上侵入，到达地壳的一定部位（一般在3千米以下）而冷凝结晶，形成岩体。在冷凝结晶的过程中体积要发生收缩，从而在花岗岩体中产生裂隙，即"原生节理"。花岗岩中的原生节理一般有三组，彼此近于垂直，三个方向的节理把岩体切割成大大小小的近似的立方体，长方体的块体。这些节理裂隙则在地壳运动的作用下，部分发育成为断裂构造。升到接近地表风化阶段：花岗岩体接近地表，地下水作用增强。在地下水作用下，花岗岩中的主要矿物长石变成了黏土矿物。这种变化最易发生的部位是被原生节理切割成的立方体、长方体的棱角处。久而久之，受原生节理切割而成的立方、长方形的块体，就变成了一个个不太规则的球体，称为"球状风化"，形成的球状岩块称为"石蛋"（图2-5）。

继续上升出露地表，形成山地并接近剥蚀阶段：在这个阶段，根据上升的速度可以分成两种情况。第一，慢速上升缓慢剥蚀。花岗岩体出露地表后上升速度较慢时，花岗岩体会隆起成为低矮的丘陵。在这种情况下，花岗岩受到的侵蚀作用较弱,粗大的石蛋则会残积在原处。如果地处湿热的气候带,在很厚的风化壳中石蛋会相互垒砌起来,并形成石蛋垒砌而成的山丘。地貌学上将这种地貌形态称为"花岗岩石蛋地貌"。厦门植物园所处的万石岩就是这种地貌的典型。石蛋地貌发育的地区,石蛋间的空隙也可以构成岩洞。如黄山的水帘洞、莲花洞、鳌鱼洞。"自古名山多聚泉",泉是花岗岩山地的重要旅游景观。如黄山的温泉和骊山的温泉。花岗岩一般含有极少量的放射性元素。因此,从花岗岩中流出的泉水一般均含有少量的对人体有害的具有放射性的氡气,这些泉水可饮可浴,不仅是重要的旅游资源,也是宝贵的水资源。中国的花岗岩地貌大多出现在雨水充沛的东部地区,山高水高,所以在花岗岩峰林地貌发育或较为发育的山岳地区,一般都有瀑布出现。如黄山的人字瀑、百丈泉。第二,快速上升强烈剥蚀。花岗岩出露地表并快速上升成为高峻的山峰,流水的侵蚀冲刷能力增强,将花岗岩基岩上的风化壳石蛋几乎全部冲刷掉,流水继续沿近于直立的节理,断裂冲刷、下切。将花岗岩体切割成一个个陡峻的山峰,只有在很少的山峰顶部还残留有石蛋。地貌学将这种地貌形态称为"花岗岩峰林地貌"(图2-6)。如黄山切割深达500~1000米,形成高度在千米以上的山峰就有70多座。

图2-5 花岗岩石蛋地貌

图2-6 花岗岩峰林地貌

由于花岗岩岩性十分坚硬,抵抗物理风化的能力很强;在化学成分上,花岗岩是一种含 SiO_2 很高的岩石;在矿物成分上,主要成分是石英和长石,黑云母很少,因此岩石抵抗化学风化的能力也较强。风化作用是欺软怕硬的,周围的片麻岩和片岩,因不耐风化而早就被夷平了。因此花岗岩组在自然界的风雨中傲然屹立。首先，在花岗岩体上，常常具有纵横交错的节理，特别是在岩体边缘节理尤其发育，给风化剥蚀创造了条件。而且，节理使岩石整块塌落，形成了突兀的柱状山崖。随着地壳构造运动，花岗岩体不断抬升形成了高山。其次，构造运动又使岩石发生断裂、破碎，后来流水、冰川沿裂隙进行切割，就这样形成了悬崖陡壁（图2-7）。风化作用又像技艺精湛的石匠，用神斧仙刀把断裂切割的花岗岩修饰成了各种奇特的形态。最后，冰川的特殊作用。在第四纪时，我国是一个冰天雪地的世界，这时候峨眉山也是冰雪的海洋。在山岳区域，由冰雪形成的河流—冰川在缓慢地流动。它像传送带那样，携带着沿途的石块，而冰川的刨蚀作用，像一把大的开山斧，将峨眉山铲、刨、刮、磨、雕刻成独特的冰蚀地形。

图 2-7 峨眉山一线天景观

峨眉山花岗岩的产状：

峨眉山花岗岩位于峨眉山背斜核部，在黑龙江栈道、张沟等地有出露，在黑龙江栈道处仅出露岩体边缘相带的似斑状花岗岩，张沟出露有过渡相带的粗粒花岗岩，不整合伏于上震旦统观音崖组之下。从出露的范围来看，该花岗岩体的产状为一岩株。

②玄武岩景观。

玄武岩是地球表面分布最广的岩石类型，是组成地壳的最主要的岩石

（图2-8）。玄武岩属于基性喷出岩，是地下岩浆在内力作用下，沿地壳薄弱地带喷出地表冷凝而形成岩石。矿物成分主要由基性长石和辉石组成，次要矿物有橄榄石，角闪石及黑云母等，岩石均为暗色，一般为黑色，有时呈灰绿以及暗紫色等（图2-9）；呈斑状结构（图2-10）、气孔构造（图2-11）和杏仁构造（图2-12）普遍。玄武岩是地球洋壳和月球月海的最主要组成物质，也是地球陆壳和月球月陆的重要组成物质。1546年，G.阿格里科拉首次在地质文献中，用basalt这个词描述德国萨克森的黑色岩石。汉语玄武岩一词，引自日文。日本在兵库县玄武洞发现黑色橄榄玄武岩，故得名（图2-13）。

图2-8　峨眉山玄武岩野外照片

图2-9　玄武岩镜下照片（+N）

图2-10　斑状玄武岩

图2-11　气孔状玄武岩手标本

图2-12　杏仁状玄武岩

图2-13　致密玄武岩手标本

　　火山爆发流出的岩浆温度高达1200℃，因有一定的黏度，在地势平缓时，岩浆流动很慢，每分钟只流动几米远；遇到陡坡时，速度便大大加快。它在流动过程中，携带着大量水蒸气和气泡，冷却后便形成了各种变异的形状。

　　玄武岩的多孔构造可形成具有观赏价值的岩石。熔岩流均沿着原地形基础奔泻而下，可形成多种旅游景观，诸如熔岩绳、火山石海、火山锥、熔岩舌、熔岩瀑布、熔岩波涛、石熊、石虎、石猴、熔岩隧道等。另外，岩流流动过程中，外表已冷却凝固，中间岩流仍继续流动溢出，便形成中空的洞，又称熔岩洞。

　　柱状节理是火山岩（特别是玄武岩）常见的构造（图2-14），其成因为玄武岩结晶成岩时，熔岩被垂向上差异性收缩而形成，其柱状节理应垂直于熔岩被的似层面，故垂直于柱状节理的层节理可以代表玄武岩的似层面。当稠密的熔岩流冷却并从垂直角度进行收缩时，它就会沿着与熔岩流动方向相垂直的角度裂开，使其形成非常规则的几何形状。在大多数情况下，它们会形成非常规则的六边形，就好像人工加工的一样标准。

　　全球最著名的柱状玄武岩是爱尔兰海岸的巨人堤道（图2-15），但是最大和被公众广泛认可的柱状玄武岩则是美国怀俄明州的魔鬼塔。虽然这些玄武岩的结构有所不同，但它们都是以同样迷人的方式形成的，那就是当熔岩喷射接触空气或水时就会形成这样的柱状玄武岩。

　　枕状熔岩是火山在水下喷发形成的，外形浑圆形似堆叠在一起的枕头

（图2-16）。当熔岩从水下流出时，由于快速冷却使熔岩流表面形成韧性的固体外壳。随着熔岩流内部压力增大，外壳破裂，就会像挤牙膏一样，挤出新的熔岩，随后再次形成外壳。如此循环往复，便产生枕状熔岩。如果一座火山在海底爆发，由于海水的温度低，岩浆一离开火山口，便会迅速冷却收缩，而在火山口附近形成一小包像枕头形状的熔岩，称为枕状熔岩。新的岩浆再冒出，会将之前冷却凝固的枕状熔岩向两边推开，如此渐渐就会形成一小堆的枕状熔岩堆积在火山口附近。

图 2-14　柱状节理——陆相喷发环境

图 2-15　北爱尔兰巨人堤

图 2-16　枕状构造——海相喷发环境

图 2-17　峨眉山柱状玄武岩

峨眉山玄武岩的产状：

　　峨眉山玄武岩时代属中二叠世晚期至晚二叠世早期。峨眉山玄武岩分布面积广泛，不仅分布在峨眉山龙门硐、清音阁，峨边、金河口等处，还分布在四川、云南、贵州和广西几省区，覆盖面积巨大（50×10^4 平方千米）。命名地点在四川峨眉山，是基性岩浆喷出地表冷凝结晶的火山岩，属火山熔岩，其成因为峨眉山地幔柱（图 2-17）。主要为陆相裂隙式或裂隙—中心式溢出的基性岩流。以层状体夹在二叠系茅口组与宣威组之间，岩石中发育气孔构造、杏仁构造和柱状节理构造，并有多期喷发，是晚三叠世陆相喷发的产物，属裂隙式喷发，产状为熔岩被。以万佛顶为主峰的峨眉山就是由玄武岩构成，并形成单面山的构造坡（图 2-18、图 2-19）。峨眉山玄武岩分为斑状玄武岩、微晶玄武岩及杏仁状玄武岩，常具五—六边形粗大柱状节理，金顶金刚嘴最典型（图 2-20）。

图 2-18　峨眉山万佛顶风化和重力斜坡地
貌（金顶，镜向南）

图 2-19　峨眉山玄武岩柱状节理与风化重
力斜坡地貌（金顶摄身崖，镜向北东）

图 2-20　峨眉山金刚嘴

牛心石，位于清音阁牛心亭下，为玄武岩石，状若牛心（图 2-21）。右侧黑水，水色如黛，又名黑龙江；左侧白水，水色泛白，又名白龙江。黑白二水汇合于牛心亭下，滔滔白浪，冲击着碧潭中状如牛心的巨石，惊涛拍石，发出阵阵轰鸣，声传四周的深谷幽林之中，恰如古琴弹奏；激起的飞花碎玉，洒珠喷雪，飞腾于空中，跌落在水里，称为"黑白二水洗牛心"。浪花四溅、水珠翻飞的惊心动魄的场面，以及惊天动地的轰鸣声，已经持续了数十万年的历史。冲击这块巨石的，便是黑白二水千古不断的激流。

牛心石后南侧的这条江叫"黑龙江"，它发源于九老洞下的黑龙潭，经洪椿坪穿白云峡（一线天）奔腾而至；西边的这条江叫"白龙江"，它经雷洞坪绕白水寺后扑面而来。两条江上分别架有二道石拱桥，像两道彩虹勾通上达广福寺西登万年寺的路径。清人刘光弟巧妙地将二桥一石概括为："双桥两虹影，万古一牛心"。中更新世中期以来，峨眉山开始又一次快速抬升，沿峨眉山背斜横节理和平面X剪节理逐渐发育径流水系，随着径流的下蚀，形成现今黑、白二江的雏形。在牛心石处，可能受平面X剪节理的控制，两江交汇；而被X剪节理切割的玄武岩质巨石，在两江的冲洗、磨蚀下，逐渐与相邻岩石分离并圆滑，历经约50万年的精心雕琢，形成如今"彩虹双飞，亘古一心"神奇的构造地貌景观。

图2-21 牛心石

张沟、洪椿坪等地的峨眉山花岗岩，金顶、挖断山等处峨眉山玄武岩构成的岩浆活动景观，可领略巍峨雄伟的峨眉山坚实的基础。当站在摄身崖边的"金刚嘴"，四下环顾，那万丈深渊定会令人不寒而栗；而当风起云涌之时，更可领略步履祥云、天界缥缈之感。

⋘ 知识拓展

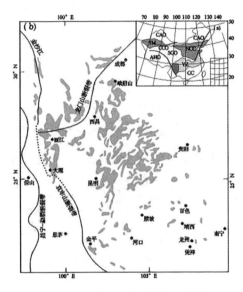

图 2-22　峨眉山玄武岩分布略图

（据 Shaocong Lai，Jiangfeng Qin，Yongfei Li，等，2012）

（1）峨眉山玄武岩（组）（Emeishan Basalt，Emeishan Basalt Formation）：1929 年由赵亚曾先生在峨眉山命名为"峨眉山玄武岩"，《四川省岩石地层》（四川省地质矿产局，1997）将其改称为"峨眉山玄武岩组"。该套玄武岩广布于川、滇、黔、桂、渝等省市，覆盖面积达 $50×10^4$ 平方千米，平均厚度约 700 米（图 2-22）。局部可见粗面岩、安山岩、流纹岩及海相沉积夹层，形成时代中二叠世晚期至晚二叠世早期。根据不同类型岩石的时空分布特征以及茅口组灰岩剥蚀强度的空间变化，认为盐源—丽江一带为地幔柱的中心部位（图 2-23）。

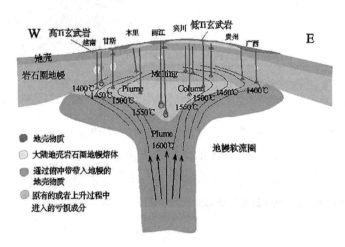

图 2-23　峨眉山地幔柱模式

（据 Qi He，Long Xiao，Brian Balta，等，2010）

地幔柱：深部地幔热对流运动中的一股上升的圆柱状固态物质的热塑性流，即从软流圈或下地幔涌起并穿透岩石圈而成的热地幔物质柱状体。它在地表或洋底出露时就表现为热点。热点上的地热流值大大高于周围广大地区，甚至会形成孤立的火山。

峨眉山玄武岩是我国唯一被国际学术界认可的大火山岩省（Emeishan large igneous province，LIP），有相关的超大型 V–Ti–Fe 矿（如四川攀西地区的钒钛磁铁矿）和 Cu、Au 等矿产，其喷发与二叠纪—三叠纪（P/T）交界生物灭绝事件之间的可能联系等，为学术界高度关注。有关峨眉地幔柱成矿多数学者认为：低钛玄武岩形成于温度最高、岩石圈最薄的地幔柱轴部（图2-24），地幔部分熔融（16%）于正常地下 140~60 千米，可能代表了峨眉山玄武岩的主体。而高钛玄武岩的母岩浆形成基本局限在 > 70 千米，可能代表了热柱边部或消亡期地幔小程度部分熔融（1.5%）的产物。

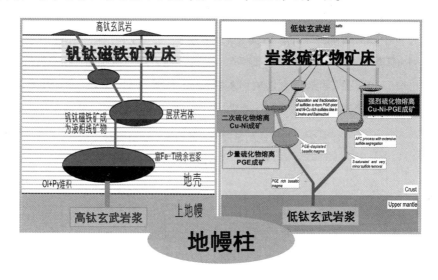

图 2-24　峨眉地幔柱与成矿模式

（2）斑状玄武岩、杏仁状玄武岩、微晶玄武岩的变化规律：在峨眉山一带，该套玄武岩北起两河口，南至大为，东自九里，西达苦蒿坪等地，出露面积约 200 平方千米，构成了北北东向绵延雄伟的峨眉山。其主峰金顶、万佛顶高耸云端，形成了"峨眉天下秀"的壮丽景观。清音电站玄武岩剖面厚度

257.68 米，可分为 24 套岩性层，归为 9 个溢流层和 3 个旋回层（熊舜华、李建林，1984）。从清音电站至回龙山峨眉山玄武岩组底界一段，可见到 7 个韵律层（图 2-25）。在大乘寺—接引殿一带，还可见到玄武质集块熔岩、玄武质凝灰角砾岩等岩石类型。

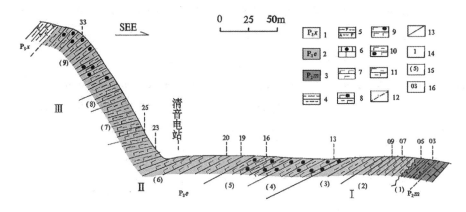

图 2-25　清音电站峨眉山玄武岩组实测剖面图

（据熊舜华，李建林，1984）

（2）地层旅游景观。

峨眉山保存着超过 4 亿年的沉积记录，记录超过 8 亿年的地质历史，而且新生代的构造抬升使峨眉山成为四川盆地内最高峰（最高海拔 3079 米），沉积地层得到最大程度的出露，可以作为上扬子地区地层序列的典型代表。

20 世纪 50 年代以来，四川省地质矿产局、成都地质矿产研究所、四川省石油管理局、南京地质古生物研究所、四川省化工局地质队、四川省冶金地勘局、成都理工大学等科研、教学、生产部门先后对峨眉山地层、古生物、岩石、沉积相、构造、地貌及第四纪地质、水文地质等进行了大量研究工作，卓有成效。尤其是成都理工大学建立的两条著名的地层剖面：一是麦地坪震旦纪—寒武纪剖面，已被国际地科联列为国际前寒武系—寒武系界线层型参考点之一；二是龙门硐三叠系沉积剖面，国内外学者考察后一致认为该剖面地层出露完整、沉积标志极其丰富，已由四川省人民政府于1984年列为省级地质剖面保护点。

麦地坪剖面作为国际震旦—寒武系层型参考剖面，早在20世纪80—90年代展开了大量的科学研究。总体上此剖面具有几个特点：①层序清楚；②震旦系—寒武系地层界线在沉积上是单相连续的；③化石丰富，分布清楚，特别是富含软舌螺和似软舌螺类、原球壳类等小壳化石（图2-26，图2-27）；④交通方便，可以长期保存。龙门硐剖面三叠系剖面沿公路及龙门河畔连续出露，并且其地层近似直立，部分略有倒转。剖面层序完整、沉积相标志丰富，并且周边交通方便，是研究三叠系地层的理想剖面之一。这两个剖面层序之完整，地质现象之丰富，令慕名前来考察的中外地质学者无不叹为观止。

图2-26　软舌螺复原图

图2-27　软舌螺化石

◀◀◀ 知识拓展 ─────────────────────────────

化石游道——沧海桑田一瞬间

地质介绍：华严顶至初殿的途中，有一段游山道，沿途石级上，牢牢镶嵌着螺、贝、三叶虫等海底化石。洪荒时代，峨眉还是一片无边的汪洋大海，一群群的三叶虫，一条条的原始鱼，一只只海贝，一堆堆的腕足小精灵在这里畅游、追逐、爬行。后来，地壳变动，海水干涸，这些小生物也在劫难逃，亿万

年后，成为生物化石。古代的工匠们在无意识中为我们铺设了这条神奇的"化石游道"，成为游人了解峨眉山远古历史的画卷。

（3）地质构造旅游景观。

峨眉山主体地质基础为南北向短背斜，四周为断裂所围限，系"褶皱断块山"。东南面有峨眉逆冲大断层，与峨眉背斜斜交切割，断距甚大。金顶三峰，就是沿峨眉山大断裂而抬升，并经过长期的重力崩塌，强烈的流水切割，侵蚀残留下来的峨眉山背斜西翼的一个单面山，东陡西缓。峨眉山背斜及其次级的牛背山背斜、桂花场向斜，峨眉山断层、大峨寺断层、回龙山断层等构造形迹景观，还有喜马拉雅期的多次新构造运动，驱使峨眉山体沿峨眉山断层上升，造就了峨眉山"高凌五岳"、气吞山河的雄伟景观。

①水平构造。

岩层产状近于水平的构造称为水平构造。水平构造出现在构造运动影响较轻微的地区，或大范围内整体抬升的地区，岩层未发生明显变形，如金口河大峡谷两侧的陡崖都是由水平岩层组成的（图2-28），在大瓦山一带的山顶上，出露的是时代较新的峨眉山玄武岩组，在峡谷底则出露较老的寒武系，高差2575米，说明二叠纪以后至今，大渡河地区一直处于地壳抬升阶段，河流地质作用一直以下蚀作用为主，最终形成今天宏伟壮观的峡谷地貌。

②倾斜构造。

岩层面与水平面有夹角称为倾斜岩层或倾斜构造。倾斜构造常常组成褶曲的一翼，如牛背山背斜的南西翼，或断层的一盘，如回龙山断层的上盘或下盘；倾斜岩层常组成单面山地貌，如峨眉山金顶摄身崖及千佛顶和万佛顶是由寒武系至二叠系倾斜岩层组成（图2-29）。

倾斜岩层根据顶面和底面在空间的上下位置关系分为正常层序和倒转层序。底面在下，顶面在上，层序下老上新，称为正常层序；反之，底面在上，顶面在下，层序下新上老，称为倒转层序。倒转层序反映其构造运动更加强烈，由于强烈的挤压，地层褶皱甚至倒转，如牛背山倒转背斜，其南西翼由正常地层组成，而北东翼由倒转地层组成。

图 2-28　组成金口河大峡谷两侧的水平岩层及峡谷地貌

图 2-29　万佛顶及金顶是由倾斜岩层组成的单面山（由金顶远眺万佛顶）

③褶皱。

褶皱的基本特征：褶皱有背斜和向斜两种基本类型，背斜是岩层向上弯曲，核部由较老地层组成，两翼依次出露较新地层；向斜是岩层向下弯曲，核部由较新地层组成，两翼依次出露较老地层。褶皱的几何要素包括有：核、翼、转折端、枢纽、轴面、轴迹、脊和槽等（图 2-30），这些几何要素中，核、翼、转折端和脊是实际存在的，可以直接观察或测量，但轴面、枢纽、轴迹则是根据褶皱的形态特征及两翼的产状来确定。

峨眉山背斜：是本区规模最大的主干构造，分布面积约 100 平方千米，轴向近南北。核部位于张沟、洪椿坪一线，出露新元古界峨眉山花岗岩；两翼依次出露震旦系、寒武系、奥陶系、二叠系和三叠系。西翼岩层产状正常、倾角较平缓，金顶一带玄武岩倾角仅 15°~20°；东翼岩层倾角较陡，在新开寺及其以东，二叠系及三叠系渐变为倒转。枢纽近水平，为一规模较大的倒转水平背斜。该背斜南端被北东向峨眉山断层切断，北端被观心庵断层和大峨寺断层切断，形成西翼南北延伸约 20 千米，东翼仅 4 千米的背斜残体。

二峨山背斜：位于二峨山主脉东南侧，轴向北东，向北东倾伏，两翼大体对称，倾角较陡。核部为寒武系，两翼依次为奥陶系、二叠系、三叠系。背斜在北西翼发育次级褶皱和断层。

牛背山背斜：属峨眉山大背斜东翼的次级褶皱构造（图 2-31）。南起慧灯寺，经过牛背山、两河口，北到尖尖石，中南段轴向北西，北段逐渐转为北东，轴迹长约 27 千米。核部地层为中二叠统，两翼分别依次为上二叠统、三叠系、侏罗系。南西翼产状正常，倾角中等；北东翼南端倒转（龙门硐一带），倾向南西，倾角较陡；轴面向南西倾斜，轴面倾角 50°~60°，枢纽向南东倾伏，倾伏角中等，为倒转倾伏背斜。近背斜核部有牛背山断层通过，但因断距较小，褶皱形态仍然保持完整。

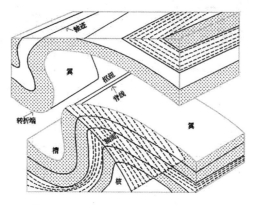

图 2-30　褶皱的几何要素

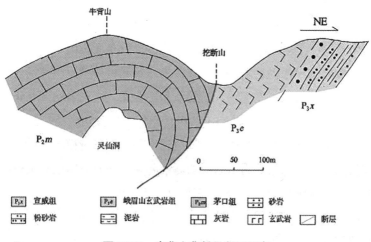

图 2-31　牛背山背斜及断层示意

　　木鱼山向斜：又称桂花场向斜，是与牛背山背斜伴生的向斜构造，南起纯阳殿，经过五显岗、大河坝、桂花场至图区外。轴向北西，延长 12 千米以上。向斜北西段较宽，南东段较窄。木鱼山顶处核部地层为下三叠统飞仙关组，两翼分别为下三叠统东川组、上二叠统宣威组、上二叠统峨眉山玄武岩组、中二叠统茅口组。五显岗至大河坝一线出露向斜转折端，转折端平缓开阔，两翼倾角相等 30°~40°，南西翼由于受到万年寺断层影响，产状变陡；轴面近于直立，在图区枢纽起伏，中部扬起，南东及北西方向倾伏；该向斜为一开阔的直立向斜。

　　大为背斜：位于大为杨山—干田坝一带，区内仅为其北段，轴向近南北，长约 5.5 千米。其核部较狭窄，出露最老地层为下二叠统茅口组。两翼较对称，出露地层为上二叠统—中三叠统，靠近核部倾角较陡，一般 50°~70°，远离核部倾角较缓，一般 10°~30°。背斜核部被灌坳顶断层切过。

　　④断层。

　　断层的基本概念：断层是岩石受力发生的破裂，并沿着破裂面发生明显的位移。如果只是岩石破裂，但没有发生明显的位移，则称为节理，断层与节理统称为断裂构造。断层的破裂面就是断层面，断层面的产状同样用产状三要素表达，即断层面走向、断层面倾向和倾角。断层面两侧的岩块称为断盘，根据两断盘的空间位置分上盘和下盘（图 2-32），根据两盘的相对运动分为上升盘和下降盘。

　　断层根据上下盘的相对运动分为正断层、逆断层和平移断层三种基本类型（图 2-33）。

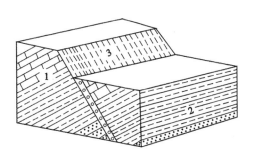

图 2-32　断层几何要素

1 下盘，2 上盘，3 断层面

正断层 逆断层 平移断层

图2-33 断层的三种类型

峨眉山断层：是本区主要的逆断层，它对本区构造单元的划分和地貌现状起着重要的控制作用。断层走向为北东—南西，倾向北西，倾角50°~70°。南段斜切峨眉山背斜，致使张沟一带的新元古界峨眉山花岗岩逆冲到二叠系、三叠系之上，最大地层断距达3500米；下盘地层局部倒转。断层向北东方向延伸至鞠槽附近淹没于第四系之下。

回龙山断层：发育在牛背山背斜南西翼近核部，走向为北西—南东，断层面倾向南西，倾角65°。在回龙山南坡及龙门硐河谷底可清楚地看到断层面、断层破碎带、劈理、小型构造透镜体、地层不对称重复以及地层出露不全等断层证据，其性质为逆断层。

牛背山断层：发育在牛背山背斜近核部位置，走向北西—南东。南起麻柳湾，北至石店，全长约9千米。断面倾向南西，倾角较陡。在挖断山垭口，中二叠统茅口组灰岩覆于上二叠统峨眉山玄武岩之上，且玄武岩下部断失近一百多米。岩石破碎，节理、劈理、构造透镜体等现象明显，为逆断层（图2-34）。

图2-34 牛背山背斜及断层
（牛背山龙门硐河右岸，镜向北）

万年寺断层：南东起于丁沟，北西延伸至神桂山，走向北西，长约13千米，断面倾向南西，倾角50°~70°，南段在万年寺一带断层出露在中二叠统茅口组与下三叠统飞

仙关组之间，北段在黑龙江栈道北端附近断层出露在中上二叠统之间，即上盘是中二叠统茅口组石灰岩，下盘是上二叠统峨眉山玄武岩组，上盘相对上升，为一逆断层。该断层被东西向大峨寺断层切割。

观心庵断层：南起新开寺，往北西延至喻田子附近消失。断层走向北西—南东，长约 15 千米。断面倾向南西，倾角 65°~70°。该断层在黑龙江栈道南端处，南西盘（上盘）出露上震旦统白云岩，北东盘（下盘）出露中二叠统茅口组石灰岩，上盘相对上升，为逆断层。该断层被晚期东西向的大峨寺断层切割。在断层出露点南西方向不远处可见峨眉山花岗岩露头。

大峨寺断层：西起石笋沟，东至华严寺，走向东西，长约 5 千米。该断层横切峨眉山背斜和木鱼山向斜，并错断观心庵、万年寺两断层。其北盘向西、南盘向东错动，表现为平移逆断层，该断层在黑龙江栈道南端与观心庵断层相汇，使观心庵断层上盘的上震旦统白云岩变为一小夹片。该断层隔水性良好，潜水沿断面上升出露地表，形成了有名的峨眉山玉液泉。

⑤节理。

节理的成因有构造变动形成的节理及岩浆岩的原生节理。对构造成因的节理主要观察节理的类型（是张节理还是剪节理），节理面的特征，产状，节理发育的构造部位。对岩浆岩中产生的节理，主要是原生节理，如峨眉山玄武岩中的柱状节理，是原生节理。确定玄武岩柱状节理构造意义，与柱状节理面垂直的断面产状可以大致代表层状玄武岩体的层面产状（岩浆溢流面）。如在龙门硐清音电站附近，峨眉山玄武岩大量发育有柱状节理，与柱面垂直的断面产状为 230°∠40°，该产状数据可以代表峨眉山玄武岩层状岩体的产状，该产状与下覆茅口组灰岩的产状是一致的。

≪≪ 知识拓展

牛背山背斜及断层的成因及因果关系：晚三叠世峨眉山区结束海洋历史并且开始抬升。至白垩纪，当四川盆地完全变成一些内陆湖泊时，峨眉山已经是湖边小山的一员了。白垩纪晚期的四川运动使这里又一次升高，并发生初始褶皱。古近纪末，喜马拉雅运动使青藏高原迅速抬升，其巨大的侧压力传到了峨眉山。由于峨眉山地处高原与盆地的过渡地带，成为应力的集中带。厚达

8000余米的岩层也抵挡不住这个压力，终于发生了强力的褶曲和断裂。牛背山背斜在此过程中逐渐被弯曲、压缩，并形成剖面X形剪节理，最终在南西侧应力的推挤下发生倒转，并在倒转翼上沿一组X剪节理错断，形成现今挖断山断层的雏形（图2-35）。

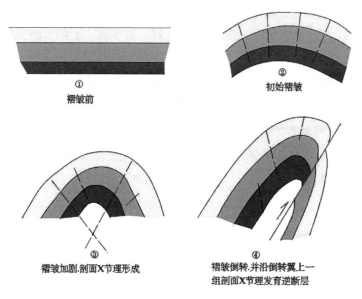

① 褶皱前

② 初始褶皱

③ 褶皱加剧,剖面X理形成

④ 褶皱倒转,并沿倒转翼上一组剖面X节理发育逆断层

图2-35 牛背山背斜与挖断山断层形成模式

2.2.2 地貌旅游景观

众所周知，地貌的发展演化是内营力与外营力相互作用于地表的结果。迄今为止，峨眉山地区复杂多样的地形地貌同样受到了构造运动、外动力地质作用和时间三个因素相互作用的控制。其地貌的基本形态主要形成于晚新生代以来峨眉山地区新构造运动的隆升作用，同时，加之外动力地质作用后期对峨眉山地表形态的改变与塑造，最终造就了其雄伟壮观，类型多样的现代地貌。峨眉山地貌按塑造地貌方式，可分为侵蚀地貌（峨眉山区）和堆积地貌（峨眉扇状冲洪积平原）；按成因可分为构造地貌、流水地貌、岩溶地貌和冰川地貌等。

（1）山岳旅游景观。

山岳景观是以自然山体为主构成的景观。通常具有雄、险、秀、幽、奇等美学特征。山岳景观除自然美之外，往往还含有丰富的文化遗存构成自然和人文的巧妙结合。山岳景观是构成中国风景名胜区的主要类型，是游览的主要对象。

按构成景观的岩石性质，山岳景观可分为：花岗岩型（如黄山、华山）、火山岩型（如雁荡山）、层状硅铝质岩型（如张家界、武夷山）、碳酸盐岩型（如云南石林）、变质岩型（如泰山）和黄土型。

按旅游功能可分为：风景名山型（如崂山、嵩山）、探险型（如珠穆朗玛峰）、消夏避暑型（如河南鸡公山）、登山健身型（如北京香山）、滑雪度假型（如欧洲阿尔卑斯山）、火山观光型（如夏威夷现代火山）等。

<<< 知识拓展

七里坡——峨眉山最长的坡

七里坡，峨眉山著名险坡，也是登金顶的最长最后一道险坡（图2-36）。以坡长7华里而得名。约31折，2380余石级。坡途中一段险道名三倒拐，山势险峻，山道向上盘回，有登天之感，道旁冷杉、杜鹃、箭竹与各种灌丛藤蔓组成一道高山绿色长廊，怪树奇石，点缀其间，形成一座座天然山石盆景，人行其间，如在画中，所以也称"七里长廊"。清人谭钟岳曾以诗咏七里坡以鼓励游人：日近天代到岫攒，登临一眺八荒宽。从知绝顶终须到，为语游人莫畏难。

九十九道拐——神仙修筑的山路

为峨眉山著名险坡，起于凌霄亭，止于寿星桥。高度300米，纡回2.5千米，约有69道拐，共计1840余石级。一拐连一拐，一坡接一坡，看一坡到头，忽地峰回路转，又是一坡。传说当年普贤来峨眉山建道场之初，途经此地时，见这里山势高峻，坡陡石滑，险绝人寰，便授意灵祖菩萨指挥随行三千力士同时动手，每人修一级台阶。三千石级顷刻而成，灵祖验收时一数，恰好石阶有九十九道拐，此坡因此而得名（图2-37）。

图 2-36　七里坡

图 2-37　九十九道拐

仙圭石——佛道并存之证明

　　仙圭石，位于仙峰寺上行一里，高约 10 米，长约 16 米，厚约 6 米（图 2-38）。巨石顶端，生长着一丛灌木，其正面石壁平整，刻着"南无普贤菩萨"六个大字，上端刻着体积稍小的"仙圭石"三字。看来佛道二家，都在这里找到显示本教的位置。

图 2-38　仙圭石

天门石——金顶的门户

天门石，位于七天桥下，又名石门关，高约 6 米，长约 16 米，宽约 12 米，石的中央就像被神人用剑劈开，平整如刀削斧劈，状若城堡大门，形成一条端直的一米宽的石巷道（图 2-39）。石壁上有题刻"天开不二"四字，以及明清题刻多处。相传，当年普贤菩萨路过这里，见巨石当道，便命灵祖菩萨开道。灵祖菩萨念动真言，同时用神斧一砍，在石的中央砍出一条巷道，普贤骑象从中穿过，上到金顶。

图 2-39　天门石

（2）岩溶洞穴旅游景观。

喀斯特（KARST）即岩溶，是水对可溶性岩石（碳酸盐岩、石膏、岩盐等）进行以化学溶蚀作用为主，流水的冲蚀、潜蚀和崩塌等机械作用为辅的地质作用，以及由这些作用所产生的现象的总称。由喀斯特作用所造成地貌，称喀斯特地貌（岩溶地貌）。"喀斯特"原是南斯拉夫西北部伊斯特拉半岛上的石灰岩高原的地名，那里有发育典型的岩溶地貌。

岩溶地貌是指地表水与地下水对可溶性岩石（碳酸盐岩、硫酸盐岩、卤素盐岩等）进行以化学溶蚀作用为主、机械侵蚀和重力崩塌作用为辅的综合地质作用而形成的地貌，包括了地表岩溶地貌和地下岩溶地貌，两者之间是一个相互联系、动态发展的过程。

溶洞又称洞穴，它是地下水沿着可溶性岩石的层面、节理或断层进行溶蚀和侵蚀而形成的地下孔道。溶洞中的喀斯特形态主要有石钟乳、石笋、石柱、石幔、石灰华和泉华。贵州著名景点安顺龙宫、织金县的织金洞（图 2-40）和铜仁的九龙洞（图 2-41）就是地下喀斯特地貌的杰作。

图 2-40　织金洞

图 2-41　铜仁九龙洞

在峨眉山区，特别是二峨山和四峨山区，碳酸盐岩层广布，累计厚度达2000余米，且被纵横交错的断裂穿插、切割。沿断裂带裂隙十分发育，岩层破碎，为山区的地下水活动创造了良好的条件。在这里拥有石笋沟喀斯特峰林、九老洞、紫澜洞等岩溶地貌景观，形态奇特的石钟乳、石笋、石柱等生机盎然，溶洞内蜿蜒幽深，宛如迷幻的地下宫殿。

钟乳石（stalactite），又称石钟乳，是指碳酸盐岩地区洞穴内在漫长地质历史中和特定地质条件下形成的石钟乳、石笋、石柱等不同形态碳酸钙沉淀物的总称。钟乳石的形成往往需要上万年或几十万年时间。由于形成时间漫长，钟乳石对远古地质考察有着重要的研究价值，在石灰岩里面，含有二氧化碳的水，渗入石灰岩隙缝中，与碳酸钙反应生成可溶于水的碳酸氢钙，溶有碳酸氢钙的水从洞顶上滴下来时，分解反应生成碳酸钙，二氧化碳，水。被溶解的碳酸氢钙又变成固体（称为固化）。由上而下逐渐增长而成的，称为"钟乳石"（图 2-42）。

图 2-42　紫澜洞石钟乳

图 2-43　紫澜洞石笋

石笋（Stalagmite），为碳酸钙石灰岩，位于溶洞洞底的尖锥体，是喀斯特地形的一种自然现象（图2-43）。石笋形如竹笋出土，自下向上生长。石笋与钟乳石成长缓慢，一万年约长高一米。石笋是由于含碳酸的水不断点滴到一处，碳酸钙沉淀而形成的。可以有不同的形状，水滴的流量、滴水的高度以及地面的状况均会影响石笋的形状。假如滴水和里面含的矿物质均匀的话会形成比较细长，粗细均匀的石笋，它们可以以均匀的直径达到数米的高度。假如滴水比较强，而且是来自渗入洞里的雨水的话那么会形成圆锥状的石笋，它们在根部可以达数米直径。滴水高度会影响石笋顶部的形状。高度小的石笋的顶是圆的，高度越大顶越平，在极限状态下甚至可能是凹的。

往下长的钟乳石，有时候也会和往上长的石笋接在一起，连接成一个石柱（图2-44），两头粗，中间细，不明底细的人还认为是谁凿出来的呢。在许多石灰岩洞里，钟乳石和石笋多数不是连在一起的；那是因为钟乳石折断了，或者过多的石灰质堵塞了水滴的通路，水滴被迫改变路径转移到另一处，又长出一根新的钟乳石。这样，钟乳石和石笋就不会"碰头"了。

石幔是指渗流水中碳酸钙沿溶洞壁或倾斜的洞顶向下沉淀成层状堆积而成，因形如布幔而得名，又称石帘、石帷幕（图2-45）。

图2-44　紫澜洞石柱

图2-45　紫澜洞石幔

≪≪≪ 知识拓展 ————————————————————————————

　　岩溶研究的意义：岩溶又称为喀斯特（karst），来源于斯洛文尼亚喀尔斯高原，19世纪末被引入作为地学中的专用术语。岩溶地貌不仅包括溶蚀作用，还包括流水的冲蚀、潜蚀，以及坍塌等机械侵蚀过程。我国岩溶地貌主要集中在桂、黔、滇、川，面积约 $91 \times 10^4 \sim 130 \times 10^4$ 平方千米，是世界上最大的喀斯特区之一。

　　岩溶地貌所形成的独特、优美的风景已为世人熟知，如桂林山水、武陵源地宫、重庆天坑、黄龙瑶池等，而岩溶研究在理论和生产实践上都有重要意义。尽管岩溶地貌对重大工程建设可能不利，也有发生地质灾害的潜在性，而有利方面除旅游景观（图2-46）外，岩溶泉、地下暗河等不仅是丰富的地下水资源，常因富含有益元素和气体而具有较高的医疗价值；岩溶洞穴和古岩溶面上是多种沉积矿产富集的有利空间，古岩溶潜山是良好的储油气构造；古洞穴也是寻找古人类遗迹的重要场所，甚至可能是古生物化石的埋藏之地。

图2-46　岩溶钙华池（四川康定玉龙希，　　　图2-47　阳朔岩溶地貌地质景观
**　　　　　镜向北）**

　　岩溶地貌的分带性特征：可溶性岩石的发育程度是决定岩溶地貌分布特征最重要的因素之一。在我国，以桂林、阳朔一带发育的岩溶景观最具代表，自古就有"桂林山水甲天下，阳朔山水甲桂林"的赞誉（图2-47）。与此同时，全球性的气候因素（降雨、温度、光照等）也对岩溶地貌的区域分带性特征具有重要的决定作用，可分为热带岩溶地貌、温带岩溶地貌和寒带及高山寒冷地区岩溶地貌（杨景春，2001）。其中，热带岩溶地貌在我们南方十分发育，主要表现为较大规模的峰林、峰丛及溶蚀洼地和孤峰及溶蚀盆地或溶蚀平原等地表地貌组合，地下水系发达，地下溶洞极为发育，地表多形成塌陷。

峨眉山地处亚热带，气候潮湿，雨量充沛。同时，上震旦统、中—上寒武统、下二叠统以及下、中三叠统发育的一套厚度达 2000 余米、质地较纯的碳酸盐岩，为岩溶地貌的发育提供了良好的物质条件。此外，上震旦统厚度千余米的灯影组白云岩分布区，位于峨眉山背斜的轴部部位，沿背斜轴部发育的构造张裂隙，有利于地下水的渗透、运移、溶蚀，形成若干孤立，陡峭的山峰。因此，在峨眉山地区广泛发育有风景秀丽的岩溶地貌，也是"峨眉天下秀"的重要原因之一。人们经常传说的峨眉山七十二峰，诸如华宝山，天池峰、华严顶、长老坪等大小山峰，都是发育在碳酸盐岩分布区的峰林地貌。

九老洞

九老洞海拔 1790 米，位于九老峰下，下临黑龙潭，全长约 1500 米，洞口与洞底高差 84 米，是峨眉山最大的天然溶洞（图 2-48、图 2-49）。早在宋代就有详细描述其景观特色的文学作品。相传古时轩辕黄帝来此游山，走到位于仙峰寺附近的九老洞旁，见一鹤发童颜的老人坐在洞口，便问老翁："有侣否？"翁答曰："洞中还有八个。"九老洞便因此得名。

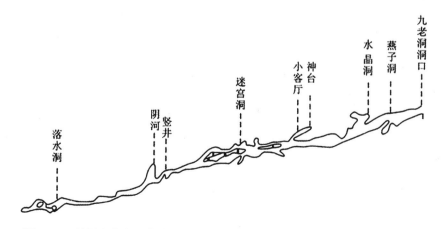

图 2-48　峨眉山九老洞岩溶溶洞剖面图（据四川省地矿局 207 地质队，1986）

图2-49　峨眉山九老洞洞口形态及沉积物（据四川省地矿局207地质队，1986）

（3）古冰川地貌景观。

川西山地分布着现代山岳冰川，在第三纪更新世冰期中，冰川分布范围更为广泛。从冰蚀地貌和冰碛地貌资料来考，足以证明古冰川地貌在峨眉山的存在。作为冰蚀地貌的冰川槽谷——"U"形谷的残迹在峨眉山及其周围分布广泛。龙门峡上方、黑龙江一线天嶂谷上方、万年寺到清音阁、白龙江上游、自雷洞坪到蕨坪坝上方，均有两壁直立的"U"形槽谷。

（4）流水地貌景观。

地表流水在陆地上是塑造地貌最重要的外动力。它在流动过程中，不仅能侵蚀地面，形成各种侵蚀地貌（如冲沟和河谷），而且把侵蚀的物质，经搬运后堆积起来，形成各种堆积地貌（如冲积平原），这些侵蚀地貌和堆积地貌，统称为流水地貌。

峨眉山位于中国多雨区，河流是峨眉山地表美景的主要雕塑师之一。流水侵蚀作用十分活跃，切割深度可达1000米，相对高差达2649米，山高、谷深、沟长，谷源几近分水岭，山下为峨眉扇状冲洪积平原，故属深切中山区。黄湾阶地一带则是千顷良田、竹拥农舍、翠屏烟村，极富田园情趣。由于峨眉山区地壳自新生代以来，不断地间歇抬升，河流的下切侵蚀作用十分显著，河谷狭窄幽深，形成龙门硐深峡、白云峡"一线天"嶂谷、范店"一线天"嶂谷、两河口深切（嵌入）河曲以及流水差异侵蚀形成的——"普贤石船"等流水地貌景观，玉液泉、低氡温泉开发也极大地提升了峨眉山的旅游价值。

①扇状洪积平原。

由于外动力地质作用的搬运与沉积作用，在新构造运动的沉降区则会发育不同沉积环境下的堆积地貌，如大型的冲—洪积平原（峨眉平原）、中—小型的冲—洪积扇（庙儿岗洪积扇）（图2-50~图2-52）、河流阶地（黄湾阶地）以及坡地堆积地貌等。

峨眉山麓系为冲洪积扇连成的坡积裙。峨眉平原主要由源于峨眉山的峨眉河及其支流符汶河与临江河等搬运的物质堆积而成，与其北面的夹江平原、彭（山）、眉（山）平原、成都平原连成一体。

图 2-50 庙儿岗洪积扇全貌（淹溪沟东坡，镜向南西）

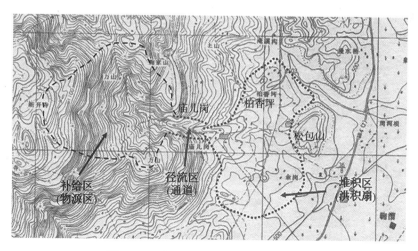

图 2-51 庙儿岗洪积扇分区域平面示意

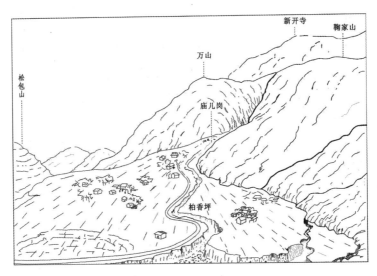

图 2-52　庙儿岗洪积扇素描

　　冲（洪）积物是河流或暂时性流水（洪水）在地形坡度急剧变缓，水流动力降低的情况下产生的大量沉积物质。由于这种原因在山麓地区发生堆积而形成的一个半锥形、平面上呈扇形的堆积体被称为冲（洪）积扇（图 2-53）。通常，冲（洪）积扇出山口部位叫作扇顶，扇的外围边缘部分为扇缘，从扇顶到扇缘之间的部分为扇中，它们之间没有明显的分界。由扇顶到扇缘呈一凹形地貌。

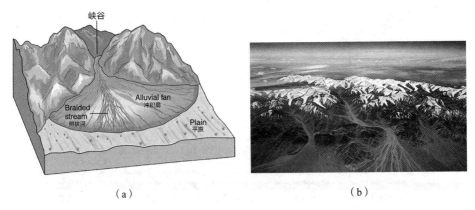

（a）　　　　　　　　　　　　　　　　　（b）

图 2-53　冲（洪）积扇平面要素

（a）冲（洪）积扇平面结构要素图；（b）冲（洪）积扇航空照片

百度知道：洪水沉积岩的特征,https://zhidao.baidu.com/question/397653569020258365.html

②阶地。

阶地，一般指河流阶地，由于河流的侵蚀和堆积作用形成沿河谷两岸伸展，高出洪水期水位的阶梯状地形（图2-54）。河流下切，原先宽广的谷底突出在新河床上，形成的阶梯状地形。宽广的河谷底，大部是河漫滩，河床只占小部分。

图2-54　阶地

除此之外还有海蚀阶地又叫"浪蚀阶地"。是由于海水面升降变化而出露于水上或淹没于水下的阶状平台。出露于水上的阶地，称水上阶地；淹没于水下的阶地，称水下阶地。它们都是在不同时期的海水作用下侵蚀形成的。

当地面因构造运动大面积上升或气候变化使河水水量增加，水中泥沙减少；或海平面降低，都会引起河流强烈侵蚀河床底部，造成下切现象，河床大幅度地降低，原先谷底的河漫滩就超出一般洪水期水面，成为阶地。河流如果发生多次侵蚀下切，就可能产生多级阶地。阶地表面平坦，通常向河流下游方向倾斜，与新河床间有很明显的陡坎。阶地的形成主要是在地壳垂直升降运动的影响下，是地球内外部动力地质作用共同作用的结果。有几级阶地，就有过几次运动；阶地位置，级别越高，形成时代越老。阶地的级数是由下而上顺序排列，高于河漫滩的最低一级阶地，称为一级阶地，向上依次为二级、三级等。在同一河谷横剖面上，阶地的相对年龄一般是低阶地新，高阶地老，阶地的海拔高度一般是从下游向上游增高（图 2-55、图 2-56）。

图 2-55　黄湾五级阶地全貌（镜向北）

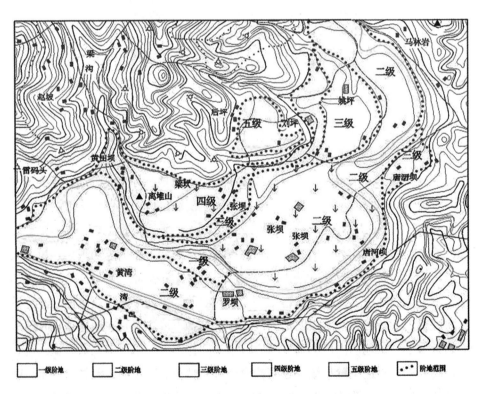

图 2-56　黄湾阶地平面分布示意

<<< **知识拓展**

阶地及其表示方法

阶地（terrace）：沿河流、湖泊和海滨伸展，超出河、湖、海面以上的阶梯状地貌。是由地表水侵蚀、剥蚀、堆积过程与地壳升降的共同作用形成。河流阶地沿河谷岸坡分布，阶面受河流水面及河床坡降控制，向河道中心及下游倾斜。

河流阶地的表示方法有两种：

（1）仅表示阶地的级序：用"T"代表阶地，以右下标数字代表该阶地的级序。如：T_1表示一级阶地，T_2表示二级阶地，余类推。其代号中数字越大，表明阶地拔河高度越大，形成时间越早。

（2）表示阶地级序、类型及阶坎相对高度：以罗马数字代表阶地及其级序，如："Ⅰ"表示一级阶地、"Ⅱ"表示二级阶地，余类推；罗马数字右下标表示阶地类型，以汉语拼音首字母代表，如"d"表示堆积阶地，"j"表示基座阶地；罗马数字右上标数字表示阶坎的相对高度（单位：m）。如：$Ⅱ_j^3$代表阶坎相对高度为3米的二级基座阶地。

③一线天。

一线天，是我国名山奇峰中常有的石景，因两壁夹峙，缝隙所见蓝天如一线而得名；较为知名者有峨眉山、华山、黄山、江郎山、武夷山、九宫山、三清山等处的"一线天"美景。由于"一线天"景观奇特，已成为许多风景名胜的热门景点。从地质学的角度来看，最常见的"一线天"大都出现在石灰岩地区，是一种特殊的侵蚀地貌；但也有"一线天"是由断层形成，与前者相比，其不同处在于它们两侧的岩石有上下左右的位移。

峨眉山一线天，又名白云峡；位于在牛心岭下，从清音阁至一线天，沿着黑龙江西行上山，山径在江两岸迂回曲折；行至"山重水复疑无路"的极深处，有一峡谷，名白云峡，峡外开阔明朗，峡内险壮清凉，峡内外温差较大，感受强烈；进入峡谷昂首望去，两面险崖绝壁，斜插云空，如同一座大山被

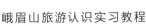
利斧从中劈开，透过疏藤密蔓、枝梢叶尖，露出蓝天一线，高 200 余米，宽约 6 米，最窄处仅 3 米，只容两人侧身而过，此景即为"一线天"（图 2-57，图 2-58）。

一线天，旧时步行需来回涉水踏石过溪，并在乱石中蹚水行走，故而这一带山道俗名"二十四道脚不干"。

新中国成立后，景区管理部门已建起数座小桥，整修成一条平坦的水泥游山道。沿途两岸瀑布轰鸣，山鸟吟唱，野花点染，怪石峥嵘，山道曲曲弯弯，随着溪流峰回路转，颇有"曲径通幽"之感。

黑龙江栈道穿过峡谷，长 130 米，回廊宛转，路面整洁，平坦安稳。峭壁上还残留着无数洞眼，为昔日僧人架设栈道所遗。

据 1976 年出版的《峨眉山》介绍说："过去，栈道险窄简陋，游人时有坠落。"

20 世纪 80 年代初，当代著名蒙古族作家玛拉沁夫游览清音阁、洪椿坪后，在《峨眉道上》一文中感叹道："人们依然称此为'栈道'，这也很好，让人们走在坚固桥梁上，莫忘古代攀越栈道之艰险。"

游者到此，仰瞻大自然画出的这一道永恒的风景线，欣赏它诗意极浓的含蓄美，无不心驰神往，浮想联翩。

图 2-57　一线天

图 2-58　一线天国画

≪≪≪ 知识拓展

在峨眉山西部的高山地区，由于强烈的构造隆升作用，河流和冲沟往往沿构造运动的节理、裂隙以及断层的走向发育，在强烈的流水下蚀作用和重力崩塌作用下会呈现出崇山峻岭、悬崖绝壁的地形，普遍发育切沟、冲沟、峡谷和深切曲流等流水侵蚀地貌，河谷横剖面呈"V"字形。其中，以龙门硐峡谷、清音阁"一线天"峡谷和五显岗深切曲流等最具代表，显示了由峨眉山断块的快速隆升与河流侵蚀基准面下降引起强烈的下蚀作用而形成的悬崖耸峙、峡谷幽深、天仅一线的奇特地貌。

峨眉山悠久的历史，厚重的文化积淀，还有待进一步的探讨、发掘。峨眉名宿刘君照先生以180字长联诠释了峨眉山古今，激励后辈当奋勇向前：

"海拔越三千，高凌五岳，碧嶂苍峦，兜罗艳艳映重霄，看萝峰晴云，灵岩叠翠，象池月夜，白水秋风，袅袅晚钟消俗虑，蒙蒙晓雨润洪椿。胜迹任遨游，快赏大坪霁雪，乐听双桥清音，休忘却仙峰探九老，金顶览祥光，尽将峨眉十景收眼底。

峥嵘逾万纪，秀绝瀛寰，霞帔彩错，瑞霭缥缥萦岭际，溯楚狂歌风，蒲犷追鹿，真人炼丹，涪翁习静，皇皇功德郁楠林，赫赫神弓诛蟒孽。道场斯仰慕，欣诵子昂感诗，细研蒋史山志，须长咏太白半轮秋，石湖广行纪，会当天下名山注心间。"

● 本章考核

1. 简述峨眉山地质构造。

2. 简述峨眉山地质构造发展史。

3. 峨眉山有哪些矿产？列举三种并进行矿产描述。

4. 什么叫地文景观？什么叫地文景观类旅游资源？

5. 什么是花岗岩？花岗岩是如何形成的？

6. 简述峨眉山花岗岩的产状。

7. 什么是玄武岩？柱状玄武岩是如何形成的？

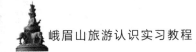

8. 简述峨眉山玄武岩的产状。

9. 峨眉山地质构造旅游景观有哪些?

10. 峨眉山地貌旅游景观有哪些? 选择一处峨眉山景区景点尝试进行景观成因分析。

第3章 旅游资源分类与特征

课程思政： 从旅游资源的学习和认识，让学生认识美丽中国、壮丽河山，培养爱国热情、家国情怀。

实习目的： 掌握人文旅游资源的分类和特征；掌握自然旅游资源的分类与特征。

实习方法： 实地调研。

实习地点： 峨眉山景区、大佛禅院、万年寺、伏虎寺、峨秀湖、黄湾小镇。

知识要点：

1. 掌握旅游资源的概念和内涵；

2. 熟悉峨眉山自然旅游资源的概况与典型例子；

3. 熟悉峨眉山市人文旅游资源的概况与典型例子。

旅游资源是旅游业发展的前提，是旅游业的基础。旅游资源主要包括自然风景旅游资源和人文景观旅游资源。自然风景旅游资源包括高山、峡谷、森林、火山、江河、湖泊、海滩、温泉、野生动植物、气候等，可归纳为地貌、水文、气候、生物四大类。人文景观旅游资源包括历史文化古迹、古建筑、民族风情、现代建设新成就、饮食、购物、文化艺术和体育娱乐等，可归纳为建筑与设施、历史遗迹、旅游购物、人文活动四大类。

旅游资源的特性包括以下几点：

多样性和综合性：由旅游资源的定义可知，它是一个集合概念，任何能够对旅游者产生吸引力的因素都可以转化为旅游资源。旅游资源多种多样，既有自然形成的，又有历史遗留下来的和当代新建的，它与旅游目的的多样性有着十分密切的联系。这些因素的共同作用，使旅游资源存在于自然和社会的各方面，其多样性和广泛性为其他资源所不及。此外，旅游资源各要素间，处在相互联系、相互作用、相互制约的环境中，共同形成和谐的有机整体。区域旅游资源的构成要素种类越丰富、联系越紧密，其生命力就越强，就越能吸引旅游者。旅游资源的综合性特点使其能满足旅游者的多元化需求，成为旅游开发的优势所在。

垄断性和不可迁移性：大家常常称旅游业为"无形贸易""风景出口"，实际上就是凭借着这些千姿百态的自然和社会文化资源把旅游者从世界上每个角落吸引到旅游地来的。旅游资源不同于其他各种资源，它有极强的垄断性，也就是其可模仿性差，难以移植或复制，历史文化遗产和自然旅游资源，都因为地理上的不可移动性而具有垄断性的特点。如我国的长江三峡、桂林山水、九寨沟黄龙的彩池群等，均无法用人工力量来搬迁或异地再现。尽管许多主题公园仿制了逼真的诸如竹楼、蒙古包等少数民族的村寨或居室，但由于缺乏地域背景、周边环境与民族习俗的依托，在游客的视域中，真假分明，从而失去了原有的意义和魅力。那些历史感强烈的资源，更无法离开特定的地理环境和历史背景，否则其历史价值与观赏价值难以体现。正如世界建筑史上最伟大的奇观之一——万里长城，是在别的国家看不到的。正像许多游客讲的那样："到了中国，没有去北京，等于没有去中国；到了北京，不去游长城，等于没有到北京。"

时限性和区域性：是旅游资源在时间和空间方面的特点。旅游资源的时限性是由所在地的纬度、地势和气候等因素所决定的，这些因素造成的自然景观的季节变化使旅游业的发展在一年之中会出现明显的淡旺季之分。由于许多特色旅游资源只有在某些特定时段内才能被开发利用，所以不同类型旅游资源的组合，能有效延长旅游地可开发利用的时限。另外，旅游资源是地理环境的重要构成要素，地理环境的区域分异必然导致其各地域赋存资源的差异化，故而旅游资源的区域差异是客观存在的。这种区域差异反映到旅游资源上便形成独具一格的地方特色。

观赏性和体验性：旅游资源与一般资源最主要的差别，就是它有美学特征，具有观赏价值，其作为资源所共有的经济性，在很大程度上也是通过观赏性来实现的。尽管旅游动机因人而异，旅游内容与形式多种多样，但观赏活动几乎是所有旅游过程都不可缺少的。没有观赏性，也就不构成旅游资源，旅游资源的观赏性越强，对旅游者的吸引力就越大。同时，体验性也是旅游资源区别于其他资源的又一特性，许多民俗旅游资源，如民族歌舞、民族婚庆等表现出的可参与性对异质文化区域的旅游者具有相当大的吸引力。

永续性和不可再生性：永续性是指旅游资源具有可重复使用的特点。与矿产、森林等自然资源随着人类的不断开采会发生损耗不同，旅游者的参观游览所带走的只是印象和观感，而非旅游资源本身。因此，从理论上讲，旅游资源可以长期甚至永远地重复使用下去，但是，实践证明，旅游资源如果利用和保护不当也会遭到破坏。一种使用过度的有形旅游资源可能被毁坏，甚至不可再生；一种维护不当的无形旅游资源一旦遭到破坏，也是短期内难以修复的。这就要求旅游资源的开发工作必须与保护和管理相结合，必须以科学可行的旅游规划为依据，有序、有度地进行。

从以上几个特性来看，旅游资源犹如一面镜子，它以独特的方式反映一个国家的历史，文化、艺术、物质和文明水平。通过它们不仅可以看到昨天，还可以展望未来，增强民族的自信心和自豪感。

峨眉山市共查明旅游资源 2510 个，其中优良级旅游资源 592 个，占 23.59%，新发现旅游资源点 381 个，占 15.18%。五级旅游资源 27 个，约占 1.08%；四级旅游资源 73 个，约占 2.91%，如表 3-1、表 3-2，图 3-1、图 3-2 所示。全市旅游资源分布于 8 个大类、25 个亚类、111 个基本类型，分别占标准分类中大类的 100%、亚类的 96.15%、基本类型的 84.73%。

表 3-1　峨眉山旅游资源分类统计

序号	类别	总数（个）	占比（%）	新发现（个）	占比（%）
1	优良级旅游资源	592	23.59	86	3.43
2	五级旅游资源	27	1.08	1	0.04
3	四级旅游资源	73	2.91	3	0.12
4	新发现旅游资源	381	15.18	——	——
5	旅游资源综合体	235	9.36	27	1.08

序号	类别	总数（个）	占比（%）	新发现（个）	占比（%）
6	旅游资源单体	2275	90.64	354	14.10
7	地文景观	101	4.03	36	1.43
8	水域景观	69	2.75	29	1.16
9	生物景观	420	16.73	25	1.00
10	天象与气候景观	34	1.36	3	0.12
11	建筑与设施	989	39.42	153	6.10
12	历史遗迹	490	19.53	54	2.15
13	旅游购品（文创产品）	194	7.73	4	0.16
14	人文活动	213	8.49	77	3.07

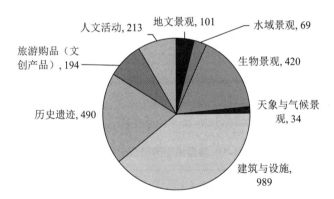

图 3-1　峨眉山市旅游资源分类统计饼图

表 3-2　峨眉山市优良级旅游资源分类统计

序号	类别	总数（个）	占比（%）	新发现（个）	占比（%）
1	地文景观	34	5.8	4	0.68
2	水域景观	18	3.1	4	0.68

序号	类别	总数（个）	占比（%）	新发现（个）	占比（%）
3	生物景观	127	21.5	5	0.85
4	天象与气候景观	24	4.1	2	0.34
5	建筑与设施	220	37.2	31	5.24
6	历史遗迹	59	10.0	4	0.68
7	旅游购品（文创产品）	24	4.1	1	0.17
8	人文活动	86	14.6	35	5.91

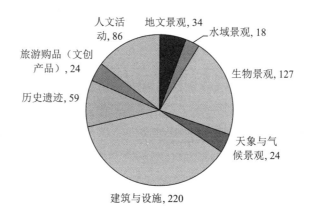

图 3-2　峨眉山市优良级旅游资源分类统计饼图

3.1　地文景观类旅游资源

3.1.1 地文景观类旅游资源概况

峨眉山市地文景观类旅游资源共 101 个，其中优良级旅游资源有 34 个，占地文景观总数的 33.7%。地文景观类旅游资源分布于 4 个亚类、18 个基本类型（表 3-3），分别占标准分类中亚类的 100%、基本类型的 85.7%（表 3-4）。

表3-3 峨眉山市地质遗迹景观分类

大类	类	亚类	名称
地质剖面	1. 地层剖面	（1）国际参考地层剖面	麦地坪震旦—寒武系地层剖面
		（2）区域性标准剖面	龙门硐三叠系剖面
地质剖面	2. 岩浆岩剖面	（3）典型基性岩剖面	金顶玄武岩，摄身崖，金刚嘴，玄武岩柱状节理
		（4）典型酸性岩剖面	张沟峨眉山花岗岩，洪椿坪峨眉山花岗岩
	3. 沉积岩剖面	（5）典型沉积构造剖面	万年寺三叠系交错层理，灯影组叠层石构造，三叠系泥包砂构造
		（6）断裂构造	峨眉山断层，大峨寺断层，牛背山断层，观心坡断层，万年寺断层，初殿断层
	4. 构造形迹	（7）褶皱构造	峨眉山背斜，桂花场向斜，牛背山背斜，挖断山背斜
古生物	5. 古生物遗迹	（8）古生物活动遗迹	龙门硐三叠系古生物遗迹，洪椿坪寒武系古生物遗迹
	6. 古生物化石	（9）古生物化石	初殿化石路，主要有海相瓣鳃类、腹足类、有孔虫及牙形石；洪椿坪寒武系古生物化石剖面，主要有软舌螺和似软舌螺类、似牙形石类：原球壳类等
地貌景观	7. 岩石地貌景观	（10）岩溶地貌景观	仙灵洞，紫澜洞，九老洞，石笋峰，洗象池，脚盆坝地下河，石笋沟
	8. 流水地貌	（11）流水侵蚀地貌	普贤石船，一线天，牛心石，龙门峡谷，雷洞坪峡谷
	9. 构造地貌	（12）构造地貌景观	金顶—万佛顶夷平面，观心坡，九老洞—大坪顶夷平面，万年寺夷平面，万显岗夷平面，天门石（太子坪）
水体景观	10. 泉水景观	（13）冷泉景观	玉液泉，虎溪鸣泉
		（14）温泉景观	灵秀温泉
	11. 河流景观	（15）风景河段	九龙戏水（龙门硐），双桥清音，三江汇流
	12. 瀑布景观	（16）瀑布景观	龙门飞瀑，观音飞瀑，二道桥瀑布
环境地质遗迹	13. 地质灾害遗迹	（17）山体崩塌遗迹	金顶摄身崖
	14. 采矿遗迹景观	（18）采矿遗迹景观	麦地坪磷矿遗迹，洪椿坪石灰矿遗迹

表 3-4　地文景观类旅游资源分类统计

主类	亚类	基本类型	数量（个）	数量（个）	优良级数量（个）	优良级数量（个）
01 地文景观	0101 自然景观综合体	010101 山岳型景观	13	30	6	13
		010102 丘陵型景观	1		—	
		010103 盆地型景观	4		2	
		010104 台地（高原）型景观	7		3	
		010105 沟谷型景观	4		2	
		010106 滩地型景观	1		—	
	0102 地质与构造形迹	010201 构造形迹景观	5	32	3	12
		010202 地层与剖面	2		—	
		010203 岩壁	4		1	
		010204 岩石洞与岩穴	19		6	
		010205 古生物化石点	1		1	
		010206 岩矿石点（矿床）	1		1	
01 地文景观	0103 地表形态	010301 台丘状地景	7	35	3	8
		010302 峰柱状地景	3		2	
		010303 垄岗状地景	4		—	
		010304 沟壑状地景	7		—	
		010305 钙华与泉华	—		—	
		010306 岩土圈灾变遗迹	—		—	
		010307 奇特与象形山石	14		3	
	0104 自然标记与自然现象	010401 奇异自然现象	—	4	—	1
		010402 自然标志地	4		1	

　　从亚类来看，以 0101 自然景观综合体、0102 地质与构造形迹、0103 地表形态三个亚类占比较为均衡，数量分别是 30 个、32 个、35 个，占地文景观类总数的比例分别是 29.7%、31.7%、34.7%；0104 自然标记与自然现象的数量为 4 个，占地文景观类总数的比例是 4.0%（图 3-3）。

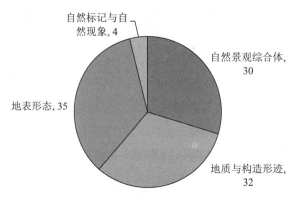

图 3-3　地文景观类各亚类旅游资源分布饼图

从基本类型来看，以 010204 岩石洞与岩穴、010101 山岳型景观、010307 奇特与象形山石为主，共 46 个，占地文景观类总数的 45.5%；其次为 010104 台地（高原）型景观、010301 台丘状地景、010304 沟壑状地景共 21 个，占地文景观类总数的 20.8%。从成因上来看，峨眉山地跨川西龙门山地带和成都平原岷江冲积扇扇顶部位。侵蚀堆积地貌、构造侵蚀地貌、构造侵蚀溶蚀中山地貌较为突出，因此资源类别中 010101 山岳型景观、010307 奇特象形山石、010201 构造形迹景观、010301 台丘状地景、010302 峰柱状地景、010105 沟谷型景观的占比较大，占到总数的 45.5%（图 3-4）。

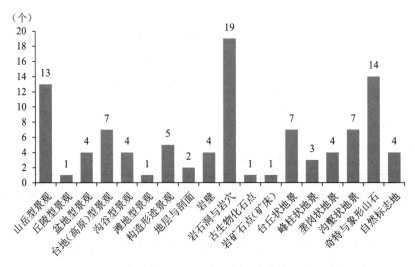

图 3-4　地文景观各基本类型旅游资源分布直方图

综上，整个峨眉山市地文景观类旅游资源中地表形态景观以及自然景观综合体景观最具代表性。

3.1.2 重要地文景观类旅游资源特征

峨眉山市地文景观有峨眉山五级旅游资源1处，有峨眉山玄武岩、万佛顶、一线天、摄身崖、二娥山、巨北峰、普贤石船、泗溪沟溶洞群四级旅游资源8处。

（1）地文景观类——五级旅游资源。

峨眉山地处中国四川盆地的西南边缘，为邛崃山南段余脉，自峨眉平原拔地而起，山体南北延伸，绵延23千米，面积约154平方千米（图3-5）。地势陡峭，风景秀丽，素有"峨眉天下秀"之称，山上的万佛顶最高，海拔3099米，高出峨眉平原2700多米。峨眉山为蚀余山，《峨眉郡志》云："云鬟凝翠，鬓黛遥妆，真如蟫首峨眉，细而长，美而艳也，故名峨眉山。"峨眉山处于多种自然要素的交汇地区，区系成分复杂，生物种类丰富，特有物种繁多。

峨眉山是普贤菩萨的道场，宗教文化特别是佛教文化构成了峨眉山历史文化的主体，所有的建筑、造像、法器以及礼仪、音乐、绘画等都展示出宗教文化的浓郁气息。山上多古迹、寺庙，有报国寺、伏虎寺、洗象池、龙门硐、摄身崖、峨眉佛光等胜迹，是中国旅游、休养、避暑目的地之一。除此以外，峨眉山还是重要的道教文化体验地，峨眉山作为双遗产入选世界遗产名录，峨眉山古建筑群为全国重点文物保护单位，以峨眉山为主体的峨眉山景区为国家重点风景名胜区、国家5A级旅游景区。

图3-5 峨眉山实景

（2）地文景观类——四级资源。

①峨眉山玄武岩。

玄武岩是峨眉山地区最具有代表性的岩石，发育于上二叠统峨眉山玄武岩组的地层中，峨眉山玄武、岩广泛分布于西南各省，如川西、滇、黔西及昌都地区，命名地点在四川峨眉山，主要为陆相裂隙式或裂隙—中心式溢出的基性岩流。整个峨眉山玄武岩厚达 1000~2000 米，在峨眉山景区内的玄武岩地层厚达 400 多米。有金钢嘴、摄身崖、一线天、牛心石等不同形态的玄武岩块，组成了峨眉山特色的玄武岩地质构造景观。

②万佛顶。

万佛顶是峨眉山最高峰，海拔 3099 米，绝壁凌空，平畴突起，植被丰茂、古树参天、野藤绕树、鸟兽众多，平畴突起，巍然屹立在"大光明山"之巅，是中国四大佛教名山海拔最高、自然生态保护最好的遗产地（图 3-6）。万佛顶建有铜殿一座，殿侧睹光台可观金顶四大奇观——日出、云海、佛光、圣灯。登顶远眺，天高云淡，群峰起伏，贡嘎雪山银锷刺天，大小瓦屋山横卧云端；回望金顶，峭拔雄峻，绝壁千仞，华藏寺金碧辉煌。观日出、晚霞，感受天地旋转，唯我岿然不动；看云海、佛光，体味人间仙境、梦幻无穷。一年四季景色各异：春看杜鹃、夏闻鸟语、秋观红叶、冬赏玉树。

图 3-6　万佛顶

③一线天。

一线天峡谷正位于石灰岩地层出露的部位，由于受到冰蚀作用，流水朝着这个方向延伸的构造裂隙溶蚀、侵蚀，如此日复一日，年复一年，随着地壳的抬升及冰川作用，不断下切，最后形成现今所见到的雄险地貌（图3-7）。

图 3-7 一线天

图 3-8 摄身崖

④摄身崖。

峨眉金顶摄身崖，又做舍身崖（图3-8）。这里有着许多神秘传说和未解的地方，又以其雄伟险峻和崖下那片人迹罕至、岩壑交错的原始森林，吸引着一批批探险者。摄身崖下一直都是峨眉山最神秘的地方，千百年来都流传着各种各样的传说。

摄身崖是距今两亿年前火山喷发岩浆冷却而形成的玄武岩，悬崖距离底部有700多米。又因此处可以看"佛光""佛灯"，所以又叫睹光台。每逢天高云淡，玉宇澄清，站在睹光台上远眺天下，天苍苍，地茫茫，远近诸峰尽在脚下。在这些山海峰浪之外，一望无际。看东方，峨眉江、青衣江、大渡河和岷江曲折环流，成昆铁路贯穿南北；望北方，丘陵蜿蜒，直毗成都平原；南顾，大小凉山层峦迭嶂；西盼，青藏高原群峰披雪。江山如画，大地似锦。更为难得的是，此处还是望日出，观云海，赏圣灯，看佛光的绝妙之处。

⑤二峨山。

二峨山，又名绥山，海拔1909米，总面积103平方千米（图3-9）。属于广义的峨眉山，与峨眉山风景区（大峨山）遥遥相对，位于四川省峨眉山市西南，跨峨眉山市九里镇、罗目镇、乐都镇、高桥镇、龙池镇等，地处峨眉山市与乐山市沙湾区的分界线。二峨山风景秀丽，是夏天避暑休闲的好地方，植被丰富、空气清新，山间景致优美。地形地貌复杂，泉水、溶洞、原始森林等景致也吸引着不少的探险爱好者前往。

图 3-9　二峨山

图 3-10　巨北峰

⑥巨北峰。

巨北峰面积 10 平方千米，山上最高顶海拔 2902 米，高出峨眉平原 2400 多米（图 3-10）。中国地质史上中生代末期的燕山运动，奠定了巨北峰地质构造的轮廓，新构造期的喜马拉雅运动，及其伴随的青藏高原的抬升，造就了巨北峰。巨北峰由于山顶上是一大片古生代喷出的玄武岩，其下岩层受到保护而得以保持高度，又因山中内部"流水侵蚀强烈"，进而形成了高 2000 米以上的"山高谷深"。

巨北峰是国有林场。终年常绿，冬季山顶积雪长达 4~5 个月，巨北峰动植物资源极为丰富，素有"古老的植物王国"之美称。站在巨北峰顶，可西望大瓦山，东眺峨眉山，在天气晴朗的日子里可眺望远在 140 千米以外的海拔 7556 米的贡嘎雪山。山顶有界碑碑上题有"洪雅、峨边、金口河"字样。

⑦普贤石船。

龙门硐索桥下河心处有一条巨大的奇石，长约 35 米，宽 2.5 米，其形状酷似一首航船，船内色彩灰白中带有浅赭，似经卷层层叠放，当地人称"石船子"。虽貌不惊人，却大有来历，它便是"普贤船"（图 3-11）。传说当年普贤自西来峨眉山时，这里还是一片浩瀚的大海，座座山峰似水中绿岛。普贤将载经之船停靠于此，经书还未搬完，水已退去，经船搁浅。为防经书被盗散失，普贤施展佛法，将其化作石船，留存至今。明朝山崖镌刻"藏舟于壑"，清人何永骏《咏石船子》吟："隐踞云谷障紫澜，高呼船子度溪难，可知普贤当年行，留得慈航待我看。"

普贤石船所在的地层为下三叠统嘉陵江组地层，岩相古地理为潮坪—河口湾组合沉积相，即岩层形成时受潮汐作用及河流作用所控制，故岩性上表现为陆源碎屑沉积岩与碳酸盐岩相间互层，就如同今天所看到的：船形石脊中灰白色的岩层为灰岩，顺河中央白色的宽窄不等的是不易被河水侵蚀的坚硬的白云岩，紫色的岩层为细砂岩、泥质粉砂岩夹薄层泥岩。紫色的岩层经历构造变动，裂隙相对发育，故其抗风化能力较低，在流水近于顺层的长期冲蚀下，逐渐形成较低的凹槽，加速了差异风化的进程，经年累月的流水侵蚀作用，至今便造就了亦真亦神、是幻是景的差异侵蚀地质景观，保留下了"坚强"的"普贤石船"，是峨眉山地质地貌具有代表性的一处景观。

图 3-11 普贤石船

⑧泗溪沟溶洞群。

泗溪沟溶洞群位于峨眉山市龙池镇龙池峡内，四溪沟溶洞又被称为"私钱洞"（图 3-12）。整个溶洞长约 60 米，高约 30 米，洞内钟乳石千姿百态，形状各异，让人惊叹，可谓别有洞天。一个个石笋、石柱、石人组成了一道别具特色的风景线，多变的造型惟妙惟肖，令人惊叹不已。美丽神奇的溶洞，仿佛把人们带入了一个遐想万千、变幻莫测的神秘世界。

图 3-12　泗溪沟溶洞群

溶洞有简易开发的私钱洞，其余撮箕洞、通天洞、老龙洞等因没有开发而保持原貌。溶洞群中，撮箕洞最具有代表性。撮箕洞全长约 1500 米，洞内一股清泉随洞底起伏奔流不息，把洞底冲刷成高低不平、深浅不一的大小水潭。洞内宽窄不一、忽高忽低，流水蜿蜒曲折。洞中钟乳石、如雨后春笋遍布洞厅、形形色色、奇形怪状、鬼斧神工、自然天成，让人看得叹为观止。

⑨峨眉山氡温泉。

中国温泉在四川，四川温泉看峨眉，"佛之圣汤夜温泉"是峨眉山温泉的最大特色。峨眉温泉有两大特色：一是品种稀有，拥有世间稀少的氡温泉；二是规模最大，拥有中国最大的露天氡温泉。红珠山森林温泉水源来自地下 3000 多米的深处，距今有约两千年的历史。水量大、水质好，峨眉山红珠山温泉出水口温度 49℃，无色无味，可泡可饮。对治疗心血管、呼吸道、肝肾等疾病有显著功效，还能促进新陈代谢，对运动系统和神经系统均有好处。每升水的氡含量达 51.8~86.9 埃曼（国家标准为 >15 埃曼），是少见的高品位氡水温泉，被称为"温泉中的贵族"。

古时，过往的香客来峨眉朝山拜佛，回转时总要用木桶土罐带一点"圣水"回去，而当地的农民朝晚洗涤，更是常常以此洗脸擦身，治病疗伤。一直到 20 世纪 90 年代初，有地质勘探队在峨眉山脚下打井勘探，打出了深达

3000 米的温泉水，人们才逐渐真正认识了氡温泉，并把它开发建设成为峨眉山低山区的重要娱乐项目。氡（Rn）是自然界非常稀有的无色、无嗅、无味的气体元素，是由钢、钍、铀三种同位放射性元素蜕变的产物。峨眉山天颐氡温泉，因矿化龄悠久，被誉为"震旦第一泉""华夏同龄水"。峨眉山的灵秀氡温泉被誉为"中国西部第一泉"，必将成为所有成功人士康体休闲的首选。

3.2 水域景观类旅游资源

水域风光是指以水体为中心，在地质地貌、气候、生物及人类活动等因素的配合下形成不同类型水体景观的总称。水域风光是自然旅游资源中重要的组成部分。因此，凡能吸引旅游者进行观光游览、度假健身、参与体验等活动并产生经济效益、社会效益和生态效益的水体现象，都可视水域景观类旅游资源。

3.2.1 水域景观类旅游资源概况

峨眉山市水文地理位置属大（渡河）青（衣江）水系，水域景观类旅游资源共 69 个，其中优良级旅游资源有 18 个，占水域景观总数的 26.1%。水域景观类旅游资源分布于 3 个亚类、8 个基本类型，分别占标准分类中亚类的75%、基本类型的 61.5%（表 3-5）。

表 3-5　水域景观类旅游资源分类统计

主类	亚类	基本类型	数量（个）	数量（个）	优良级数量（个）	优良级数量（个）
02 水域景观	0201 河系	020101 河曲与河湾	4	29	—	6
		020102 游憩河段	18		3	
		020103 古河道	1		1	
		020104 河（江）心岛	—		—	
		020105 瀑布、跌水	6		2	

续表

主类	亚类	基本类型	数量（个）	数量（个）	优良级数量（个）	优良级数量（个）
02 水域景观	0202 湖沼	020201 湖泊、水库	22	32	10	10
		020202 潭池	10		—	
		020203 湖湾、湖心岛	—		—	
		020204 湿地	—		—	
	0203 地下水	020301 泉水	5	8	1	2
		020302 埋藏水体	3		1	
	0204 冰雪地	020401 积雪地	—	—	—	—
		020402 现代冰川	—		—	

从亚类来看，以 0201 河系、0202 湖沼为主，共 61 个，占水域景观类总数的 88.4%；其次为 0203 地下水，共 8 个，占水域景观类总数的 11.6%；无 0204 冰雪地亚类旅游资源分布（图 3-13）。

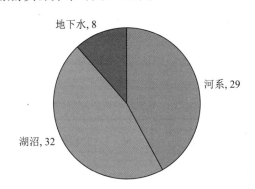

图 3-13 水域景观类各亚类旅游资源分布饼图

从基本类型来看，以 020102 游憩河段、020201 湖泊、水库为主，共 40 个，占水域景观类总数的 58%；其次为 020105 瀑布、跌水、020202 潭池、020301 泉水，共 21 个，占水域景观类总数的 32.8%；020101 河曲与河湾、020103 古河道、020302 埋藏水体三个基本类型旅游资源分布极少，仅 8 个。此外，从优良级资源数量情况来看，020201 湖泊、水库有 10 个、020102 游憩河段有 3

个、020105 瀑布、跌水有 2 个（图 3-14）。

综上，峨眉山水域景观类旅游资源较为丰富，主要以游憩河段和湖泊、水库为主要特色。

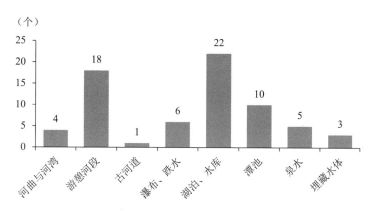

图 3-14 水域景观各基本类型旅游资源分布直方图

3.2.2 重要水域景观类旅游资源

峨眉山市水域景观无五级旅游资源，四级旅游资源有龙池湖、观音湖 2 个，三级旅游资源有初殿河、红珠湖、石河、仙峰寺观音飞瀑、秀甲天下瀑布、观音飞瀑、清音平湖、艾美湖、赶山河等 16 个。

（1）龙池湖。

龙池湖属于水域景观类湖沼亚类的湖泊、水库类型，属于天然湖泊（图 3-15）。龙池湖地基表面剥蚀严重，地层基础是花岗岩，湖底是淤泥，根据当地水文地质条件可以判断，该湖泊形成是在第四纪。此时期受印支运动的影响地势上升，海盆逐渐缩小，直至最终关闭，海水永远退出了峨眉山区。距今 1.8 亿~1 亿年，峨眉山还是一个大陆湖泊，沼泽环境。经多次转换，沉积形成一套以砂岩、泥岩、粉砂岩为主的含煤地层。到第四纪中更新世，峨眉山气

图 3-15 龙池湖

候寒冷，进入冰期，受到冰川作用的剥蚀形成河道。

龙池湖紧靠龙池镇南，水质状况较好，海拔800米，龙池湖面积约0.55平方千米，容积约330万立方米。湖水从镇西街口的扁担桥下涌出，在深崖陡谷中奔泻而下，注入万河。这个小湖中汇集了周围高山流淌而下的清流。龙池湖周围长满柳杉树，春芽树等，植被丰富，常年都是水雾弥漫，山应水，水生景，像山水画一样素雅漂亮。

（2）观音湖。

观音湖水库两岸为花岗岩地基，老鹰岩河谷呈不对称"V"形（图3-16），枯期河床宽13米，左岸坡度50°~60°，基岩裸露，岩体中分布多条软弱夹层，占岸坡21.4%；卸荷带水平宽31~35米，岩层倾向坡内偏下游，岸坡整体稳定。河床表面堆积砾卵石、块碎石夹砂或壤土，厚度7~8米，下伏基岩主要为厚层细粒砂岩夹薄层泥岩或粉砂质泥岩，岩体强度低，分布有4条软岩夹层，埋深15~30米，岩层倾向左岸偏下游，坝基存在压缩变形及抗滑稳定问题。右岸地表为基岩滑坡体，厚度16~20米，滑床岩体中分布有4条软岩夹层，厚8.5米，整个坝址强、弱风化带厚度分别为0.5~8米与3~10米，岩体透水带厚度为35~82米。在水库建设问题上，风化泥岩心墙石渣坝滑坡体处理简单可靠，坝体适应地基变形能力强，防渗料利用当地风化泥岩，开挖料可部分作为坝体填筑，弃渣量小，投资较省。经过工程施工后，水库建成。

图3-16　观音湖

峨眉山市观音岩湖主要是灌溉、供水等综合利用的中型水库，水质状况良好，水库水域面积约 25 平方千米，水库总库容 1518 万立方米，工程于 2001 年立项，项目总投资 2.2 亿元，2005 年 12 月正式开工，2010 年 7 月通过下闸蓄水验收，2014 年 4 月 15 日全面完工。水库覆盖炳灵村、盐井村，海拔高度约 600 米，气候宜人。蓝天白云，群山萦绕，湖中倒影，飞鸟相还，风景优美，是一个宜居宜养的生态之地，盛产特色水果"三节岗"李子、峨眉白蜡、苦笋等。

（3）峨秀湖。

峨秀湖处于峨眉平原与峨眉群峰之间，是人工修建，后期开发的综合性湖泊景观，水质情况良好（图 3-17）。面积达 1200 亩，可容水 700 万立方米。兼容湖泊、平原和山岳的自然风光。可说是峨眉山风景区的"景外之景"。翘首望金顶三峰雄峙摩天，朝晖夕照，浮光跃银，色彩斑斓。晴朗无云的天气，从金顶俯瞰，秀湖宛如点缀在绿锦上的一块光洁的白玉。峨秀湖核心景区主要以文化与自然风光为主，绿化覆盖率达到了 80%，植物种类有 50 多种，数量共计 2.3 万株；珍稀水鸟种类有 10 余种，数量 1300 余只。峨秀湖景区内已有 15 个重点文旅项目入驻，形成集酒店、剧院、养生、游乐、购物、美食、亲水、观鸟、垂钓于一体的综合性休闲度假景区。

图 3-17 峨秀湖

（4）龙洞湖。

龙洞湖是峨眉山海拔最高的高山湖泊，是古河道改道后形成的（图 3-18），位于峨眉山高海拔地区，邻近清音阁与白龙洞。在湖对面有一道古老的木索桥，桥下是潺潺流动的小溪，缓缓流入湖中。在峨眉半山的龙洞村有一个天然洞穴，常年渗透的泉水形成了眼前的龙洞湖。由于水温与天气温差的作用，每天清晨或傍晚，宁静的湖面便会飘起一层水雾，如同云海一般，将湖面环绕，与山间缥缈的云烟交相辉映，似仙境一般。四周的树木、竹林、绿草、鲜花，在水汽的滋润下，越发鲜翠欲滴。满目青山、满目苍翠，让终日喧嚣繁忙的都市人顿感神清气爽。传说白娘子和小青曾在这里修仙，因白蛇浸染了此处的灵气而得道，从湖中潜往万年寺下的白龙洞修行，龙洞湖因此得名。

图 3-18　龙洞湖

3.3　生物景观类旅游资源

生物是地球表面有生命物体的总称，按其性质可分为动物、植物和微生物。在漫长的生物进化过程中，地球表面的生物衍生出了极其丰富的类群和形态，据统计，现今被发现、记载并定名的生物体约有 200 万种，这使得自然界呈现出多姿多彩的生物景象。生物景观类旅游资源主要是指由动、植物及其相关生存环境所构成的旅游资源景观。

3.3.1 生物景观类旅游资源概况

全市生物景观类旅游资源共 420 个，其中优良级旅游资源有 127 个，占生物景观总数的 30.2%。生物景观类旅游资源分布于 3 个亚类、11 个基本类型，分别占标准分类中亚类的 100%、基本类型的 100%（表 3-6）。

表3-6　生物景观类旅游资源分类统计

主类	亚类	基本类型	数量（个）	数量（个）	优良级数量（个）	优良级数量（个）
03 生物景观	0301 植被景观	030101 林地	28	77	19	33
		030102 草地（草原）	21		1	
		030103 花卉地	27		13	
		030104 高山苔原	1		—	
	0302 野生动物栖息地	030201 水生动物栖息地	1	30	—	9
		030202 陆地动物栖息地	18		6	
		030203 鸟类栖息地	7		—	
		030204 蝶类或其他昆虫栖息地	4		3	
	0303 典型物种	030301 古树名木	182	313	64	85
		030302 珍稀植物	83		15	
		030303 珍稀动物	48		6	

从亚类来看，以0303典型物种为主，共313个，占生物景观类总数的74.5%；0301植被景观次之，共77个，占生物景观类总数的18.3%（图3-19）。

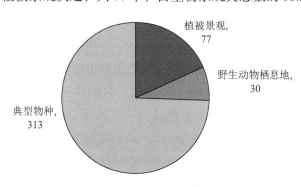

图3-19　生物景观类各亚类旅游资源分布饼图

从基本类型来看，以030301古树名木为主，共182个，占生物景观类总数43.3%；其次为030101林地、030103花卉地、030302珍稀植物，共138

个，占生物景观类总数的 32.9%；再次为 030102 草地、030202 陆地动物栖息地、030303 珍稀动物，分别为 21 个、18 个、48 个，各自占比 5.0%、4.3%、11.4%；其他 4 个基本类型数量较少（图 3-20）。

综上，全市生物景观类旅游资源以古树名木、林地和花卉地为主要特色。

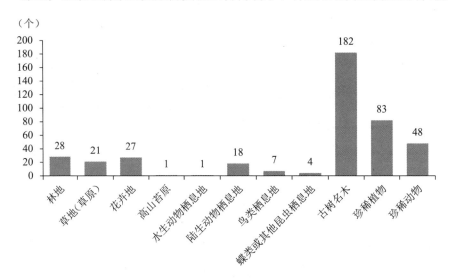

图 3-20   生物景观各基本类型旅游资源分布直方图

3.3.2 重要生物景观类旅游资源

峨眉山生物景观类有五级旅游资源峨眉山原始森林、峨眉山野生珍稀动物栖息地 2 处，四级旅游资源有峨眉山彩叶林、大坪极小种群植物波叶杜鹃、大佛禅院 500 年菩提树、峨眉山藏酋猴、峨眉山高山杜鹃林、峨眉山自然生态猴区 6 处。

（1）生物景观类——五级旅游资源。

①峨眉山原始森林。

峨眉山市有丰富的生物资源，森林覆盖率达 87%，全山约有植物 5000 种，其中已知高等植物有 242 科，3200 种以上，占中国植物物种的总数的十分之一，其中以"峨眉"为词头命名的植物就多达 103 种。此外，峨眉山还有丰富的药用植物，据调查有 212 种，868 属 1655 种，占全国植物总数的 33%。

由于峨眉山植物物种多样性，造成了群落组成结构的复杂性和群落类型的多样性。峨眉山的森林植物群落具有乔、灌、草、地被和层外层各层发达而结构完整的特点。各层种类很少由单一的优势种组成，多为多优势种，从低至高由常绿阔叶林—常绿与落叶阔叶混交林—针阔叶混交林—亚高山针叶林，形成了完整的森林垂直带谱，构成了峨眉山自然景观的多样性，而且是当今世界亚热带山地保存最完好的原始植被景观（图 3-21）。

图 3-21　峨眉山原始森林

峨眉山原始森林植被复杂，在不同的小环境内，常出现各具特色的群落。峨眉山原始森林保护植物众多，如石笋沟篦子三尖杉、百日青、杜鹃等，是保存完好的常绿阔叶林，位于峨眉山景区海拔 1200~1500 米的区域，在不同的地段，阔叶树的性质又存在明显差异。随分布区海拔的逐次升高，阔叶林由亚热带喜暖性的类型逐渐向耐寒性的类型转变。亚热带耐寒性中山常绿阔叶林位于海拔 1000~1500 米的地段，由于海拔升高，气候较温和，林下多为黄棕壤，腐殖质较丰富，植物繁茂，盖度在 80% 以上，种群十分复杂。峨眉山海拔 1500~2100 米的中山区，气候温凉，潮湿多雨，多雾、日照少，相对湿度75%~90%，土壤多为山地黄壤，土壤酸性，分布着喜温湿的常绿与落叶阔叶混交林。生长于海拔 2100 米以上的山地砂岩、页岩与玄武岩发育的酸性山地暗棕壤上。在海拔 2100~2800 米地带针叶林与阔叶林混交，随海拔升高落叶阔叶树的种属成分和分布逐渐减少，以至成为纯冷杉林。常绿针叶树种除冷杉外，还有少量铁杉、云南铁杉和高山柏。亚高山灌丛是亚高山针叶林带内的植被类型，在峨眉山分布于海拔 2800 米以上地段的冷杉林下。在冷杉被砍伐或成片死亡后的林间、山脊或山顶，常形成以冷箭竹、微毛野樱桃、金顶柳、峨眉蔷薇、金顶杜鹃、峨眉光亮杜鹃、高山柏为主的灌丛。峨眉山列入国家首批保护植物名录共有 139 种。

②峨眉山野生珍稀动物栖息地。

由于峨眉山处于多种自然要素的交汇地区，区系成分复杂，生物种类丰富，特有种物繁多。舒适的气候，茂密的植物，丰沛的雨水，为众多野生动物的栖息繁衍提供了优越的生态环境。四川的两栖动物居全国之巅，而峨眉山就占了全川的 36.7%。峨眉山是多种稀有动物的栖息地，其中有珍稀的大熊猫、黑颧、小熊猫、短尾猴、白鹇鸡、枯叶蝶、弹琴蛙、环毛大蚯蚓等。特别是见人不惊，与人同乐的峨眉山猴群，已成为峨眉山中独具一格的"活景观"而闻名中外。

峨眉山有"动物王国"美称，有 2300 多种野生动物（图 3-22）。峨眉山有兽类 7 目 26 科 71 种，占全省总种数的 32.9%。在 71 种兽类中，食虫目有3 科 11 种，翼手目 3 科 11 种，灵长目 1 科 2 种，食肉目 7 科 19 种，偶蹄目 4科 6 种，啮齿目 6 科 20 种、兔形目 2 科 2 种。在现有已知的兽类中，属于国家一级重点保护动物的有 3 种，属于国家二级保护动物的有 12 种。峨眉山有鸟类 269 种（另 6 亚种），隶属于 15 目 43 科，占四川省鸟类种数的 43.04%。

a   b

图 3-22　峨眉山野生珍稀动物（a：枯叶蝶；b：小熊猫）

（2）生物景观类——四级旅游资源。

①峨眉山彩叶林。

峨眉山雷洞坪分布大量的彩叶林，包括银杏、梧桐等除了绿色之外的其他各种色彩的植物，秋季来临一眼望去美不胜收（图3-23）。银杏，叶片似一把青翠雅致的小宫扇，中间分裂，又像一只展开的蝶翅。深秋，橙黄色的叶片迎风飘舞，别具风韵。落叶梧桐，是秋天壮美的一景，它落得决绝、果敢，气势磅礴，酣畅淋漓。枯黄的叶片兀地腾空而起，迅猛如狂野里惊飞的群鸟，继而旋转、飘散、铺天盖地。秋天峨眉山的彩叶林展现出奇异而壮观的景象。

峨眉山彩叶林，公路主线起于峨眉山市峨山镇杨岗，经黄湾、两河口、万年寺、零公里、雷洞坪，止于接引殿，全长51千米。道路两侧全是长满各种颜色叶子的树木，绿色、黄色、褐色、红色；绿色中又有浅绿、深绿；黄色中又带有淡黄；褐色中有褐黄、深褐；红色中则又有淡红、褐红。造成这样富有色彩层次变化的树种主要有连香树，为连香树科连香树属。主要生长在温带。该种为第三纪古热带植物的孑遗种单科植物，是较古老原始的木本植物，雌雄异株，结实较少，天然更新困难，资源稀少，已濒临灭绝状态，因此被列入《中国珍稀濒危植物名录》《中国植物红皮书》和第一批《国家重点保护野生植物名录》，是国家二级重点保护野生植物种。花秋，落叶乔木，高达15米；小枝粗壮，具皮孔，幼时具褐色柔毛，逐渐脱落至老花秋树时无毛。漆树是中国最古老的经济树种之一，籽可榨油，木材坚实，为天然涂料、油料和木材兼用树种。漆液是天然树脂涂料，素有"涂料之王"的美誉。

图3-23　峨眉山彩叶林

②大坪极小种群植物波叶杜鹃。

峨眉山大坪极小种群植物波叶杜鹃是杜鹃花科花属植物，具有美丽之花和波状之叶，峨眉山特有植物，景观价值较高（图3-24）。生长于海拔

850~1500 米的清音阁黑龙江、洪椿坪和宝掌峰、大坪和猴子坡，以及观心坡到息心所一带。自然分布面积约 2.5 平方千米。大坪极小种群植物波叶杜鹃为常绿灌木或小乔木，高 2~3 米，罕达 6 米。叶厚革质，长圆状卵圆形或长圆形，长 9~21 厘米，宽 6~10.5 厘米，边缘波纹状。花期在 5—6 月；果期在 8—10 月。花开时，在山风吹拂下，宽厚波形的大叶片和洁白的花朵，犹如绿海中的碧波雪浪，翻涌不息，大坪古林中的波叶杜鹃花，十分蓬勃、挺秀。

图 3-24　大坪极小种群植物波叶杜鹃

图 3-25　大佛禅院 500 年菩提树

③大佛禅院 500 年菩提树。

菩提树是榕族榕属的大乔木植物，幼时附生于其他树上。菩提树是"佛教圣树"，因佛陀在郁户吠罗村尼连禅那河畔的菩提树下开悟，所以又称"觉悟树""智慧树"（图 3-25）。菩提树高达 15~25 米，胸径 30~50 厘米；树皮灰色，平滑或微具纵纹，冠幅广展；小枝灰褐色，幼时被微柔毛。叶革质，三角状卵形，长 9~17 厘米，宽 8~12 厘米，表面深绿色，光亮，背面绿色，先端骤尖，顶部延伸为尾状，尾尖长 2~5 厘米，基部宽截形至浅心形，全缘或为波状，基生叶脉三出，侧脉 5~7 对。花柱纤细，柱头狭窄。花期在 3—4 月，果期在 5—6 月。

大佛禅院 500 年菩提树来自佛陀的诞生之地尼泊尔，树龄约 500 年，树围两米，此树价值 30 万元人民币，由成都的一名居士供养。此菩提树分枝扩展、树形高大，枝繁叶茂，冠幅广展，具有一定观赏价值和宗教价值。

④峨眉山高山杜鹃林。

区域内分布有美容杜鹃、山光杜鹃、金顶杜鹃、书生杜鹃、问容杜鹃、皱皮杜鹃、芒刺杜鹃、海绵杜鹃等14种，大都为峨眉山特产，中国特有的名贵品种（图3-26）。杜鹃树叶面初被黄色短毛，叶背有两层毛被，上层红棕色，叶成长时多脱落，下层毛极薄，灰色，宿存。顶生总状伞形花序，有花6~10朵；花冠钟状，白色，或白含粉红，花管内上部有紫色斑点，基部为紫色斑块。5月初展瓣吐蕊时，在金顶，一树树红的花蕾，白的花瓣，把险峻的摄身岩打扮得分外俏丽；盛开后，犹如银花飘洒，似峰顶一派晶莹的早雪。

⑤峨眉山藏酋猴。

峨眉山藏酋猴在中国《国家重点保护动物名录》中被列为二级保护动物，是中国特有种（图3-27）。据调查统计，峨眉山相对集中的一共有6个藏酋猴群落，数量有1000余只，分布于海拔800~2400米的群山峻岭之中。峨眉藏酋猴是猕猴属动物中体重最大的，成年雄猴平均18.3千克，最大21.5千克；雌猴平均12.8千克，最大15千克。藏酋猴四肢等长，尾短于后脚，长约9厘米；耳朵小，有颊囊，成年猴两颊和颏下有一圈须状髭毛；颜面初生时肉色，幼年时白色，成年时鲜红，尤以眼圈最红；头部毛色深棕，背毛棕褐色或黑褐色，腹毛淡黄色，雌猴的毛色浅于雄猴。有一对大的犬齿，雄猴的脸部为肉色，眼围为白色，眉脊有黑色硬毛；雌猴的毛色浅于雄猴，脸部带有红色，眼围为粉红色。雄猴头部深棕色，背为棕褐色，靠近尾基黑色；腹面及四胶内侧淡黄色，四肢外侧及手、脚的背面棕色，幼体毛色浅褐。

图3-26　峨眉山高山杜鹃林

图3-27　峨眉山藏酋猴

在峨眉山中山区，气候温和、花草繁茂，而且茂林修竹，又有流泉飞瀑，是猴群理想的栖息地。峨眉藏酋猴通常出没在峨眉山的洗象池、遇仙寺、仙峰寺、茶棚子、洪椿坪、牛心岭一带面积为 50 多平方千米的深涧密林中。峨眉山管委会在洪椿坪下、清音阁上的"一线天"附近，建成了一个集科学研究、自然生态观光、人猴交流等功能于一体的生态野生猴区。藏酋猴与人们"相戏索食，呷然成趣"的景象一直是峨眉山的一大特色。

3.4　天象与气候景观类旅游资源

天象与气候景观类旅游资源指可以造景（风景气候与风景气象可以直接形成不同的自然景观和旅游环境）、育景（通过影响风景地貌、风景水体和风景动植物以及各种人文景观而间接作用于旅游资源），并有欣赏功能的大气的物理现象和过程的景观。

3.4.1 天象与气候景观类旅游资源概况

峨眉山市天象与气候景观类旅游资源共 34 个，其中优良级旅游资源有 24 个，占天象与气候景观总数的 70.6%。天象与气候景观类旅游资源分布于 2 个亚类、7 个基本类型，分别占标准分类中亚类的 100%、基本类型的 100%（表 3-7）。

表 3-7　天象与气候景观类旅游资源分类统计

主类	亚类	基本类型	数量（个）	数量（个）	优良级数量（个）	优良级数量（个）
04 天象与气候景观	0401 天象景观	040101 太空景象观赏地	5	12	5	10
		040102 光现象观察地	7		5	
	0402 天气与气候现象	040201 云雾多发区	6	22	4	14
		040202 极端与特殊气候显示地	5		4	
		040203 物候景象	4		—	
		040204 避暑、避寒气候地	5		4	
		040205 康养气候地	2		2	

从亚类来看，以 0402 天气与气候现象为主，共 22 个，占天象与气候景观类总数的 64.7%；其次为 0401 天象景观，共 12 个，占天象与气候景观类总数的 35.3%（图 3-28）。

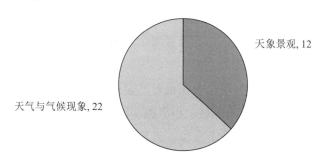

图 3-28 天象与气候景观类各亚类旅游资源分布饼图

从基本类型来看，以 040101 太空景象观赏地、040102 光现象观察地、040201 云雾多发区、040202 极端与特殊气候显示地、040204 避暑、避寒气候地共 28 个，占天象与气候景观类总数的 82.4%；其次为 040203 物候景象、040205 康养气候地，占天象与气候景观类总数的 17.6%。

综上，全市天象与气候景观类旅游资源太空景象观赏地、光现象观察地、云雾多发区、极端与特殊气候显示地、避暑、避寒气候地为主要特色。峨眉山有峨眉山国家风景名胜区，故优良级资源也集中于光现象观察地这一基础类型（图 3-29）。

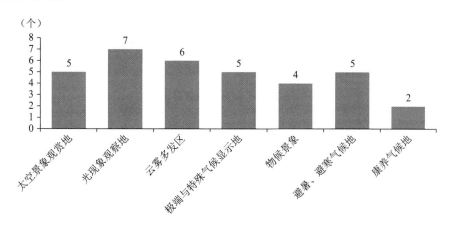

图 3-29 天象与气候景观各基本类型旅游资源分布直方图

3.4.2 重要天象与气候景观类旅游资源

峨眉山市天象与气候景观有峨眉山自然奇观、峨眉南山森林康养避暑地、峨眉佛光、金顶日出、峨眉云海、峨眉山雾凇 6 个五级旅游资源，有圣灯、象池夜月、洪椿晓雨、大坪雾雪、萝峰晴云 5 个四级旅游资源。

（1）天象与气候景观类——五级资源。

①峨眉山自然奇观。

峨眉山自然奇观大部分可在金顶观看，金顶为峨眉山游程的最高峰，其海拔为 3077 米（图 3-30）。顶上是个小平原，原有铜殿一座，在太阳的照射下，光彩夺目，故而得名金顶。登上金顶，人们顿觉万象排空，气势磅礴，惊叹天地之奇妙。极目四望，成都平原尽收眼底，千山万岭，起伏如浪，岷江、青衣江、大渡河、大雪山、瓦屋山、贡嘎山历历在目。峨眉山金顶有四大奇观，佛光、日出、云海、圣灯，每年的 11 月到次年 3 月，气候稳定，晴天多，山顶经常晴朗，是观看日出、云海、佛光、晚霞等景色最好的季节。能在同一个观景地点观赏到佛光、日出、云海、圣灯、晚霞的峨眉山金顶，在全世界都是少有的。

图 3-30　峨眉山自然奇观

②峨眉南山森林康养避暑地。

峨眉南山森林康养避暑地位于海拔 800 米以上，此处拥有丰富的原生态景观和水系，森林覆盖率达 80%（图 3-31）。负氧离子含量比成都等周边城市高 200~400 倍，夏季平均温度 24 ℃，PM2.5 常年小于 20，空气质量始终为优。此处有温泉、有河流、有森林，可眺望峨眉山、瓦屋山、峨

图 3-31　峨眉南山森林康养避暑地

眉城，欣赏森林、溪水、悬崖等自然风光，非常适合康养。气候非常凉爽，植被非常丰富，平均森林覆盖率在 80% 以上。漫步于此，可谓一步一风景，一景一陶然，更绝妙的是，漫步花海的同时还可以饱览金顶，沐浴佛光的洗礼，是释放压力，静心养肺绝佳之地。

③峨眉佛光。

峨眉佛光，又称峨眉宝光，峨眉佛光出现在金顶处（图 3-32）。当阳光从观察者背后照射过来至浩荡无际的云海上面时，深层的云层就把阳光反射回来，经浅层云层的云滴或雾粒的衍射分化，形成了一个巨大的彩色光环，在金顶舍身岩上俯身下望，会看到五彩光环浮于云际，自己的身影置于光环之中，影随人移，决不分离。无论多少人，人们所见的也终是自己的身影，且"光环随人动，人影在环中"，这便是令人惊奇的峨眉佛光。据统计，平均每五天左右就有可能出现一次便于观赏佛光的天气条件，其时间一般在午后 13：00—16：00。观赏地点位于峨眉山景区金顶景点。

④金顶日出。

在海拔 3077 米的峨眉山金顶，居高望远，日出景象浩瀚壮阔（图 3-33）。黎明前的天空是美妙的，渐渐地，地平线上天开一线，飘起缕缕红霞，托着三两朵金色镶边的彩云，一个辉煌的白昼即将降临。彩云下，空旷的紫蓝色的天幕上，一刹那，吐出一点紫红，缓慢上升，逐渐变成小弧、半圆；变成橘红、金红；然后微微一个跳跃，拖着一抹瞬息即逝的尾光，一轮圆圆的红日嵌在天边。伴随着旭日东升，朝霞满天，万道金光射向大地，峨眉山宛似从头至脚逐渐披上金色的大氅，呈现出它全部的秀美身躯。此时此刻，天上地下变成金色的世界，象征着"早晨是黄金"之意，不陟高寒处，安知天地宽。

图 3-32　峨眉佛光　　　　　　　　　　　图 3-33　金顶日出

⑤峨眉云海。

峨眉云海的观赏地位于峨眉山景区金顶景点。晴空万里时，白云从千山万壑冉冉升起，顷刻，茫茫苍苍的云海，雪白的绒毯一般平铺在地平线上，光洁厚润，无边无涯，似在安息、酣睡。有时，地平线上是云，天空中也是云，当人们站在峨眉山金顶俯视云层时，看到的是漫无边际的云，如临于大海之滨，波起峰涌，浪花飞溅，惊涛拍岸。南宋范成大把云海称为"兜罗绵世界"，佛家叫作"银色世界"，在中国四大佛教名山中，佛家又把"银色世界"作为峨眉山的代称，可见云海是峨眉山最具代表性的天象与气候类景观（图 3-34）。

⑥峨眉山雾凇。

峨眉山雾凇（玉树琼花），观赏时段是从从暮秋到初春，每年有 150 多天。观赏点在洗象池以上高寒地区的原始林带，在冷杉、箭竹和岩石上，雨雾凝结为冰层、冰柱、宛如玉树凌空、琼花烂漫，玲珑剔透，气象学家称之为雨凇、雾凇。每当冬日晨曦微启，还未散去的雾气里，千姿百态的雾凇把整座峨眉山装饰的晶莹剔透，恍若梦里的秘境，让人沉迷。当太阳冉冉升起，雾气散去，雾凇便展现出它迷人的风姿，用"忽如一夜春风来，千树万树梨花开"，来形容此景再适合不过（图 3-35）。雾凇是大自然的杰作，是佛祖赐予峨眉山的奇景，它需要温度、湿度、风力、风向等诸多适宜的条件才能生成天然去雕饰这也是来往峨眉山的观赏者的幸运。

图 3-34　峨眉云海

图 3-35　峨眉山雾凇

（2）天象与气候景观类——四级资源。

①圣灯。

峨眉圣灯又名佛灯，在金顶无月的黑夜，摄身崖下常出现飘浮的绿色光团，从一点、两点形成千万点，似繁星闪烁跳跃，在黑暗的山谷中飘忽不定，古时被人们赞为"万盏明灯朝普贤"（图 3-36）。圣灯现象极为罕见，传说只有极有佛缘的人才能见到，其出现的条件也是极为苛刻的，是峨眉山的一大奇观。科学解释，圣灯普照现象是由于峨眉山腰间的磷矿暴露在潮湿的空气中，部分磷石粉自燃出现的蓝绿光。观看"圣灯"要具备四个自然条件：一是雨后初晴；二是天上没有明月；三是山下没有云层；四是山顶没有大风大雨。峨眉山能看到"圣灯"的地方，不止一处，灵岩寺、伏虎寺、华严顶、洗象池、天门石，历史上都曾出现过。

②象池夜月。

峨眉山月，自古留名。赏月的最佳时令是在秋天，观月的最佳地方是在报国寺、萝峰顶、万年寺、仙峰寺和洗象池等地，而洗象池的月色美景更是峨眉山十景之一（图 3-37）。洗象池的赏月最佳时令不唯秋天，四季皆宜。每当月夜，云收雾敛，遥天一碧，万山沉寂，清风送爽，一轮明镜斜嵌在洁净无云的蓝空上，唯有英姿挺拔的冷杉林，萧萧瑟瑟，低吟轻语。月光透过茂密墨绿的丛林，大雄殿、半月台、洗象池、初喜亭、吟月楼，沉浸在朦朦的月色里，肃穆，恬静。月光下，古刹似一侧卧的大象头，蓝天映衬，剪影清晰：大殿似额头，两侧厢房似双耳，半月台下的钻天坡石阶，又好似拖长的象鼻。

图 3-36 圣灯普照

图 3-37 象池夜月

③洪椿晓雨。

寺院依山建筑，山抱林拥，葱郁幽静，空气清新，每当炎夏清晨，常有霏霏的"雨"洒向庭院，四周林中更是蒙蒙一片，并有渐渐"雨声"，这就是十景之一的"洪椿晓雨"（图 3-38、图 3-39）。洪椿晓雨的观赏时节是夏季早上 6 点左右，因雨后初晴，林中地面湿度较大，水气不易散去，一到晚上，空气变冷变重，沿山坡下流，把较暖较湿的空气抬升上去，湿度超过饱和，便会凝结成雨，但因规模不大，所以只能形成如雾如烟的小雨，正所谓"山行本无雨，空翠湿人衣"。

图 3-38 洪椿晓雨

图 3-39 洪椿晓雨

④大坪霁雪。

大坪霁雪观赏地位于峨眉山景区中山区大坪寺（图 3-40）。每年秋末，金顶开始飘雪；立冬一过，大坪已是雪花满山飞舞，纷纷扬扬，一株株挺立的常绿乔木，如琼枝玉叶，白塔凌空。严冬时，峨眉山处处雪树冰花，全山宛似银色世界。晴雪初霁，伫立在大坪以上高海拔的山峰上；鸟瞰大坪是另一番"幽峭精绝"的冬景。大坪和环绕四周的群峰，组合成一朵庞大的雪莲花：大坪如同一朵花的雌蕊，丛丛参天古树活像雄蕊，周围的峰峦宛似一裂裂花瓣。这朵洁白的雪莲花，正展瓣吐蕊，盛开在峨眉山的腹部，盛开在广阔无垠的天地之间；冬阳下，白中泛红，温润晶莹，冷艳妖娆。倘若在后山的雾雪亭，倚阑静观，举目回望，游者如同身处于雪莲花之中，飘然有羽化成仙之感。

图 3-40　大坪霁雪

图 3-41　萝峰晴云

⑤萝峰晴云。

萝峰晴云（图 3-41）夏季观赏效果最佳，其次是每年的春秋两季，观景点位于伏虎寺右侧，相距 0.5 千米，是伏虎山下一座小山峦。草丰竹秀，涧谷环流，古楠耸翠，曲径通幽。山峦上，数百株古松奇枝异态，苍劲挺拔，是峨眉山上少见的松树聚生地。山风吹过，阵阵松涛回荡在山谷之间，颇有一番气势。夏季雨后初晴时，烟云从涧谷袅袅升起，或从蓝空缓缓飘过，从密簇簇的松林中望去，变幻百出：有时朵朵白云从伏虎岭飘下，飘到萝峰顶上，飘到游人身旁，缠绕在松树之间，时而飞舞轻游，时而飘向岭下的峨眉平原，显示出峨眉云彩多变的流动美。

3.5　建筑与设施类旅游资源

3.5.1 建筑与设施类旅游资源概况

峨眉山市建筑与设施类旅游资源共 989 个，其中优良级旅游资源有 220 个，占建筑与设施总数的 22.2%。建筑与设施类旅游资源分布于 4 个亚类，29 个基本类型，分别占标准分类中亚类的 100%、基本类型的 85.3%（表 3-8）。

表3-8 建筑与设施类旅游资源分类统计

主类	亚类	基本类型	数量（个）	数量（个）	优良级数量（个）	优良级数量（个）
05 建筑与设施	0501 人文景观综合体	050101 社会与商贸活动场所	8	214	5	111
		050102 军事遗址与古战场	2		1	
		050103 教学科研实验场所	13		4	
		050104 建设工程与生产地	9		2	
		050105 文化教育科技体育活动场所	26		9	
		050106 医疗康养游乐休闲场所	58		30	
		050107 纪念、宗教、祭祀活动场所	80		52	
		050108 交通运输服务设施	18		8	
	0502 特色镇、村（寨）	050201 古镇古村（寨）	4	26	2	8
		050202 新镇新村（寨）	22		6	
	0503 实用建筑与核心设施	050301 特色街区（店铺）	79	629	6	56
		050302 特性屋舍	32		13	
		050303 渠道、运河段落	2		—	
		050304 堤坝段落	2		1	
		050305 港口、渡口与码头	3		—	
		050306 洞窟	1		—	
		050307 陵墓	74		16	
		050308 景观农林畜牧场所	10		2	
		050309 农家乐、乡村酒店与民宿	384		5	
		050310 特色市场	2		—	
		050311 特色园区	19		7	
		050312 景观公路、铁路与桥梁	21		6	

续表

主类	亚类	基本类型	数量 （个）	数量 （个）	优良级数量（个）	优良级数量（个）
05 建筑与设施	0504 景观与小品建筑	050401 观景点	10	120	4	45
		050402 亭、台、楼、阁	10		3	
		050403 雕塑	14		3	
		050404 碑碣、碑林、经幢	29		9	
		050405 牌坊牌楼、影壁	15		6	
		050406 门廊、廊道	5		2	
		050407 塔形建筑	5		3	
		050408 水井	2		2	
		050409 广场与喷泉	10		7	
		050410 堆石	—		—	
		050411 摩崖字画	16		5	
		050412 栈道、通道	4		1	

从亚类来看，以 0503 实用建筑与核心设施为主，共 629 个，约占建筑与设施类总数的 63.6%；其次为 0501 人文景观综合体，共 214 个，约占建筑与设施总数的 21.6%；第三为 0504 景观与小品建筑，共 120 个，约占建筑与设施总数的 12.1%；0502 特色镇、村（寨）最少，共 26 个，约占建筑与设施类总数的 2.6%（图 3-42）。

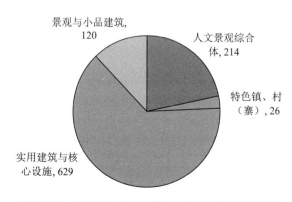

图 3-42　建筑与设施类各亚类旅游资源分布饼图

从基本类型来看，以 050309 农家乐、乡村酒店与民宿为主，共 384 个，占建筑与设施类总数的 38.8%；其次为 050107 纪念、宗教、祭祀活动场所、050301 特色街区（店铺）、050307 陵墓、050106 医疗康养游乐休闲场所，分别为 80 个、79 个、74 个和 58 个，各占建筑与设施类总数的 8.1%、8.0%、7.5%、5.9%；再次为 050302 特性屋舍、050404 碑碣、碑林、经幢、050105 文化教育科技体育活动场所、050312 景观公路、铁路与桥梁分别为 32 个、29 个、26 个、21 个，各占建筑与设施类总数的 3.2%、2.9%、2.6%、2.1%；050104 建设工程与生产地等其他 24 个基本类型旅游资源分布较为分散，数量较少（图 3-43）。

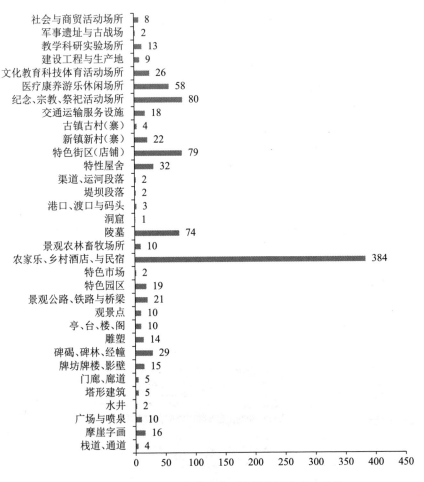

图 3-43　建筑与设施各基本类型旅游资源分布直方图

结合优良级旅游资源分布情况，全市建筑与设施类旅游资源主要以纪念、宗教、祭祀活动场所，医疗康养游乐休闲场所，文化教育科技体育活动场所，陵墓4个基本类型为主。综合来看，建筑与设施类旅游资源又集中体现在农家乐，乡村酒店与民宿，医疗康养游乐休闲场所，纪念、宗教、祭祀活动场所等方面。

3.5.2 重要建筑与设施类旅游资源

全市建筑与设施共有11个五级旅游资源，39个四级旅游资源。

五级旅游资源分别是普贤道场佛教文化体验地、峨眉山洞天福地道教文化体验地、大佛禅院、峨眉山金顶、峨眉大庙、报国寺、万年寺、伏虎寺、金顶华藏寺、峨眉山古建筑群、红珠山宾馆。

四级旅游资源分别是峨眉山市国家现代农业产业园、金顶十方普贤铜像、洗象池、卧云庵（银殿）、纯阳殿、仙峰寺、普贤寺、拆楼圣堂、华藏寺大雄宝殿（铜殿）、蒋介石官邸、磁佛寺、中峰寺、白龙洞、双桥清音、九老仙府、白水秋风、灵岩叠翠、无梁砖殿、洪椿坪、清音阁、罗目古镇、峨眉象城、遇仙寺、峨眉山中医药康养体验中心、四季坪、华严顶、竹叶青茶博园、雷洞坪滑雪场、仙芝竹尖生态茗园、农夫山泉工业区、峨眉院子、峨眉雪芽黑水有机茶园基地、四川国际旅游交易博览中心场馆、飞来殿、嘉峨茶谷、大西南茶叶市场、黄湾小镇、峨秀湖滨水区、世界遗产走廊峨眉河田园风光带。

（1）建筑与设施类——五级旅游资源。

①峨眉山普贤道场佛教文化体验地。

峨眉山普贤道场佛教文化体验地是由峨眉山各佛寺建筑及普贤应化自然人文景观等组成的综合佛教文化地（图3-44），峨眉山是我国的四大佛教名山之一，从晋代开始，峨眉山一直为佛教普贤道场，距今已有一千多年的文化史。从山脚的大佛禅院、报国寺、伏虎寺，到中低山区圣水禅院、万年寺、洪椿坪，以及高山区的洗象池、金顶华藏寺等，核心景区内寺院众多，具有悠久的佛文化史。峨眉山与佛教有着甚深的因缘，山因以佛教而扬名，佛教赖以山而传播，两者相互依存，同享誉于世。峨眉山知名的佛教文化活动，在中国佛教中的占有及其重要的历史地位。普贤菩萨是汉族相传的佛教文化中四大菩萨之一。普贤菩萨是象征着理德、行德的菩萨。正好和文殊菩萨的智德、正德相对应。两位菩萨与释迦牟尼佛被称为"华严三圣"。普贤菩萨像群密集，数量众多，神态各异，体型宏大，是峨眉山佛教的重要特点，在全国乃至全世界都是独有的现象。峨眉山现存28座佛寺，有4座佛寺供奉普贤，占寺庙总数的50%。大中型普贤造像共33尊，除普贤殿为主奉佛外，大多供于大雄宝殿中，或为华严三圣，或为胁侍菩萨。

在2019年11月，峨眉山普贤文化中心落成开馆，成为展示、传承、弘扬中华优秀传统文化的交流互鉴平台，为峨眉山佛教协会努力把大佛禅院建设成为省委统战部命名的"中国化示范场所"迈出了坚实的一步。

②峨眉山洞天福地道教文化体验地。

峨眉山是中国本土宗教——道教的发祥地之一，是一座著名的道教名山，在道教中属于"洞天福地"之列。由峨眉山现存的大大小小的道教文化遗址组成的道教文化体验地（图3-45），包括天柱峰、玉皇坪、真人峰、玉蟾洞、三仙洞、遇仙洞、雷洞坪、纯阳殿"千人洞"、飞来殿、七宝台、八仙洞、猪肝洞、葛由洞、紫澜洞、九老洞、三霄洞等文化遗址。

图3-44　峨眉山普贤道场佛教文化体验地

图3-45　峨眉山洞天福地道教文化体验地——纯阳殿

道书中把天下名山分为十大洞天、三十六小洞天和七十二福地，峨眉山位列第七洞天，名"虚灵洞天"。相传被道教奉为北五祖的纯阳子吕洞宾，便是在这里修道。纯阳殿的"千人洞"，即是第七洞天的洞府遗址。道教中，也称峨眉山为"皇人之山""西皇山人""第七洞天""灵虚洞天"。唐代峨眉山的道教传播得到迅速发展。唐初，著名道士孙思邈入蜀来峨眉山隐居，居于峨眉牛心山天柱峰，遇仙人王仲都授道要，并收当地人勾度为弟子。孙思邈对峨眉道教产生了较大影响，天柱峰也成为峨眉道教的活动中心，频繁在唐宋诗歌中出现。

道教洞天福地体系在唐代正式构建完成，峨眉山继霍童、五岳之后被尊奉为第七小洞天。

③大佛禅院。

峨眉山大佛禅院集宗教朝拜、旅游观光、生态体验、城市休闲为一体的综合型宗教场所（图3-46），是朝圣峨眉山的重要组成部分。大佛禅院前身为大佛寺，原址位于峨眉城东门外，明朝万历年间由明神宗之母慈圣皇太后出资敕建、无穷禅师创建而成。大佛寺建成以后，从清初开始，朝山者必先到峨眉县城，在大佛寺朝拜千手千眼观世音菩萨后，再上山拜普贤菩萨，大佛寺自然就成了朝峨山的第一门户——朝山起点。

大佛禅院由"一心四区"组成，一心为大佛禅院为核心，主要为寺庙建筑和寺庙康养区域；四区为入口综合服务区、佛教文化体验去、宗教朝拜区、佛教文化禅林区。大佛禅院山门东开，十大殿十一个天井，由东向西井然有序。大佛禅院于2008年12月14日举行峨眉山大佛禅院开光法会暨落成庆典，正式对外开放。禅院占地400余亩，建筑面积5.6万平方米，为朝拜峨眉山的第一门户，亚洲最大的十方丛林之一，成为集培育僧才、专精修证、佛学研究、弘法利生等于一体的无上道场。旅游区占地970亩，其中大佛禅院占地478亩，菩提公园192亩，象城200亩，文化广场100亩；2012年成功创建为国家4A级景区。

图3-46 大佛禅院

④峨眉山金顶。

峨眉山金顶（图3-47），位于中国四川省峨眉山主峰上，海拔3077米，是峨眉游山的终点，是四川有名的佛教文化圣地，也是汉族地区佛教全国重点寺院之一，更是全国各地乃至世界各国游客一睹胜地风采的目的地。峨眉山金顶始建于唐朝，屋顶为锡瓦所盖，元代时又被称为"银顶"。寺侧有卧云庵，内有饭堂和客房可供游客食宿。在金顶可观看峨眉四大奇观——日出、云海、佛光、圣灯。金顶与千佛顶、万佛顶相邻，万佛顶上也有建筑，且有观光索道连接金顶与接引殿。

峨眉金顶与峨眉顶峰的万佛顶相邻，海拔3079米，这里山高云低，景色壮丽，是峨眉山寺庙和景点最集中的地方，名胜云集，为峨眉精华所在。1983年被列为全国重点佛教寺院。

⑤峨眉大庙。

峨眉大庙（图3-48）又称飞来殿，建于宋代，位于峨眉县城北五里的飞来岗上，原为道观，祀东岳大帝像，名为齐天五行庙；现为国家级的文物保护单位。元大德二年（1298）重修。元泰定元年（1324）始告落成，改为"东岳庙"。据元泰定四年（1327）碑文记载："庙之经始，莫能究，淳化、景祐断碣略云，庙址神所自择，当一夕有风雷之变，迟明小殿巍然，自是民无蒺藜，年谷丰登。"后人故曰"飞来殿"。飞来殿三字为明代嘉州太守郭卫宸书写。明万历三年（1575）始供佛像，称"飞来寺"。因这里佛、道杂居，后俗称"大庙"。

图3-47　峨眉山金顶

图3-48　峨眉大庙

大庙古建筑群现存有宋、元、明、清木构建筑，建古建筑群依山而建，在中轴线上按山门、九蟒殿、香殿、飞来殿序列逐渐升高，一殿高出一殿，气势宏伟。1956年，飞来殿被定为四川省级文物保护单位，1988年经国务院批准为全国重点文物保护单位。峨眉山市大庙飞来殿由文物部门和四川省海洋集团公司管理。当地广大信教群众一直把它视为道教活动场所，香火绵绵不绝。每年的正月初八是峨眉山保持了三百年传统的飞来殿大庙会，各地的善男信女都来大庙飞来殿焚香祭拜，向东岳大帝祈福，信众多达几万人。

⑥报国寺。

报国寺（图3-49）位于峨眉山麓的凤凰坪下，全国重点寺院之一，海拔533米。寺院坐北朝南，占地百亩，是峨眉山的第一座寺庙、峨眉山佛教协会所在地，是峨眉山佛教活动的中心。

报国寺是国务院公布的全国重点寺院，2012年四川省人民政府公布为第六批为省级文物保护单位。原为山中第一大寺，始建于明万历年间（1573—1619），原名会宗堂，清初迁建于此，顺治九年重建。康熙四十二年（1703），康熙皇帝取佛经"四恩四报"中"报国主恩"之意，御题"报国寺"匾额。报国寺原址在离现址不远的伏虎寺对岸的瑜伽河畔，当时寺内供奉着普贤菩萨、道教创始人的化身广成子、春秋名士陆通，取儒、道、释三教会宗合祀之意。经两次扩建，成为五重殿宇、亭台楼阁俱全、布局典雅的宏大寺庙。冯玉祥将军曾题写"名山起点"四个大字。寺院山门"报国寺"匾额为清康熙皇帝御题，大臣王藩手书。报国寺整体建筑设计精巧、结构繁复、融官式建筑与民间建筑于一体，形成了独特的风格与鲜明的个性。

⑦万年寺。

万年寺（图3-50），峨眉山历史最悠久的古刹之一，相传为汉代采药老人蒲公礼佛处；全国重点寺院之一，有无梁砖殿、巍峨宝殿、白水池等景点；万年寺雄踞于骆驼岭下群山之中突起的一座山峰上，为峨眉山六大古寺之首。目前，万年寺附近有万年停车场与万年寺有索道相连，故很多前来峨眉山旅游的游客都把万年寺作为自下而上正式登山的起点之一。万年寺创建于东晋，时名普贤寺，唐僖宗时慧通禅师重建，更名白水寺；宋代易名白水普贤寺；明代神宗皇帝朱翊钧御题"圣寿万年寺"，简称万年寺，为峨眉山最早的六大古寺之一。万年寺的历史悠久，高僧辈出，佛教文物十分丰富。无梁砖殿后侧有著名的"行愿楼"，内供万年寺三宝：佛牙、贝叶经和御印。

万年寺是国务院公布的全国重点寺院，第六批全国重点文物保护单位，1961 年 3 月 4 日，国务院公布"峨眉山圣寿万年寺铜铁佛像"为第一批全国重点文物保护单位。

图 3-49 报国寺

图 3-50 万年寺

⑧伏虎寺。

伏虎寺（图 3-51）位于四川峨眉山山麓，与报国寺相邻，是国务院公布的全国重点寺院，又称伏虎禅院、神龙堂、虎溪精舍，为峨眉山最大的比丘尼寺院。清顺治年间，贯之和尚率弟子可闻大师重建寺院，历时二十余载始成，名"虎溪禅林"，也称伏虎寺，为全山最大寺庙之一。伏虎寺晋代为一小庙，唐代云安禅师重建，旁有龙神堂、药师殿；宋朝时为"神龙堂"；明朝被毁，清朝顺治八年重建，更名"虎溪精舍"，后因附近虎患，寺僧建尊胜幢以镇压，更名"伏虎寺"，康熙皇帝曾为伏虎寺题写的"离垢园"；该寺为典型汉传佛教建筑风格，中轴线上依次为山门、弥勒殿、菩提殿、大雄宝殿、五百罗汉堂、御书楼以及禅房、僧舍等。寺院地形，环山临水，百亩建筑均系纵横交错与散点布局构成的四合院，轴线上从低到高，序列殿宇三重布局，隐没于十万株密林森森之中。

伏虎寺大雄宝殿右侧后院内有华严塔亭，中置明代铸造的紫铜华严塔一座，塔高 5.8 米，共 14 层，塔身铸有 4700 余尊小佛像，塔体镌刻《华严经》全文，华严铜塔以其时代久远、体形高大和铸造精良而居中国铜塔之最，2006 年国务院批准公布为第六批全国文物重点保护单位。寺内有全山唯一的罗汉堂，于1995年峨眉山佛教协会拨款200多万元重建。罗汉堂高大雄伟，恢宏庄严。殿内供奉的500罗汉均按照佛教传统塑造，造像生动，流金异彩，佛教氛围十分浓郁。

⑨金顶华藏寺。

金顶华藏寺位于峨眉山金顶主峰，全称为"永明华藏寺"，是中国海拔最高的汉传寺院（图3-52）。金殿是华藏寺的其中一殿，所处位置最高，与华藏寺合二为一，统称华藏寺，俗称金顶。华藏寺金顶金殿又称普贤殿，全殿由金、铜合金浇铸而成，金碧辉煌。金殿的金瓦金光耀日、铜殿的铜瓦雄浑庄严、石栏厚重古朴，体现了"屋不呈材，墙不露形"的特点，形成了独特的建筑色彩艺术。金殿采用金瓦，重檐歇山顶，四层两重，是目前全国最大的金殿。

图3-51　伏虎寺

图3-52　金顶华藏寺

铜殿上部为重檐雕甍，环以绣棂琐窗，殿中祀大士铜像，傍绕万佛，门枋空处雕画，云栈剑阁之险，顶部通体敷金，巍峨浩漾，迢耀天地，故称"金殿"或曰"金顶"，明神宗朱翊钧御题横额称"永明华藏寺"。在华藏寺还有大雄宝殿。华藏寺建筑十分重视色彩搭配，目前主要采用了金、铜、锡、石四种质材呈现出四种颜色。大雄宝殿1340平方米，采用铜瓦，梁栓、门窗、斗拱等均为铜铸，称为铜殿。传统寺院的主殿为大雄宝殿，而在金顶上，高达48米的十方普贤更能吸引人的视觉，所以十方普贤的正面像对着大雄宝殿，这是峨眉山作为普贤菩萨道场的特征。华藏寺内文物荟萃，金殿与铜殿交相辉映，凸显出金顶厚重的佛教历史文化地位。

⑩红珠山宾馆。

红珠山宾馆（图3-53）位于黄湾镇报国村，坐落在世界自然与文化遗产——峨眉山山麓，与名刹报国寺相距不足 200 米。宾馆历史悠久，创建于 1935 年，当时为蒋介石在峨眉举办军官训练团时的官邸。1949 年后，曾先后接待过朱德、邓小平、杨尚昆及奥地利菲利浦亲王等中外名政要员和"国泰君安证券董事会""西部瓷都会议""四川旅游发展大会"等重大会议。曾荣获中国酒店"金枕头"奖之"中国十大最受欢迎度假酒店"、中国酒店星光奖之"中国十佳会议会展酒店"，并加入中国名酒店组织，入选《中国顶级度假村指南》，同时被中国烹饪协会授予"中华餐饮名店"荣誉称号。

红珠山宾馆拥有 44 万平方米原始森林，10 万平方米天然湖泊，5000 米散步小道，空气负氧离子监测值为城市平均数的 3000 倍，可以说是一个种在山林里的酒店。宾馆总体布局背山面水，分散对应；单体建筑依山取势，形成独特的建筑向下延伸式构造，现有行政标间、行政单间、豪华标间、豪华单间、行政套房、豪华套房、总统套房共 268 间，同时拥有 6 个不同规格的会议厅、配备了同声传译系统、多媒体投影系统等先进的会议设备并提供全程跟踪的会议专业化服务，以及兼具室内外高品质氡温泉的红珠温泉会馆。

⑪峨眉山古建筑群。

峨眉山古建筑群（图 3-54）包括报国寺、伏虎寺、万年寺、清音阁、洪椿坪、华严铜塔、圣积晚钟、无梁砖殿等。主要有报国、万年、伏虎三大寺。在山麓入山门户的报国寺，始建于明万历年间，有清康熙御题匾额，寺内有弥勒、大雄、七佛等殿和藏经楼，建筑面积 1.06 万平方米，建筑宏伟，内有明初彩釉瓷佛，高达 2.4 米。狮子峰下的万年寺初名普贤寺，创建于东晋隆安年间，原殿宇七重，现存二重，系 1953 年重建；内有无梁砖殿，建于明万历年间（1573—1620），通高 16 米，为穹隆顶方形无梁殿，内有北宋太平兴国五年（980）铸造的普贤菩萨骑六牙白象铜铸像，通高 7.3 米，重 62 吨。伏虎岭下的伏虎寺，始建于唐代，建筑面积 1.3 万平方米，寺宇殿堂林立，建筑巍峨。牛心岭下的清音阁有楼、阁、亭、台等建筑群体，建筑面积 2000 平方米，黑、白龙江在此相会，风景极佳。天池峰下的洪椿坪古称千佛庵，三重殿宇，建筑面积 3320 平方米，寺内有清代七方千佛莲灯具，雕工高超。2006 年 5 月 25 日，峨眉山古建筑群被国务院公布为第六批全国重点文物保护单位。

峨眉山古建筑群综合而言有以下几个特点：第一，多为木质框架式结构；第二，屋顶的多样性体现了建筑的艺术性，峨眉山的寺庙一般小庙多为"悬山"式，大庙有四面坡的"重檐庑殿"式，也有上半部为"悬山"下半部为"歇山"的寺庙；第三，建筑多为庭院式组合结构；第四，依山取势；第五，有无梁式建筑。峨眉山古建筑群展现出了历代宗教建筑特点，保护状况良好，是一组文化内涵丰富的宗教建筑实例。

图 3-53 红珠山宾馆

图 3-54 峨眉山古建筑群

（2）建筑与设施类——四级旅游资源。

①金顶十方普贤铜像。

金顶十方普贤铜像位于峨眉山金顶（图 3-55），于 2006 年 6 月 18 日落成，通高 48 米，重达 600 多吨，建筑面积 1000 平方米，是目前世界上最大、最高的十方普贤像。须弥座上立六牙吉象，大象背上第一层为普贤菩萨的四头像和两面身；第二层为普贤菩萨四头像；最高层为前后普贤菩萨头像。圣像内为 484 平方米的佛中殿，供奉阿弥陀佛铜像，四周绕汉白玉雕佛像，通高 48 米，表征阿弥陀佛四十八大愿。"十方"一是意喻普贤的十大行愿，二是象征佛教中的东、南、西、北、东南、西南、东北、西北、上、下十个方位，意喻普贤无边的行愿能圆满十方三世诸佛和芸芸众生。普贤的十个头像分为三层，神态各异，代表了世人的十种心态。

金顶十方普贤铜像是目前世界上最大、最高的普贤铜像，是佛教文化中不可多得的艺术杰作。

②洗象池。

洗象池（图3-56）位于世界文化与自然遗产——峨眉山高山区，海拔2070米，四周白云缥缈，古木参天，若清秋朗月高照，万籁俱寂，清光无限。"象池夜月"即是这里的著名景色：入夜，皓月当空，月光映入池中，水天一色，景色幽美。

寺始建于明正德年间（约1506—1510），名初喜亭，后改建为庵，名初喜庵，庵前有天然水池一眼，名洗象池，传说普贤菩萨骑象登峨眉山时，曾在此汲水洗象，洗象池之名由此得来。清康熙三十八年（1699），弘川禅师改建为寺，名天花禅院。乾隆元年（1736），月正和尚将池改砌为六方，池畔放一石象，以应普贤菩萨洗象之说，以后则习称寺为洗象池。寺旁升象石岩壁上，阴刻有明至清的名人题刻三则："岩谷灵光""古洗象池""象池夜月"。

此处属高寒地带，雨雪较重，故而其殿矮小，且用铅皮盖房，其中有弥勒殿、大雄宝殿和观音殿。由于此地是游人必经之地，1982年国家投资在寺外新建客舍四幢，成为山中大寺之一。洗象池有着重要的历史文化价值以及丰富的旅游资源，是峨眉山的重要旅游资源。

图3-55　金顶十方普贤铜像

图3-56　洗象池

③蒋介石官邸。

官邸楼建于1934年，1935年蒋介石曾居住四号楼，蒋介石所住别墅时称"蒋介石官邸"，故取名为官邸楼。1935年前后蒋介石在峨眉山组建军官培训团，轮训川、滇、黔三省，武官校官以上，文官县官以上官员时，曾多次居住在此。美式山地结构木建筑，建筑结构的设计令人称奇，虽然全部选用的木材，却做到了冬暖夏凉、防弹和单向透音功能，另外，由于官邸建立于红珠峰侧的山顶上，东、西、北三面深壑纵横，地势陡峭，南面入口有警卫楼护卫，易守难攻，选址非常符合安全保卫需要。于1986年被列为"乐山市重点文物保护单位"（图3-57）。

图3-57 蒋介石官邸

④白水秋风。

"白水秋风"为峨眉山万年寺之秋景名，为峨眉传统十景之一（图3-58）。万年寺位于海拔1020米的狮子岭下，始建于东晋，唐时慧通禅师驻锡在此，相传峨眉山五行属火寺庙屡建屡毁，于是改名白水寺。

寺庙建在群山之中突起的一座山峰上，诸峰相映，苍翠环照，一年四季，景色宜人，特别是到了秋高气爽之时，峨眉山下夏暑尚存，金顶三峰已初飘白雪，而位于中山地区的万年古刹，正处在一年中的黄金季节。林中色彩斑斓，红叶如醉，寺内的白水池碧波荡漾，蛙声如琴，丹桂飘香，令人怡然神爽，因而被称为"白水秋风"。

⑤灵岩叠翠。

灵岩叠翠（图3-59）为峨眉传统十景之一，灵岩地处峨眉金顶三峰的后山麓。在灵岩寺遗址上，向北眺望，迎面便是一幅万山重叠的天然图画。近处，青峰绵延起伏，茂林修竹，点缀其间；远处，万佛顶、千佛顶、金顶宛似座巨型翠屏横亘天际，气象雄伟，三峰挺拔而柔和的轮廓线十分清晰。重重叠叠的波峰，由低至高，由近至远，青青的山色由翠绿到黛青，到灰蓝，到灰白，层层深远开去，一直延伸到与蓝天的分界线，层次极为丰富，正如谭钟岳在另一首诗中写的："灵岩翠秀耸高台，遥望天门跌荡开。"

图 3-58　白水秋风

图 3-59　灵岩叠翠

明代是灵岩寺的鼎盛时期。谭钟岳的《峨眉图志》载：寺宇四十八重，僧众千计，由山门至后殿有十余华里。其规模之宏大，僧侣之众多，香火之旺盛，在峨眉山寺宇中首屈一指，故有"九处过堂（吃斋饭），十处烧香，烧香要骑马"的说法。殿宇重叠，密林掩映，丹岩凝翠，呈现出灵岩层层叠叠的雄峙壮观，"灵岩叠翠"便成为峨眉十景之胜。

⑥清音阁。

清音阁，位于峨眉山牛心岭下，海拔710米，又称卧云寺，唐时名牛心寺；明朝初年，僧人广济将其改名为"清音阁"；清音阁只有一个殿堂，阁前有"接王亭"；清音阁虽小，但地势险要，居高临下，气势逼人，山环水绕，景色优美，其整体布局体现了"自然造化，天人合一"的意境，是我国佛寺园林建筑的典范，有峨眉山十景之一的"双桥清音"。

在清音阁，可看到山光水色，闻到花草芬芳，听到流泉清音，触摸到亭台碑石。它集中了视觉美、听觉美、嗅觉美，使游者获得峨眉风光总体的审美感受；古今游人多称誉为"峨眉山第一风景"。

⑦罗目古镇。

罗目古镇（图3-60）又名青龙场，为四川省历史文化名镇，始建于唐高祖武德元年（618），商周时期已有人居住，这里相传是明清时期茶马古道从平原进入山区的第一站，至今保持着不少传统的手工艺和传统风味小吃。与罗目古镇毗邻的二峨山是峨眉山"道教第七洞天"的主要发祥地，有吕洞宾曾游憩的传说，至今仍保留着不少道教遗迹，每年农历六月初六有盛大的朝拜活动。而近年新开发的水上漂流项目"罗目印象"则为这座古镇带来了不一样的生机与魅力。

小镇保留了古民居的风韵。顺河街、万埝路、半边街，穿过古镇的任何一条街巷，都可看见一幢幢穿榫斗梁，雕龙画凤的古旧木板房。木板房往往临街是上槽板的铺面，铺面侧面开门，通过长长的甬道，进去后是小天井四合院，往往一家祖孙三代或几家人同居一个天井之下。

⑧峨眉象城。

峨眉象城（图3-61）位于峨眉山市区，是进出峨眉山大佛禅院的通道。占地面积67亩，规划建筑面积26250平方米，仿古与古典园林相结合的建筑风格、非遗民俗文化、四川小吃等特色使峨眉象城成为峨眉山市一道独特的风景线，与大佛禅院共同组成了峨眉山市新的旅游景区，是世界双遗产所在地的又一新的亮点。

图 3-60　罗目古镇

图 3-61　峨眉象城

峨眉象城由园林建筑群组成，整体建筑风格凌风古朴、气势恢宏，主要的旅游景观有朝圣起点牌坊、大象景观18处、非遗文化天空之幕、全家福姻缘墙拍照点和时光印记老照片墙、象城大剧院、戏楼、四合院、商铺等，峨眉象城主要着力于象文化（峨眉山是普贤菩萨的道场，大象是普贤菩萨的坐骑）的展示。另外，《圣象峨眉》演出场地位于峨眉象城大剧院内，剧院总建筑面积3000多平方米，剧场内座位851个。

⑨峨眉雪芽黑水有机茶园基地。

峨眉雪芽黑水有机茶园基地位于黄湾镇黑水村，坐落于峨眉山核心景区海拔 1000~1200 米的崇山峻岭之间，一年 323.4 天都云雾笼罩，一年不足 950 小时的日照多以漫射光为主，是最适宜茶叶生长的优良环境。因此峨眉雪芽黑水有机茶园基地是峨眉山最核心的黄金茶园，集茶叶生产加工、茶生产参观、采茶体验于一体；曾获得"中国峨眉雪芽珍稀有机绿茶之乡""中华生态文明茶乡""中华生态文明茶园"等多个荣誉称号（图 3-62）。

基地完全按照有机茶标准进行管理，在 2016 年春天启动升级改造战略，经过改建后将优化茶叶从采摘、粗制、精致到包装的全套生产线。2017 年 7 月，陈宗懋院士在峨眉雪芽黑水有机茶基地设立院士工作站，对峨眉山茶及峨眉雪芽茶业的发展战略和技术开展指导；对茶叶质量安全控制技术、有机茶产业进行指导，开展病虫害防治研究，助力品牌的提升塑造；对峨眉山景区基地茶农的技术培训等，助力峨眉山茶及峨眉雪芽的发展，使"峨眉山茶"在推进产、学、研合作方面，迈出了全新的、更高的步伐。

图 3-62　峨眉雪芽黑水有机茶园基地

⑩雷洞坪滑雪场。

峨眉山滑雪场是 1998 年新建成的当时四川境内第一个滑雪场（图 3-63）。它位于著名的峨眉山风景区内，雷洞坪停车场公路右侧，占地 15 亩，设备、功能完善。雪场依山而就，植被茂盛，环境优美，年平均气温5℃，降雪期从当年10月初到次年3月底，积雪厚度达1米左右，为游人提供了一个理想的玩雪、滑雪的活动场地。

滑雪场内容分：滑雪练习区、冰雪滑道区，雪仗区、专供游人玩雪戏耍、烟花区供游人燃放烟花爆竹，雪雕区供游人搞雪雕造型比赛，以及停车、餐厅等设施。滑雪板、滑雪鞋、滑雪杖等滑雪工具是投资1000多万元全部从奥地利进口，可满足不同技术的滑雪者的需求。

⑪仙芝竹尖生态茗园。

仙芝竹尖生态园旅游景区（图3-64），位于峨眉山市东郊，占地300余亩。4A级景区。距市中心8千米，南面靠S306线乐山至峨眉旅游干道，北面临峨眉河，园区地处乐峨旅游干道（胜利镇段）旁。整个生态园区秉承"人文生态禅茶一味"的建园理念，按国家4A景区规范建设，整个园区利用现有的地形结合建筑的特性进行设计，与四周自然环境相结合，保持了原有的生态环境系统。

图3-63 雷洞坪滑雪场

图3-64 仙芝竹尖生态茗园

仙芝竹尖生态园主要由峨眉山珍稀植物生态园、大熊猫馆、恐龙馆、水上乐园等构成，仙芝竹尖大熊猫馆修建于2011年，占地面积20.36亩，恐龙馆占地面积4.5亩，建筑面积约1000平方米，仙芝海啸水上乐园是目前乐山综合设施最为齐全的水上乐园，占地25亩，总投资3000万元。

⑫农夫山泉工业区。

农夫山泉工业区（图3-65）位于峨眉山市高桥镇万佛岭北段1号路省道S306线旁，是西南地区集自然风光、工业旅游于一体的花园式示范型生产基地，2018 年被评为国家 4A 级旅游景区、首批"四川省中小学生研学实践教育基地"。

农夫山泉工业旅游示范基地是农夫山泉公司经过 8 年寻得的天然优质泉水地，主要有参观中心、72000BPH 生产线、水源地等景点。生产基地由美国加州著名的设计师设计，耗时 6 年建造完成，占地 424 亩，三面环山，正面与峨眉之巅金顶遥遥相望，厂区内溪流、高山、森林等自然景观丰富，基地内已经建成 1 号厂区（2 条生产线）、2 号厂区（参观中心）和 3 号厂区（4 条生产线）。在参观中心，游客可"零距离"接触农夫山泉生产车间，了解到整个天然水工艺生产环节，亲历产品从吹瓶、浦装到包装的所有过程，品味现代企业文化，感受"中国美工厂"。

⑬峨眉院子。

峨眉院子（图 3-66）位于胜利镇钟鼓社区，距离天下名山牌坊 1.5 千米，是峨秀湖国际度假区的门户，是乐山市文旅产业和首届旅博会重点推进项目，集酒店、会展、剧院、休闲、武术、美食于一体。峨眉院子占地 131 亩，由清溪巷、山月巷、流云巷、望佛塔巷、秀湖巷五巷合围而成；外观以川西仿古建筑风格为主，同时融入了丽江四方古街、成都宽窄巷子、广西阳朔西街等知名景区的风情商业街元素，拥有玉泉广场、望佛楼、平安门等标志性建筑。

图 3-65　农夫山泉工业区

图 3-66　峨眉院子

随着配套服务的不断完善，多种商业形态正在这里扎根、成长。浓缩了以酒楼、客栈、酒吧、茶楼、工艺品等为载体的一系列文化主题，正在改变峨眉"白天登山看庙，晚上关灯睡觉"的消费模式。峨眉院子以昼、夜旅游休闲商业形态为主体，将大峨眉民俗休闲、民俗娱乐、民俗活动、本地特色小吃等穿插其中，商业形态齐全，真正体现了悠闲生活、慢生活的艺术底蕴。

⑭黄湾小镇。

黄湾小镇（图3-67）位于黄湾镇天景社区，处于世界双遗产景区——峨眉山景区主入口，2016年开镇，占地面积4平方千米，在建筑风格上以川西民居建筑风格为主，主题上小镇紧紧围绕武术主题，将峨眉武术体系融入小镇，其中街道、小巷以峨眉武术的派别、分支命名，将峨眉武术文化渗透入小镇的每个角落和居民生活的每个部分，充分展现峨眉武术的魅力。

黄湾小镇充分利用现有的自然资源，使山、水、地形、街道有机结合，形成"山水绕上镇、四溪分九坊"的总体布局。"九坊"指以峨眉武术门派及相关文化中的点易坊、青城坊、铁佛坊、武林山庄、黄陵坊、会门坊、洪门坊、岳门坊、八门坊等来命名；"四溪"指武术文化小镇内部规划的四条水系，形成依山绕水，街坊因水而生、依水而建的总体格局。同步配套完善学校、医院等公共设施，实现"文化体验、休闲购物、居家生活"的和谐相融，成为产村一体的新样板。

图 3-67　黄湾小镇

3.6 历史遗迹类旅游资源

历史遗址类旅游资源，是指能够对旅游者产生吸引力，满足旅游体验的要求，能够为旅游业所利用并产生效益的历史遗址。但并不是所有的历史遗址都可以成为旅游资源用于旅游开发，只有具备三个条件才可以视为旅游资源：

一是历史的知名性，该遗址在社会历史发展中曾发挥重要作用，具有典型性和代表性，享有较高的知名度，能够对旅游者产生吸引力。

二是文化的展示性，历史遗址旅游是历史文化的体验之旅，只有物质遗存丰富、文化内涵浓厚的历史遗址，才能让普通游客看有所知，知有所思，感触深刻，难以忘怀。

三是开发的可能性，旅游者的大量进入，必然会对历史遗址的遗存环境带来干扰，影响遗址的寿命，旅游开发不会对其造成负面影响的历史遗址才允许进行旅游开发利用。

3.6.1 历史遗迹类旅游资源概况

全市历史遗迹类旅游资源共 490 个，其中优良级旅游资源有 59 个，占历史遗迹总数的 12.0%。历史遗迹类旅游资源分布于 2 个亚类、16 个基本类型，分别占标准分类中亚类的 100%、基本类型的 94.1%（表 3-9）。

表 3-9　历史遗迹类旅游资源分类统计

主类	亚类	基本类型	数量（个）	数量（个）	优良级数量（个）	优良级数量（个）
06 历史遗迹	0601 物质类文化遗存	060101 史前人类活动遗址	2	318	—	42
		060102 历史事件发生地	4		—	
		060103 建筑遗迹	111		21	
		060104 交通遗迹	15		—	
		060105 工程与生产遗迹	7		1	
		060106 古城遗址与聚落遗迹	1		—	
		060107 可移动文物	178		20	

续表

主类	亚类	基本类型	数量（个）	数量（个）	优良级数量（个）	优良级数量（个）
06 历史遗迹	0602 非物质类文化遗存	060201 民间文学	91	172	4	17
		060202 传统音乐	8		2	
		060203 传统舞蹈	—		—	
		060204 传统戏剧	1		1	
		060205 曲艺	1		—	
		060206 传统体育、游艺杂技	34		2	
		060207 传统美术	13		3	
		060208 传统技艺	19		5	
		060209 传统医药	2		—	
		060210 民俗	3		—	

从亚类来看，以 0601 物质类文化遗存为主，共 318 个，占历史遗迹类总数的 64.9%；其次为 0602 非物质类文化遗存，共 172 个，占历史遗迹类总数的 35.1%（图 3-68）。

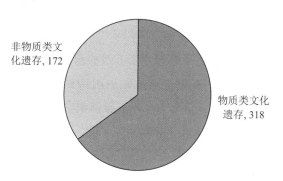

图 3-68 历史遗迹类各亚类旅游资源分布饼图

从基本类型来看，以 060107 可移动文物为主，共 178 个，占历史遗迹类总数的 36.3%；其次为 060103 建筑遗迹、060201 民间文学，分别为 111 个、91 个，各占历史遗迹类总数的 22.7%、18.6%；060206 传统体育、游艺杂技、

060208 传统技艺等其他 12 个基本类型旅游资源较少（图 3-69）。

综上，结合优良级资源情况，全市历史遗迹类旅游资源以建筑遗迹、可移动文物、民间文学等为主要特色。

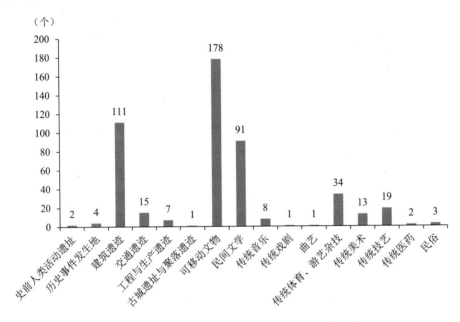

图 3-69 历史遗迹各基本类型旅游资源分布直方图

3.6.2 重要历史遗迹类旅游资源

峨眉山市历史遗迹类旅游资源有 3 个五级旅游资源，分别是万年寺普贤骑象铜像和峨眉武术、历代文人雅士歌咏峨眉山诗词歌赋；有 3 个四级旅游资源，分别是峨眉山佛教音乐《佛赞》、万年寺佛家三宝、圣积寺华严铜塔。

（1）历史遗迹类——五级旅游资源。

①万年寺普贤骑象铜像。

普贤骑象铜像在峨眉山万年寺内，该寺位于观心岭下，海拔 1020 米，历史悠久，规模宏大。关于它的铸造年代，南宋僧人志磐《佛祖统纪》记载："太平兴国五年正月……敕内侍张仁赞往成都铸金铜普贤像，高二丈，奉安嘉州峨眉山普贤寺之白水，建大阁以覆之。"

峨眉山万年寺普贤骑白象铜像（图 3-70），具有很高的艺术价值，是研究四川宋代冶金史、佛教史的重要实物资料。铜像不但以惊人的重量闻名于世，而且雕铸十分精致，铜像整体比例匀称和谐，花冠雕镂雅致，衣纹线条贴体流畅，神态安详，平稳地趺坐于莲花宝座之上。六牙白象造型生动，比真象还要高大壮美，重达62吨，全像通高7.35米，普贤及莲台高4.05米，所骑白象高3.3米，为国内所罕见，显示了宋代四川冶铸工艺的精湛水平，是我国佛教艺术中的珍品之一。1961年3月4日，国务院公布其为全国重点文物保护单位。

图3-70　万年寺普贤骑象铜像

②峨眉武术。

峨眉武术是中国传统武术流派之一，以中国名山峨眉山为发祥地，属国家级非物质文化遗产（图3-71）。峨眉武术内容繁多，形式多样，包括"峨眉拳""峨眉器械""峨眉扣手""峨眉散手""峨眉练功法"等具有独特四川拳味的各种技艺。由于峨眉山优越的自然环境和浓厚的仙道、佛道文化氛围，引来各种追仙访道和隐世的武林人士，这对峨眉武术的丰富和发展起到了极大的推动作用。这种在继承中华武术固有的蔟防技击性和运动形式基础上，充分发挥四川人拳术技艺独特打法、使之扬长避短，从而使峨眉派拳术技艺既有中华武术的普遍属性，又具有四川地方拳术的特殊属性。

峨眉武术作为一种传统体育与竞技项目，是中华民族文化的宝贵遗产，在中国三大武术流派中，峨眉武术具有起源最早，理论、实战体系最全面，武术文化内涵丰富等特点，是中华武术的重要组成部分。峨眉武术文化的保护、挖掘、研究、推广与普及有利于传承中华优秀传统文化的价值，发展地域特色文化的价值，保护与开发非物质文化遗产的价值，面向海外

图3-71　峨眉武术

输出特色文化的价值，创新传统武术文化研究与传播范式，为弘扬中华文化做出贡献。

③历代文人雅士歌咏峨眉山诗词歌赋。

峨眉山高峻灵秀，梵宇遍布，以优美的自然风光、悠久的佛教文化、丰富的动植物资源、独特的地质地貌而著称于世，文人雅士诗情泉涌，高僧大德禅意如潮，吟诗撰联时有往还，因此留下诸多历代文人雅士歌咏峨眉山的诗词歌赋。诗词歌赋是人们对中国传统文学的概称，虽然如此，这一称谓几乎可说是概括了中国传统文化的精髓和文化尤其是传统文学的大成，是历史文人墨客咏怀、记游、言志的文学表现形式。

咏峨眉山的诗词歌赋流传至今有诗词两千多首，楹联近千副，包括唐太宗李世民、明太祖朱元璋、清康熙帝等历代统治者的诗联，李白、白居易、骆宾王、岑参、苏东坡、陆游、汤显祖、刘光第等历朝历代诗人留下歌咏峨眉诗联，以及高僧贯休、齐已、广济、可闻、元温、普洁、德坚等也都有吟咏峨眉的诗联传世。目前能追踪到的最早歌颂峨眉山诗词歌赋的文人雅士便是李世民，他共作了两首诗，一首《秋日》，一首《度秋》（图3-72）。

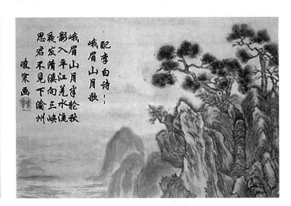

图3-72　历代文人雅士歌咏峨眉山诗词歌赋

（2）历史遗迹类——四级旅游资源。

①峨眉山佛教音乐《佛赞》。

峨眉山佛教音乐是传统宗教音乐的组成部分，也是峨眉山民间音乐的重要组成部分。它从一个侧面反映了中国的历史时代和人们的社会生活，是

中华民族文化宝库中的一份珍贵遗产。据该市林木先生考证：东晋隆安三年
（399）以后，佛教音乐由僧人慧持将江南佛曲传入峨眉山，融进当地原来佛曲
之中，世代相传，演变发展，至今，仍能从峨眉山佛乐曲调风格中找到"江南
吴歌"的痕迹。

从20世纪50年代初起，峨眉县文化馆的音乐工作者就开始对峨眉山佛教
音乐做收集整理工作，并在此基础上，研究、考证了峨眉山佛教音乐的渊源。
近几年来，乐山市的音乐工作者为展现峨眉山佛教音乐神韵，从峨眉山佛教音
乐中吸取营养，创作出了大合唱《佛赞》。该作品以上千人的合唱阵容在《乐
山国际大佛旅游节》开幕式上演出，引起轰动，得到中外游客的高度赞誉（图
3-73）。

图 3-73　峨眉山佛教音乐《佛赞》

②万年寺佛家三宝

万年寺佛家三宝是陈列于万年寺行愿楼内的三件佛教文物珍宝（图 3-74~
图 3-76）。以前，出于对珍贵文物的保护，佛门"三宝"只是在小范围内供
人观赏。随着峨眉山佛教文化的交流和旅游事业的不断发展，为满足中外高僧
大德和旅游者的愿望，将三宝展出。通过采取特殊保护措施，将珍藏多年的
贝叶经、佛牙、御印三件珍贵文物，对外开放，赢得国内外各界人士的一致好
评。来峨眉山必去万年寺，去万年寺，不得错过佛家三宝。

佛牙为明代国外友人所赠，据科学家鉴定，为古代剑齿象化石。贝叶经为
明代暹罗（今泰国）国王所赠，上书梵文《法华经》。御印为明神宗朱翊钧赐
建无梁砖殿时所赐。三宝之一的御印最为珍贵，这枚方印 13 厘米见方，重 4

千克，是明代万历皇帝御赐的印章，刻有"大明万历，敕赐峨山，御题砖殿，普贤愿王之宝"的文字。

图 3-74　万年寺佛家三宝——御印

图 3-75　万年寺佛家三宝——佛牙

图 3-76　万年寺佛家三宝——贝叶经

③圣积寺华严铜塔。

圣积寺华严铜塔铸造于明万历十三年（1585），由永川信士万华轩施铸，塔由须弥座塔基、覆钵式塔身、阁楼式塔顶组成，形制十分特别，因原存于圣积寺，故也称为圣积寺铜塔（图 3-77）。

圣积寺华严铜塔塔身呈八方形，通高 5.8 米，为十三级楼阁式钢塔。塔身雕有佛像，菩萨，人物，狮，象等 4700 余尊，和《华严经》全部经文两万多字。现阁楼式塔顶残存十二层，刻有塔状柱和蟠龙柱，塔体中空，外壁铸佛像四千余身，内外壁刻《华严经》全本。塔门上额铸卷草纹饰，横幅"南无阿弥陀佛华严宝塔"，左右幅条为"皇图巩固帝道遐昌风调雨顺国泰民安，佛日增辉法轮常转法界有情同生净土"，礼佛以倡国运民生，古今同。门旁下部还铸有两身护法神，甚为威武，是全塔较大的造像之一。塔基座铸佛坐像，变化较少，显呆板。塔身"九会图"多为立像高浮雕，主佛居于上部，两旁普贤骑白象、文殊骑青狮，护法天王居下部，中部铸罗汉二百多身，或托钵或奉物，或仰头大笑以呈极乐或抚眉微笑以显慈悲，虽太小不得精细，但造型各异，形态生动，实为难得。

图3-77 圣积寺华严铜塔

3.7 旅游购品（文创产品）类旅游资源

旅游商品的概念有广义和狭义之分。广义的旅游商品是指旅游者因旅游或在旅游过程中购买的具有旅游文化内涵的有形商品和无形商品的总称。它几乎涵盖了旅游者在旅游之前、旅游活动之中所购买的所有商品，包括旅游日常消费品、旅游纪念品、旅游线路以及各种服务等。因此，广义的旅游商品是指能对旅游者产生吸引力的所有旅游产品。狭义的旅游商品则是指旅游者在旅游过程中购买的，具有纪念意义的，能反映旅游地特色的特殊物品。本章内容主要讨论狭义的旅游商品类旅游资源。

3.7.1 旅游购品类旅游资源概况

全市旅游购品类旅游资源共194个，其中优良级旅游资源有24个，占旅游购品总数的13.4%。旅游购品类旅游资源分布于4个亚类、9个基本类型，分别占标准分类中亚类的 100%、基本类型的 50%（表 3-10）。

表 3-10　旅游购品类旅游资源分类统计

主类	亚类	基本类型	数量（个）	数量（个）	优良级数量（个）	优良级数量（个）
07 旅游购品（文创产品）	0701 农业产品	070101 农副土特产品	60	75	11	14
		070102 地方地道药材	15		3	
	0702 工业产品	070201 日用工业品	1	16	—	—
		070202 旅游装备产品	—		—	
		070203 旅游科技产品	1		—	
		070204 其他旅游工业品	14		—	
	0703 手工工艺品	070301 绣品	—	7	—	3
		070302 织品、染织	—		—	
		070303 灯艺	—		—	
		070304 竹、木工艺品	4		2	
		070305 文房用品	—		—	
		070306 特色家具	—		—	
		070307 金石陶器	2		1	
		070308 纸艺、书画作品	—		—	
		070309 其他物品	1		—	
	0704 传统与特色菜品饮食	070401 川菜菜品与饮食	96	96	7	7
		070402 民族菜品与饮食	—		—	
		070403 外域菜品与饮食	—		—	

从亚类来看，以 0704 传统与特色菜品饮食为主，共 96 个，占旅游购品类总数的 49.5%；其次为 0701 农业产品，共 75 个，占旅游购品类总数的 38.7%；0702 工业产品、0703 手工工艺品分别为 16 个、7 个，占比较小（图 3-78）。

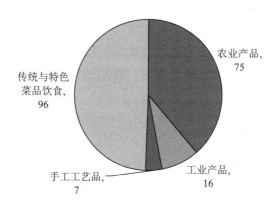

图3-78 旅游购品类各亚类旅游资源分布饼图

从基本类型来看，以070401川菜菜品与饮食为主，共96个，占旅游购品类总数的49.5%；其次为070101农副土特产品，共60个，占旅游购品类总数的31.0%；再次为070102地方地道药材，为15个，占旅游购品类总数的7.7%；070304竹、木工艺品、070201日用工业品等5个基本类型数量较少（图3-79）。

结合优良级资源数量情况来看，全市旅游购品类旅游资源以农副土特产品和川菜菜品与饮食为主要特色。

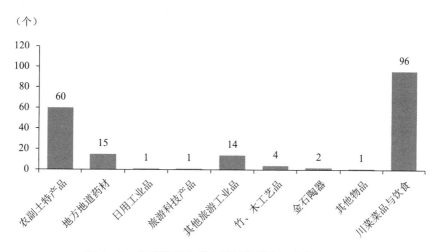

图3-79 旅游购品各基本类型旅游资源分布直方图

3.7.2 重要旅游购品类旅游资源

峨眉山市旅游购品类旅游资源有竹叶青1个五级旅游资源；有4个四级旅游资源，分别是峨眉山素斋、峨眉雪芽、峨眉虫白蜡、峨眉山道地中药材。

（1）旅游购品类——五级旅游资源。

竹叶青，产于四川省峨眉山，峨眉山产茶历史悠久，唐代就有白芽茶被列为贡品。现代峨眉竹叶青是20世纪60年代创制的名茶，其茶名是陈毅元帅所取。"竹叶青"既是茶品种，又是其商标和公司名称，归属于四川省峨眉山竹叶青茶业有限公司。

峨眉竹叶青生长在海拔800~1200米峨眉山山腰的万年寺、清音阁、白龙洞、黑水寺一带。竹叶青茶外形扁条，两头尖细，形似竹叶（图3-80）；内质香气高鲜；汤色清明，滋味浓醇；叶底嫩绿均匀。茶叶一般在清明前3~5天开采，标准为一芽一叶或一芽二叶初展，鲜叶嫩匀，大

图3-80　竹叶青

小一致。适当摊放后，经高温杀青、三炒三凉，采用抖、撒、抓、压、带条等手法，做形干燥。使茶叶具有扁直平滑、翠绿显毫，形似竹叶的特点；再进行烘焙，茶香益增，成茶外形美观，内质十分优异。在功能上竹叶青茶是食疗的佳品，可以解渴消暑，解毒利尿。

（2）旅游购品类——四级旅游资源。

①峨眉山素斋。

峨眉山素斋是峨眉山佛教文化以普贤文化为核心，发展"五妙共品"，践行"人间佛教"的重要组成部分（图3-81）。佛门认为吃素可以清心寡欲、益寿延年，故在素食上极其讲究。用豆制品、面筋、蔬果等为原料，通过精心的工艺制作和蒸、煮、炒、烧、炖烹调而成各种佳肴；不但仿其形，而且仿其味，可以乱真。因此"仿荤"是峨眉山素斋制作的一大特点，常用的素菜原料一般包括五谷杂粮、豆类、蔬菜、菌类、藻类、水果、干果、坚果等。

图 3-81　峨眉山素斋

将原料与传统制作工艺相结合，使得峨眉山素斋以其做工精细，雕刻精湛及色、香、味、美而著称。峨眉山现有的较为出名的素斋体验地有四个，分别为万年寺、大佛禅院、报国寺、伏虎寺素斋，其中以万年寺所制作的斋菜形状、颜色、香气、味道最佳，达到以假乱真的地步。

②峨眉雪芽。

峨眉雪芽是贯穿峨眉山茶史与茶文化中的千古香茗，其称谓年代久远。唐时名"峨眉白芽""峨眉雪茗"（图 3-82）。宋明以来，又有"雪香""清明香"等雅称。自古以来誉称峨眉名茶中的精品。早于公元 7 世纪中，即以中国十大名茶的显赫地位，著录于茶圣陆羽的《茶经》和李肇的《唐国史补》等古籍之中。

峨眉雪芽盛产于峨眉山海拔 800~1200 米处，常年云雾空蒙的赤城峰、白岩峰、玉女峰、天池峰、竞月峰下和万年寺一带。茶叶具有扁、平、滑、直、尖的特点，泡之香气清香馥郁，色泽嫩绿油润，汤色嫩绿明亮，口感清醇淡雅，叶底嫩绿均匀。每年农历三月，清明时节采摘；其摘法甚为讲究，采摘时，忌用指甲掐，全用拇指和食指的指肚；用力要巧，用力重了容易将茶芽掰断；将采摘下来的茶芽轻轻摊晾大约半个小时；再经杀青、摊晾、理条整形、提香四个步骤，后进行存放既可。在功能作用方面，峨眉雪芽，始出于山中道、佛两门，长期以来，被道佛两门视为防治各种疾病，排毒养颜、久服轻身（瘦身）、延年益寿的养生饮品。

③峨眉虫白蜡。

峨眉虫白蜡，产于峨眉山；属世界珍稀特产，是中国先民的光明圣物和医药瑰宝，中国传统出口商品。在全世界所有动物蜡、植物蜡、矿物蜡和合成蜡中，虫白蜡有"蜡中之王"的美誉（图 3-83）。因只产于中国，被称为"中国蜡"，又因主产于四川而称为"川蜡"，峨眉山市素有"中国白蜡之乡"

之称。

峨眉山虫白蜡起源于隋唐时期,相传隋末唐初由药王孙思邈两次来峨眉山踏深山攀悬崖采集各种中草药所发现。虫白蜡是白蜡虫寄生在某些植物上,由雄性白蜡虫幼虫分泌出的一种具有特殊性质的动物蜡。虫白蜡用途广泛,在医药方面,白蜡有止血、止痛、生肌、补虚、促进肌肉生长等功能。在工业方面,白蜡可用于各种精密机械、仪器及金属器皿的防湿、防锈和润滑剂。在造纸工业方面,用作填充和上光剂,可使纸面光滑;在纺织工业方面,可用于着光剂,能增加光泽,使产品色泽美观,提高产品质量。

图 3-82　峨眉雪芽

图 3-83　峨眉虫白蜡

④峨眉山道地中药材。

自古峨眉山就被称为"仙山药园",拥有丰富的药用植物和药用动物,不少药用植物为全国的珍稀名贵药材。据了解,峨眉山优质中药材 14 种,其中,黄连、姜黄、石斛、佛手、川牛膝、天麻、干姜、泽泻、黄檗、虫白蜡十种中药材被选为"乐山十大道地中药材"(图 3-84),此外,川牛膝、天麻产量和红豆杉种植面积居全国第一。峨眉山市中药材资源十分丰富,境内有各种中药材 1650 余种,主要有黄连 2.8 万亩、黄檗 2.3 万亩、乌梅 2 万亩、杜仲 2 万亩、佛手 1.7 万亩、五倍子 1.2 万亩、栀子 0.2 万亩、白蜡 1.0 万亩、泽泻 0.8 万亩。乐山市中药材蕴藏量居全省首位,其中,峨眉山药用植物种类占全省 52.1%,占全国 18.5%。

黄连 姜黄

图 3-84 峨眉山地道中药材

3.8 人文活动旅游资源

人文活动旅游资源包括人事记录、艺术、民间习俗、现代节庆等内容，是不同地域的人们在期的适应自然环境的过程中发生的重要事件或特定的行为，具有鲜明的时代性、地域性和差异性。

3.8.1 人文活动类旅游资源概况

全市人文活动类旅游资源共 213 个，其中优良级旅游资源有 86 个，占人文活动总数的 40.4%。人文活动类旅游资源分布于 3 个亚类、10 个基本类型，分别占标准分类中亚类的 100%、基本类型的 100%（表 3-11）。

表 3-11 人文活动类旅游资源分类统计

主类	亚类	基本类型	数量（个）	数量（个）	优良级数量（个）	优良级数量（个）
08 人文活动	0801 人事活动记录	080101 地方人物	122	141	71	71
		080102 地方事件	19		—	
	0802 岁时节令	080201 宗教活动与庙会	22	23	4	4
		080202 农时节日	1		—	

主类	亚类	基本类型	数量（个）	数量（个）	优良级数量（个）	优良级数量（个）
08 人文活动	0803 现代节事活动	080301 现代节庆	15		2	
		080302 会议论坛	3		2	
		080303 展览	4	49	—	11
		080304 赛事	11		2	
		080305 演艺	7		2	
		080306 特色主题活动	9		3	

从亚类来看，以 0801 人事活动记录、0803 现代节事活动为主，分别为 141 个、49 个，各占人文活动类总数的 66.2%、23.0%；其次为 0802 岁时节令，共 23 个，占人文活动类总数的 10.8%（图 3-85）。

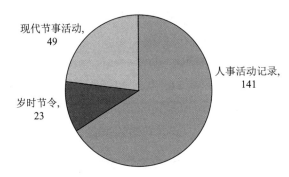

图 3-85　人文活动类各亚类旅游资源分布饼图

从基本类型来看，以 080101 地方人物为主，分共 122 个，占人文活动类总数的 59.3%；其次为 080201 宗教活动与庙会、080102 地方事件，分别为 22 个、19 个，占人文活动类总数的 10.3%、8.9%；080202 农时节日、080303 展览等 6 个基本类型资源较少（图 3-86）。

结合优良级资源数量情况来看，全市人文活动类旅游资源以地方人物、地方事件、现代节庆为主要特色。

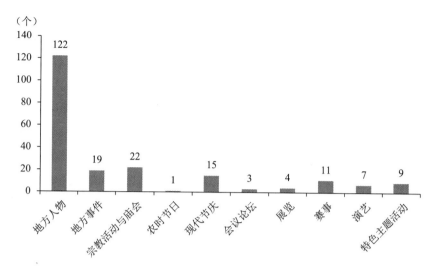

图 3-86　人文活动各基本类型旅游资源分布直方图

3.8.2 重要人文活动类旅游资源

峨眉山市人文活动旅游资源有四川省国际旅游交易博览会 1 个五级旅游资源；有浴佛法会、峨眉山冰雪温泉节、万盏明灯供普贤、峨眉山大庙庙会、"戏剧幻城"《只有峨眉山》、中国·四川国际峨眉武术节 6 个四级旅游资源。具体在第六章及第十章中进行介绍。

●本章考核

1. 什么叫旅游资源？

2. 旅游资源有哪些分类？

3. 旅游资源有哪些特征？

4. 自然风景旅游资源和人文景观旅游资源区别在于哪里？

5. 什么叫历史遗迹类旅游资源？有哪些特征？

6. 旅游商品类旅游资源的定义是什么？选择一项峨眉山市旅游商品类旅游资源尝试进行资源可开发性分析。

7. 人文活动旅游资源有哪些特性？

8. 选择峨眉山市一处景点，尝试对其所包含的旅游资源进行资源分析。

第4章　旅游景区及其服务要素

课程思政目标：用产业融合理念、社区参与理论，引导学生建立共建共享的共同体旅游景区管理观念。

实习目的：掌握旅游景区概念、分类；掌握旅游景区服务要素及要求。

实习方法：实地调研。

实习地点：峨眉山景区、峨秀湖旅游度假区、农夫山泉工业旅游区。

知识要点：

1. 旅游景区概念、分类及各类特征。

2. 景区服务管理要素及要求。

4.1　旅游景区概念与分类

4.1.1 旅游景区的概念

4.1.1.1 国外学者对"旅游景区"概念的理解

对于旅游景区（tourist attraction）的概念，国内外学者的认识和界定区别还是比较大的，国外更多采用旅游吸引物来代表旅游景区。在欧美地区多称景区为"visitor attraction"或者"tourist attraction"，认为广义的旅游景区几乎等同于旅游目的地，狭义的旅游景区则是一个吸引游客休闲和游览的经营实体，对此国外学者也提出了很多不同的观点。比如，美国学者甘恩（1972）把旅游景区定义为娱悦的首要力量与吸引力，旅游的核心吸引力，没有旅游景区，其他旅游服务就没有存在的必要。英国学者约翰·斯沃布鲁克（2001）认为旅游景区应该是一个独立的单位，一个专门的场所，或者是一个具有明确界限的，范围不可太大的区域，交通便利，可以吸引大批的游人闲暇时间来到这里，做短时访问。

4.1.1.2 国内学者对"旅游景区"概念的理解

国内更多采用的是"旅游景区"这个概念，也有"景区""风景区""旅游风景区""旅游区"等多种称呼，不同学者和出处也给出了不同的概念。比如，《旅游景区质量等级的划分与评定》（GB/T 17775—2003）中将旅游景区定义为：一个以旅游及其相关活动为主要功能或主要功能之一的空间或地域，具有相应的旅游服务设施并提供相应旅游服务的独立管理区，并且该管理区应有统一的经营管理机构和明确的地域范围。我国学者黄其新（2009）认为旅游景区是旅游业的重要组成部分，它由一系列相对独立的景点构成，是供人们从事经营活动，能满足旅游者观光、休闲、娱乐、科考、探险等多层次精神需求，具有明显的地域边界、相对独立的小尺度空间的旅游地。

4.1.1.3 旅游景区的概念

综上可以看出不同学者的概念里面都涵盖了旅游景区的四个共同特征：（1）具有旅游吸引物；（2）具有休闲、娱乐、研学等旅游功能；（3）有统一的管理机构或主体；（4）有明确的范围。

所以，综合前人的观点，旅游景区是指，依托旅游吸引物，从事旅游、休闲、商会、研学、度假等经营管理活动的，有明确地域范围的区域。

4.1.2 旅游景区的分类

根据旅游景区的功能、目标和管理方式分为两大类，每个大类又分成若干具体类型。

4.1.2.1 经济开发型旅游景区

（1）主题公园。

主题公园（theme park），是了满足旅游者多样化休闲娱乐需求和选择，根据某个或者多个特定的主题，采用现代科学技术和多层次活动设置方式，人为建造的集诸多娱乐活动、休闲要素和服务接待设施于一体的现代旅游目的地。如深圳的锦绣中华，上海的环球乐园，成都的欢乐谷、国色天香、海昌极地海洋公园等。

（2）旅游度假区。

旅游度假区，是为旅游者的较长期的住留而设计的住宅群，除了住宿设施之外，还提供餐饮、购物、康养、休闲娱乐等多样化休闲度假旅游服务，有明确空间边界和独立管理运营结构的综合集聚区。如三亚亚龙湾旅游度假区、西昌邛海旅游度假区、峨秀湖旅游度假区。

4.1.2.2 资源保护型旅游景区

（1）国家公园。

2018 年 9 月 11 日，国家机构调整，中共中央办公厅、国务院办公厅印发《国家林业和草原局职能配置、内设机构和人员编制规定》（厅字〔2018〕66号）。国家林业和草原局由自然资源部管理，为副部级，加挂国家公园管理局牌子。国家林业和草原局要切实加大生态系统保护力度，实施重要生态系统保护和修复工程，加强森林、草原、湿地监督管理的统筹协调，大力推进国土绿化，保障国家生态安全。加快建立以国家公园为主体的自然保护地体系，统一推进各类自然保护地的清理规范和归并整合，构建统一规范高效的中国特色国家公园体制。截至 2020 年，我国已经开展了三江源、东北虎豹、大熊猫、祁连山、海南热带雨林、神农架、武夷山、钱江源、南山、普达措 10 个国家公园试点，总面积 22.29 万平方千米。

从国家公园的内容来看，国家公园属于自然保护地体系的范畴，是自然保护地体系中的一个非常重要的类型。森林公园、地质公园、矿山公园、湿地公园、自然保护区、风景名胜区、考古遗址公园等都属于自然保护地体系。

（2）风景名胜区。

风景名胜区是指凡具有观赏、文化或科学价值，自然景物、人文景物比较集中，环境优美，具有一定规模和范围，可供人们游览、休息或进行科学、文化活动的地区（《风景名胜区管理暂行条例》国发〔1985〕）。如九寨沟、黄龙、峨眉山、丽江等。

（3）森林公园。

森林公园是指以大面积人工林或天然林的森林景观为主体，融其他自然景观和人文景观的生态型郊野公园。森林公园除保护森林景色自然特征外，根据造园要求适当加以整顿布置。公园内的森林，普通只采用抚育采伐和林分改造等措施，不进行主伐。如西双版纳原始森林公园、张家界国家森林公园、太白山国家森林公园等。

（4）自然保护区。

自然保护区是指对有代表性的自然生态系统、珍稀濒危野生动植物物种的集中分布区、有特殊意义的自然遗迹等保护对象所在的陆地、陆地水体或者海域，依法划出一定的面积予以特殊保护和管理的区域。通过自然保护区，使人们认识和掌握自然变化规律，人类与自然的协调关系，以便更合理地开发利用自然资源，保护好自然环境。因此，国际上常以自然保护区面积占国土面积的百分比的大小，来衡量一个国家在自然保护事业方面的发展水平和科学文化及文明程度。如珠穆朗玛峰自然保护区、可可西里自然保护区、卧龙自然保护区等。

（5）地质公园。

地质公园是指以具有特殊地质科学意义、稀有的自然属性、较高的美学观赏价值，具有一定规模和分布范围的地质遗迹景观为主体，并融合其他自然景观与人文景观而构成的一种独特的自然区域。既是为人们提供具有较高科学品位的观光旅游、度假休闲、保健疗养、文化娱乐的场所，又是地质遗迹景观和生态环境的重点保护区，地质科学研究与普及的基地。

（6）历史文物保护区。

历史文化保护区是指国家有关部门、省、市、县人民政府批准并公布的文物古迹比较集中，能较完整地反映某一历史时期的传统风貌和地方、民族特色，具有较高历史文化价值的街区、镇、村、建筑群等。如皇城历史文化保护区、爨川底下村历史文化保护区、榆林堡历史文化保护区等。

以上都是传统的分类方案，随着"旅游+""+旅游"的融合发展，市场上也出现了很多新型的景区，如汽车营地、复合型城市公园、乡村旅游景区、工业旅游景区、拓展训练基地等。

4.1.3 具体景区实践

实习地具有多种类型的景区，通过各景区的实际参观调研，进一步了解各类型景区的特点和经营管理要点。

4.1.3.1 峨眉山景区

峨眉山景区，是风景名胜区的典型代表。景区位于峨眉山市境内，面积154平方千米，最高峰海拔3099米，以其"雄、秀、神、奇、灵"的自然景观和深厚的佛教文化著称于世，被人们称为"仙山佛国""植物王国""动物乐园""地质博物馆",素有"峨眉天下秀"之美誉,是世界文化与自然遗产、国家级风景名胜区、国家5A级旅游景区。峨眉山是佛教四大名山之一、普贤菩萨的道场,千百年来,高僧大德,来朝去礼,梵音缭绕,香火不绝。公元4世纪,遍游佛教名山名寺的印度僧人宝掌和尚来到峨眉,留下赞叹:"高出五岳,秀甲九州,震旦国第一山也。"历代文人雅士更是争相咏唱,唐代诗人李白诗云"蜀国多仙山,峨眉邈难匹";当代文豪郭沫若题书峨眉山为"天下名山"。古往今来,峨眉山一直是人们礼佛朝拜、游览观光、科学考察和休闲疗养的胜地。

4.1.3.2 峨秀湖旅游度假区

峨秀湖旅游度假区在2020年被评为国家级度假区,位于峨眉山景区脚下,总面积约10.79平方千米,东至中信国安峨眉山体育馆,西至黄湾小镇,南至御泉湾温泉度假酒店,北至峨川,主要涵盖大佛禅院、峨秀湖公园、峨眉院子、黄湾小镇、峨眉·象城等多个景区(点)及度假服务设施。是以自然生态山水为基底,以峨眉文化为主题资源,融合佛、山、水、道、武等资源特色,是集禅修养心、温泉养生、武术养身、滨湖度假、生态避暑、户外运动于一体的综合型旅游度假。打造了禅佛养心、素食养生、佛学科普、佛学体验、武术养生、武术研习、温泉康养、养生养老八大主题度假产品系列。度假区内有己庄酒店、艾美假酒店、御泉湾温泉度假酒店等多元化各类型住宿设施。

4.1.3.3 农夫山泉峨眉山工业旅游区

农夫山泉峨眉山工业旅游区位于峨眉山市高桥镇,峨眉山后山,省道S306线旁,占地424亩,是依托位于农夫山泉峨眉山生产基地而建设的典型的"工业+旅游"的融合型景区,2018年入选首批"四川省中小学生研学实践教育基地",2018年被评为国家4A级旅游景区。目前以研学旅游为主,有效推进农夫山泉品牌和各类农夫山泉产品的推广。

4.1.3.4 大佛禅院

大佛禅院,位于峨眉山市区东郊,占地400余亩,是典型的历史文化型景区,是国家4A级旅游景区。大佛禅院原名大佛寺(又称大佛殿),原址位于峨眉山市区东郊,明代无穷国师开创,历时15年建成。寺院占地300余亩,拥有多重大殿、140多间禅房。因寺内大悲殿供奉了一尊高12米的千手千眼观世音菩萨铜像，明万历皇帝的母亲慈圣皇太后特意赐寺名"大佛寺"。于 2008 年 12 月 14 日举行峨眉山大佛禅院开光法会暨落成庆典，正式对外开放。建筑面积 5.6 万平方米，为朝拜峨眉山的第一门户，亚洲最大的十方丛林之一，成为集培育僧才、专精修证、佛学研究、弘法利生等于一体的无上道场。

4.2 景区服务管理要素及要求

景区的服务管理是景区可持续发展的关键，服务质量是景区高质量发展的重要核心。服务质量是指服务能够满足规定和潜在需求的特征和特性的总和，即服务工作能够满足被服务者需求的程度；是企业为使目标顾客满意而提供的最低服务水平，也是企业保持这一预定服务水平的连贯性程度。

按照《四川省旅游景区精细化管理服务质量提升规范》，从旅游交通管理、游览管理、餐饮管理、住宿管理、购物管理、娱乐管理、卫生管理、安全管理、综合管理、信息化管理十个方面进行要素分析和相关要求。

4.2.1 旅游交通管理

旅游交通管理是对旅游六大要素中"行"的具体管理，从抵达景区的交通，到景区内部的交通，包括外部交通服务、停车场服务管理、景区内部交通服务、游步道设施和服务管理四项。

4.2.1.1 外部交通服务

（1）抵达景区的公路或客运航道（干线）的等级不低于三级公路或中级客运航道。

（2）应在通往景区的主要干道上设置外围引导标识，引导标识应简洁明了，内容准确，排版美观，干净整洁，符合 GB/T 10001 标准的有关规定。

（3）景区应积极与交通运输部门（企业）开展合作，为游客抵达景区提供至少 1 种公共交通方式。

（4）景区入口交通秩序良好，无拥堵现象。

4.2.1.2 停车场服务

（1）景区内或景区外 1 千米范围内有合计不低于 200 个的停车位。

（2）停车场应实行分区编号管理，通过导航地图能顺利到达各分区停车场。

（3）停车场设施设备齐全，运转正常，状态良好，标识标线准确、清晰。

（4）宜建立充电桩。

（5）在醒目位置明示停车场开放时间、车辆停放规定、景区入口指示标识等。

（6）收费停车场应明示收费依据、收费标准，免费停车场应制作项目标识说明。

（7）游客量高峰期时应有专人负责车辆的疏导，指挥车辆合理停放，保证场内道路畅通。

（8）景区应有专人定时巡视检查停车场，确保场内车辆和公共设施的安全。

4.2.1.3 内部交通服务

（1）景区内部道路平整无破损，路面及两侧干净整洁，无垃圾、物品等堆积物。

（2）景区内交通秩序良好，人车分流，无交通拥堵现象。

（3）游客候车区（包括缆车、索道、观光车等候车区）应设置避雨设施和休息设施。

（4）游客候车区应公示起讫时间、站点信息、发车频次、紧急救援电话、咨询电话、投诉电话等信息。

（5）观光车、缆车、索道等内部交通服务设施整洁、完好且漆皮、镀件光亮无损，玻璃车窗齐全无破损。

（6）景区内从事交通工具的服务人员应将游客安全放在首要位置，严格遵守操作安全规程，缓速行驶。

（7）发生交通意外时，景区应有快速反应的救援服务。

4.2.1.4 游步道设施和服务

（1）景区内游步道应设计合理，无安全隐患，危险路段有保障游客安全的护栏及警示牌。

（2）游步道沿途重要路口各种指示标识应清晰、准确，并显示所在位置。

（3）游步道沿途应设置休息设施和避雨场所。

4.2.2 游览管理

游览管理是对旅游六大要素中"游"的具体管理，游览是旅游要素中的核心要素，其他要素都是围绕游览展开，游览是景区核心吸引物的体现。在游览管理过程中包括入口及游客中心服务、票务服务、标识引导服务、景区讲解服务、特色文化展示五项。

4.2.2.1 入口及游客中心服务

（1）景区应实行预约登记入园制度。

（2）游客中心应提供咨询、投诉、休息、物品租借、手机充电装置、行李寄存、失物招领、公用电话、医疗救援等服务，服务功能满足游客需求。

（3）游客中心宜提供购物、餐饮、休闲、活动体验等服务。

（4）应为老人、幼儿、残障人士、孕妇等特殊人群提供人性化的设施和服务，配备使用功能正常的无障碍设施，且便于游客租借和归还。

（5）咨询服务人员工作期间应统一着装，佩戴统一的徽标胸牌，工作过程中用语清晰规范、态度热情、举止文明。

4.2.2.2 票务服务

（1）景区应提供线上和线下购票渠道，包括线下人工售（取）票、线下自助售（取）票、线上售票等。

（2）现场购票应支持现金、刷卡以及手机支付等方式。

（3）应针对老人、病患、残障人士、孕妇、14岁以下儿童或青少年等特殊人群，设置专门购票窗口或制定优先购票制度和措施帮助其顺利进入。

（4）应提供便捷的检票服务，支持纸质门票、电子门票、身份证、电子身份证、二维码等方式验票。

（5）游客高峰期时购票和检票的等待与排队时间不应超过一个小时。

（6）应在售票处醒目位置和线上平台对票务信息进行公示，公示内容包括景区门票价格、另行收费项目的价格、收费管理规定、套票和年票优惠信息、景区门票使用说明等。

（7）票务信息公示及时，景区内的游览项目因故暂停向旅游者开放或者停止服务的，应及时公示并相应减少收费。

（8）严禁景区捆绑消费。

4.2.2.3 标识引导服务

（1）景区的导游全景图、导览图、指路标识牌等应准确易读，至少有1种外语对照，符合 GB/T 10001.2—2021 的要求。

（2）景物介绍标识应图文并茂，内容清晰、准确易读，至少有1种外语对照。

（3）标识标牌设计应维护保养良好，并与景观相协调。

（4）景点与景点、景点与重大服务设施之间的导视系统应具有良好的连续性。

（5）在不同标识标牌上呈现的同一信息的图形符号、文字等应保持一致。

4.2.2.4 景区讲解服务

（1）景区应提供导游讲解服务，以及提供二维码解说系统或至少1种功能正常的自助导游设备。

（2）景区应在线上和线下明示讲解人员导游讲解的语种、讲解时间、价格等信息，以及供租用的自助导游设备的语种、讲解内容、讲解时间、租（押）金、使用说明以及损坏赔偿规定等基本信息。

（3）讲解员应主动热情地接待游客，并介绍导游讲解的服务项目和收费标准。服务过程中应佩戴工牌，使用普通话。

（4）讲解人员和自助导游设备的讲解词应科学准确，符合社会主义核心价值观。

（5）自助导游设备的讲解词应至少有两个语种版本。

（6）宜在主要景点、购物场所等地设置二维码以便于游客获取景点讲解、导游导购等信息服务。

4.2.2.5 特色文化展示

（1）应在景区入口处设置形象标识。

（2）应在景区内打造至少3个文化主题形象展示点、打卡点。

（3）应在景区内打造至少3个展现景区文化主题的经营服务场所。

（4）应至少在3种公共服务设施中设计融入文化元素，多维度展示景区主题文化特色内涵。

（5）景区应具备《四川省A级旅游景区文旅融合发展实施导则》规定的

文旅融合产品。

（6）景区应研发至少 3 种具有创新性和独特性的文创旅游商品，文创旅游商品应符合《四川省 A 级旅游景区文旅融合发展实施导则》的规定。

4.2.3 餐饮管理

民以"食"为天，餐饮从满足解决温饱需求，到美食文化的需求，从美味，到养生养颜，足以说明餐饮在旅游景区中的重要性，以及餐饮内容的丰富性。其管理包括特色与环境、价格与质量、卫生与服务三项。

4.2.3.1 特色与环境

（1）主要的餐饮设施点中，应提供不少于 5 个本地特色菜肴或特色小吃。

（2）就餐环境良好，各区域通风好，空气清新，照明适宜，卫生条件应符合 GB 37488—2019 的有关规定。

（3）客用餐桌椅应完好无损、干净无污垢，并备有儿童座椅。

（4）室内公共区域应禁止吸烟。

（5）应在醒目位置设置厉行节约制止餐饮浪费的宣传品。

4.2.3.2 价格与质量

（1）销售各种菜品、主食、小吃、饮品、预包装食品等以及提供服务时，应实行明码标价。

（2）提供其他相关有偿商品和服务应主动告知消费者商品价格和收费标准，并事先征得消费者同意。

（3）应至少采取一种有效形式对所售食品、商品和服务进行明码标价。

（4）应在经营场所显著位置公示商品和服务相关内容，做到标示醒目、价目齐全、内容真实明确、字迹清晰、货签对位，价格变动时应及时调整。

（5）应明确公示菜品品名、规格、计价单位、价格，以及主要原材料含量等内容。

（6）餐饮设施经营者不得有下列行为：①对同一商品或者服务，在同一交易场所同时使用两套菜单，以低价招徕顾客并以高价进行结算；②通过第三方网络交易平台提供餐饮服务的企业，在电子终端商品主页和单品详情页面对同一商品所标示价格不一致；③开展促销活动时，使用虚假的或者欺骗性、误导性的语言、文字、图片、计量单位等标价方式，虚构原价、虚构降价原因、虚假优惠折扣，诱导消费者消费；④销售商品和提供服务带有价格附加条件时，不标示或者含糊标示附加条件；⑤销售商品和提供服务前有价格承诺，不履行或者不完全履行；⑥提供的商品与出样的成品或半成品严重不符，采取掺杂、掺假，以假充真，以次充好，短缺数量等手段，欺骗消费者；⑦相互串通，操纵市场价格，损害其他经营者或者消费者合法权益。

4.2.3.3 卫生与服务

（1）餐饮设施应经工商部门登记注册，符合市场监管、消防、安全、卫生、环境保护等现行的有关法律法规和标准，并具备相关证明。

（2）餐饮用具应符合 GB 16153 的相关规定。

（3）餐食和饮品的卫生标准应达到各专项的国家标准或行业标准。

（4）严禁使用不可降解的、对环境造成污染的一次性餐饮具。

（5）应主动提供公筷。

（6）餐饮服务人员应每年定期接受体检，无县级以上医院出具的健康合格证明者不得从事餐饮服务。

（7）餐饮服务人员应及时收拾餐具，清洁桌面，保持餐厅内卫生，方便游客就餐。

（8）餐饮服务人员应在顾客结账后主动提供正式发票。

4.2.4 住宿管理

住宿是变流量为留量的重要支撑和基础保障，目前市场对住宿设施和服务的要求越来越高，住宿管理也推向一个新的高度，涉及各种类型的住宿设施的服务管理，包括客房舒适度和人员服务。

4.2.4.1 客房舒适度

（1）房间内温湿度适宜，各区域（含卫生间）保持一致，不闷、不燥、不冷、不潮，空气清新、无异味。

（2）隔音效果良好。

（3）窗帘方便开闭，具有良好的密闭遮光作用。

（4）房间内各区域应照明适度，符合不同功能区域和不同照明目的物的需求。卫生间内的淋浴间有单独照明，照明充足。

（5）各灯具开关位置合理，床头有房间灯光"一键式"总控制开关，标识清晰，方便使用。房间内所有电器电源指示灯及其他光源应有开关可控制。

（6）客房内应至少提供2个方便宾客使用的不间断电源插座，且安全、有效。

（7）床垫硬度适中、无变形，应至少提供2种不同高度类型的枕头，床单、被套、枕套的纱支规格应不低于 60×60 支纱。

（8）客房内应提供免费 Wi-Fi 服务，并有使用说明。

（9）卫生间内应上下水通畅，24 小时供应冷、热水，冷暖水龙头功能完好，水质清澈、无沙质，水温稳定。

（10）洗发沐浴等洗漱用品外包装有中文标识（接待外宾须有英文标识），字迹清晰且文字大小不低于三号字体。

（11）客房、卫生间应每天全面整理清扫一次，每日或应宾客要求更换床单、被套及枕套，客用品补充齐全。

4.2.4.2 人员服务

（1）服务人员应着工装，训练有素，用普通话（接待外宾用英语）提供服务。

（2）能熟练解答游客问题，并能熟练提供酒店各项服务信息。

（3）登记入住及结账手续高效、准确无差错。

4.2.5 购物管理

购物是调整景区收入结构的重要内容之一，也是游客获得感和在景区服务质量的重要体现载体。其管理包括：购物设施布局与环境、商品种类与管理、人员服务三项。

4.2.5.1 购物设施布局与环境

（1）景区内应有购物设施或场所。

（2）购物设施宜类型多样。

（3）购物环境应秩序井然，无强迫游客购买或尾随兜售的行为。

（4）购物设施应经营证件齐全，且亮照经营。

（5）旅游购物场所内柜台货架宜美观、工整、规范。

（6）应支持现金、刷卡、手机支付等方式进行结算。

4.2.5.2 商品种类与管理

（1）具有本景区特色的旅游商品不少于5种。

（2）具有本地特色的旅游商品不少于10种。

（3）所售商品和服务均应明码标价，无价格欺诈、以次充好、缺斤少两等不诚信行为。

（4）所售的商品应符合 GB/T 16868—2009 的规定，商品质量应确保人体健康与安全。

（5）严禁销售过期、变质及其他不符合食品卫生规定的食（饮）品。

4.2.5.3 人员服务

（1）导购人员应正确引导游客消费，介绍商品信息翔实无误。

（2）收银服务应快速、无差错，且售后向游客出具正式发票。

（3）宜提供代邮寄服务。

（4）应按照相关规定提供商品退换、保修等服务。

4.2.6 娱乐管理

娱乐是旅游"食、住、行、游、购、娱"中主要要素之一，也是留住游客，消磨闲暇时间的重要载体。其管理包括设施管理和安全以及人员服务。

4.2.6.1 设施管理和安全

（1）应对所有项目价格进行公示，无价格欺诈、强买强卖等不诚信行为。

（2）旅游娱乐场所内的建筑、设施、服务项目、运营管理应符合安全、消防、卫生、环境保护等现行国家标准和有关行业标准。

（3）娱乐设施及其配套装置性能良好，使用安全可靠。

（4）应按各类娱乐设施的技术要求，分别制定有关操作运行、定期检查维护、关键零部件更换等方面的规章制度。

4.2.6.2 人员服务

（1）管理、操作和维修人员应经过培训考试合格后才能上岗。

（2）服务人员应根据服务岗位要求熟练掌握相关技能。

（3）服务人员应熟知经营服务信息，能提供基本信息咨询。

（4）应配备安全保卫人员负责安全巡查，维护场所秩序。

（5）服务人员应主动、具体、翔实地介绍服务内容和服务价格，并主动为老、弱、病、残、孕和抱婴者提供特殊服务。

4.2.7 卫生管理

环境卫生是景区管理的重要内容之一，其管理包括：总体卫生、厕所管理、垃圾管理、吸烟管理四项。

4.2.7.1 总体卫生

（1）景区游览环境应整洁卫生，无污水污物，景区内及景区主要出入口可视范围内环境无乱堆乱放、乱搭乱建、乱刻乱画、乱丢乱吐现象，施工场地维护完好、美观。

（2）各种设施设备应无污垢，无异味。

（3）应每天定时对景区密闭建筑、公共场所、卫生设施、游乐设备、餐饮场所等进行通风换气、清洁消毒。

（4）景区内洗手、喷淋等设施应保持正常运行。

4.2.7.2 厕所管理

（1）景区内所有已完工的旅游厕所均应编号并在电子地图进行上线标注。

（2）应至少有 1 座符合 GB/T 18973—2016 规定的 3A 级旅游厕所，且其余游客集中区域的厕所至少应达到 GB/T 18973—2016 规定的 A 级旅游厕所。

（3）旅游厕所指引标识应清晰准确，厕所宜隐蔽但易于寻找。

（4）厕所内应干净整洁、无异味，洁具洁净、无污垢、无堵塞，提供厕纸。

（5）厕所应配备专人对厕所进行定期保洁且做好记录。

（6）应设立无障碍厕所、家庭厕所、儿童厕位，配备婴儿操作台等。

（7）游客高峰期应设流动厕所，且厕位数量能满足高峰期需求。

4.2.7.3 垃圾管理

（1）应建立垃圾管理制度，制度可行，管理到位。

（2）应及时清扫、清运垃圾，运输过程采用遮盖或封闭式清运，不沿途撒落。

（3）垃圾箱应数量适宜、布局合理、标志明显、造型美观，与周边环境相协调。

（4）垃圾箱应按当地垃圾分类管理办法设置并标示清晰。

（5）存放垃圾的设施设备和场地应清洁无异味，有防蚊、蝇、虫、鼠等措施，且废弃物收集容器无溢满现象。

4.2.7.4 吸烟管理

（1）景区应严格划分吸烟区与非吸烟区，且吸烟区设施齐全，非吸烟区"禁止吸烟"标识明显。

（2）对非吸烟区吸烟行为，应管理措施明确，管理行为到位。

4.2.8 安全管理

安全问题是景区管理中最重要的内容，其内容包括景区游客量管理、安全管理、医务服务三项。

4.2.8.1 景区游客量管理

（1）应根据《景区最大承载量核定工作导则》（LB/T 034—2014）科学合理设置承载量。

（2）应在景区入口、游客中心等醒目位置以及线上平台对景区承载量进行公布。

（3）当游客达到最大承载量时，景区应当提前公告，及时向当地主管部门报告并采取疏导、分流等措施。

（4）游客高峰期应采取分时段、间隔性办法安排游客入园。

（5）景区出入口、重要参观点等易出现人员聚集的位置应配备管理人员，加强游客秩序管理。

4.2.8.2 安全管理

（1）景区应设立安全管理部门，建立安全保卫制度，配备与景区规模相适应的安保人员，并在景区线上平台公示安保制度、人员及安全保障措施等相关信息。建立完善安全风险分级管控和隐患排查治理双重预防机制，全面开展安全风险辨识，确定安全风险类别，划分安全风险等级，建立安全风险数据库，实施安全风险公告警示制度。

（2）应按照有关行业标准和本标准的规定对景区内各经营场所、交通工具、设施设备等实施安全管理，并做定期安全检查和记录，对可能存在的安全隐患制定整改措施并整改到位。检查记录和整改措施应在线上平台进行公示。

（3）应在危险地段或不宜进入的地段、场所设置警示标志和防护设施，警示标志明显，防护设施齐备、有效，且有专人负责管理。无人值守的危险地段、开放夜游的景区，其警示标志应有夜间照明设施。

（4）室内场所应设有安全疏散通道，并保持其畅通无阻。

（5）应设置治安室（岗），有专职治安人员昼夜值班，有相应的应急预案、工作制度和治安巡逻联防措施，与辖区公安机关之间的报警系统快捷有效。

（6）应实施安全生产清单制管理工作，建立《旅游景区安全生产主体责任清单》、不同岗位的《安全生产岗位责任清单》《日常安全检查巡查清单》。

（7）每年开展应急演练和全员安全培训教育各不少于4次。

（8）景区举行大型活动前要依法向相关主管部门报备。景区内的玻璃栈道、吊桥和游乐设施等项目，要依法取得相关主管部门批文。

（9）应通过景区线上、线下平台发布景区安全管理措施和疫情防控知识，帮助游客掌握防护要点、增强防护意识、配合防控工作。

4.2.8.3 医务服务

（1）应设立医疗室（站），有相应资质的医护人员，且配备必要的急救药品、医疗器械设施，医疗服务制度完善。

（2）在景区营业期间，景区医疗室（站）要保持持有执业资格的医护人员在岗。

（3）应针对疫情防控准备必要的药物、防护物资和防疫检查应急设备。

4.2.9 综合管理

综合管理是景区管理的中枢，其管理包括景区管理机构与制度、员工管理与培训、投诉处理四项。

4.2.9.1 机构与制度

（1）应设有景区管理机构，管理机构有固定办公场所且对外挂牌公示。

（2）管理人员应配备齐全，并在线上平台公示管理人员职责范围。管理人员职责掌握率应达到90%（含）以上。

（3）应建立健全市场营销、质量、接待、导游、卫生、环保、安全、统计等规章制度且在线上平台进行公示。

（4）各项规章制度应贯彻得力，有一年以上完整执行记录。

（5）应在线上或线下定期公布景区内不诚信企业黑名单。

（6）景区旅游市场营销信息和公共服务信息内容应真实准确，无虚假宣传。

4.2.9.2 员工管理与培训

（1）应按照当地要求做好员工健康管理，掌握员工出行轨迹等情况。

（2）应严格落实"戴口罩、勤洗手、保距离"要求，做好个人防护。

（3）应定期对员工开展传染病预防知识、突发事件应急处置等事项的培训，做好培训记录，确保员工上岗前具备必需的防控和处置知识与能力。

（4）应定期开展质量、接待、营销、导游、卫生、环保、统计等业务培训，且有培训记录和员工培训档案。

4.2.9.3 投诉处理

（1）应设立投诉受理机构并配备专门人员，制定有完善的受理和处理制度，并在旅游景区售票处、网站/网页、宣传资料、门票上公布监督投诉电话，设置游客意见箱、意见簿和投诉站。

（2）运行机制良好，能及时、妥善处理投诉。对于现场投诉，应在1小时内给予游客反馈；对于事后投诉，应在收到投诉材料后5个工作日内给予游客反馈。

（3）投诉处理满意率应达到95%（含）以上，且未发生重大质量投诉事件。

（4）应对投诉意见建立专门的档案资料，保持两年以上的备查期。

（5）宜定期做好游客投诉意见分类统计和分析研究工作，对于游客投诉较为集中的服务环节或当事人，应有相应的整改措施和奖惩处理，并在线上平台进行公示。

4.2.10 智慧信息化管理

智慧信息化管理是将信息技术应用于景区管理，进行跨界融合，推进旅游生产方式、管理模式、营销模式和消费模式的转变，全面提升景区服务质量效益和核心竞争力，更好满足游客个性化服务需求。涉及景区管理、景区服务、景区营销、景区资源保护、景区安全、创新应用六方面。

4.2.10.1 景区管理

（1）应对游步道、指路牌、护栏、厕所、路灯、消防、环卫、营运工具等设备设施进行监测，具备巡检、报修、派工、反馈、归档业务流程化管理功能。

（2）应对景区预约量、入园流量、实时流量、在园客流以及出入口、重点区域等地的客流量进行实时监测。

（3）应建设景区电子门禁系统，具备全网预约、分时预约、身份证、二维码等电子门票应用，突发情况或高峰时段支持 PDA、移动检票等功能。

（4）应在通往景区的主要干道沿线设置不少于1块的远端分流指示牌，发布游客流量、车流拥挤程度、停车场空余位置等信息。

（5）应对景区内观光车、索道、游船等内部交通工具进行智能化管控和调度，具备交通综合信息查询、流量预警、运行监测、动态调度、可视化管理等功能。

（6）应对景区内外交通、游览、住宿、购物、娱乐、餐饮等数据进行实时监测。

4.2.10.2 景区服务

（1）应有专门的服务热线电话，配备有专职接线员且不少于2人，接线员普通话、沟通业务能力良好，且至少有1人能提供英文服务。

（2）应有游客呼叫服务平台，平台具备多通道、多并发、全程跟踪回溯业务等功能，具有互联网端、移动端、线下 SOS 端等多渠道的客户服务接入功能。

（3）应提供景区定位、导航导览服务，景区的位置、停车场、内部道路、旅游景点、旅游活动地点以及餐饮点、住宿点、治安点、厕所、医疗救援等旅游服务设施应在导航地图上有标注。

（4）应至少在2个网络平台上提供景区票务、住宿、餐饮、交通、娱乐、特产、活动等产品的预订或购买。

（5）应提供沉浸式历史文化、人文地理、自然景观等内容体验，通过 VR/AR/MR 等手段，满足游客强参与、重体验、多互动、可共享需求。

（6）应有游客评价监测系统，对景区景观、交通、服务、安全等方面的游客评价进行监测。

（7）应面向老年人开发语音引导、大号字、便捷化的旅游应用服务模块。

4.2.10.3 景区营销

（1）应开展线上营销活动。

（2）应开展线下营销活动。

（3）应有景区直播平台或在国内主流直播平台上设有官方账号，为游客提供虚拟旅行、远程赏景、网络看展等服务。

（4）应有基于大数据应用的营销数据分析。

4.2.10.4 景区资源保护

（1）应对景区内植物、动物资源进行监测。

（2）应对景区内文物实施监测。

（3）应对景区气象、水质环境、水文、土壤环境、空气环境等进行监测。

4.2.10.5 景区安全

（1）应科学设置游客行为安全边界，实时监测游客的不安全、不文明行为等。

（2）应设置周界电子围栏，采用智能安检、红外测温、越界监控、激光信息传感等设备，实现景区安防监控。

（3）应有景区防火监测预警系统，满足景区防火资源管理、火灾监测预警、火灾应急指挥等需求。

（4）应有地质灾害监测预警系统，对景区地质灾害隐患点全覆盖监测。

4.2.10.6 创新应用

（1）宜在主要景点、主要游线、游客聚集地设有稳定、流畅的 5G 信号。

（2）宜设置 VR/AR、4D/5D、沉浸式体验、全息互动投影、球（环）幕产品等虚拟现实、增强现实、场景再现、景物识别等活动项目，支持在线虚拟旅游。

（3）宜设置有无人商店、智能酒店、智能餐厅、智能路灯、智能垃圾桶、智能机器人等新型服务设施。

●本章考核

1. 旅游景区是什么？

2. 旅游景区有哪些分类？

3. 旅游度假区有什么特点?

4. 景区服务管理有哪些要素?

5. 如何理解旅游交通?

6. 举例说明景区安全管理的重要性。

7. 请谈谈景区智慧信息化管理能应用在哪些方面。

第5章　旅游地产与接待住宿业

课程思政：从生态文明建设的视角，让学生理解国家高质量发展战略在旅游地产与多元化住宿业的发展现状及其特色。

实习目的：理解旅游地产概念、类别、构成要素及其与一般商业地产的异同；了解峨眉山旅游地产与接待住宿业的类别、分布情况、特色优势及代表性项目的运营现状。

实习方法：实地调研。

实习地点：旅游地产涉及黄湾乡黄湾小镇、峨山镇峨秀湖片区；酒店住宿业涉及峨眉山麓的星级酒店、精品民宿、温泉酒店，半山区和中高山区的星级酒店和农家乐。

知识要点：旅游地产与接待住宿业的分类、构成要素与发展现状。

5.1　旅游地产的基本内涵

提及旅游房地产，首先要从房地产的相关谈起。中国的旅游房地产起源于20世纪90年代的中国房地产，后期在发展中则呈现出自己的特色和丰富的类别。

5.1.1 概念

5.1.1.1 房地产

房地产包括房产和地产及其附着各种权益。其中房产指建筑在土地上的各种房屋，包括住宅、工厂、仓库和商业、服务、文化、教育、卫生、体育及办公用房等；地产是指土地及其上下一定的空间，包括地下的各种基础设施、地面道路等（龚苏宁，2018）；所谓权益，主要是指房地产的所有权、使用权、典当抵押权、租赁权等，即是房地产法律意义上的财产权。不同房地产在存在着它所处位置和与其他房地产或事物在空间方位和距离上的关系，即是区位（位置、地段、口岸、朝向、楼层等）。因此，房地产是区位、实物、权益的综合。

房地产具有位置固定性、资源有限性、使用长期性、保值增值性以及投资额较高等特征（龚苏宁，2018）。

5.1.1.2 旅游房地产

对于旅游房地产，目前没有统一的定义，国内和国际的提法也不相同。

旅游房地产，指以"游客"作为最终消费者，为游客提供观光、餐饮、体验、居住度假，以及购物、康体娱乐、商务办公等休闲功能的建筑物及关联空间（余源鹏，2009）。

旅游房地产：以旅游区域的景观、生态、文脉及人脉资源开发为契机，以休闲度假村、旅游景区、主题休闲公园、旅游（休闲）运动村、产权酒店、分时度假酒店、高尔夫度假村、景区住宅（风格别墅）、民俗度假村等方式开发的旅游置业项目（邹益民，2004）。

旅游房地产：以旅游为目的，以旅游资源（包括自然景区和人造景区）为卖点，以房地产开发为营销方式，房地产开发全部或部分实现有功能的房地产（胡浩，汪宇明，2004）

国外无专门的旅游房地产这一概念，而是称之为分时度假地产（Time-share）以及由度假地产延伸出的产权式酒店（Holiday ownership，或 Vacation ownership）

5.1.2 构成要素与特征

5.1.2.1 旅游房地产由三个基本要素构成

三个要素分别是资源要素、地产要素和功能要素。资源要素即满足旅游和休闲养生的资源，即能吸引游客消费的对象。地产要素，即是满足居家的房地产业及其附属设施。功能要素，即是家居生活服务的延伸服务项目，包括公共服务和基础设施。

5.1.2.2 旅游房地产的特征

相较于一般房地产而言，旅游房地产具有资源环境优美、专业物业管理水平、有符合度假休闲和养生的功能、消费水平较高、消费可存储性和期权性等特征。

5.1.3 旅游地产分类

（1）按照使用目的分类，有旅游景点地产、旅游商务地产、旅游度假居留地产和旅游住宅地产。

旅游景点地产：主要是在旅游目的地为游客的旅游活动提供观光、休闲娱乐等非住宿型建筑物及其关联空间。它主要是增加景区的游览内容，提高游客的游览兴趣，进而间接提升其他旅游房地产的价值。这类旅游景点地产包括主题乐园、游乐园等，如迪斯尼乐园、欢乐谷、方特。

旅游商务地产：主要是在旅游目的地及其毗邻区域提供旅游服务的商业配套设施，包括参观、商店、娱乐城等。他们主要为游客提供购物、参观、娱乐、休闲等活动，涉及商业广场、步行街、开放式风景休闲街区、古城古镇街区、民宿民风街区等。

旅游度假居留地产：主要为游客或度假者提供直接用于旅游休闲度假期间的居住及短暂停留的各种度假型建筑物及其关联空间，一般也称为"第二居所""退休房"。包括各种度假村、度假山庄、度假公寓、度假别墅，以及产权酒店、滑雪场、高尔夫俱乐部等。作为第二居所和退休房，这类地产能够满足游客度假和养老的心理需求，一般强调气候宜人、居住舒适性、生活方便性，有一定的享受性，如度假村。

旅游住宅地产：主要是与旅游目的地尤其是旅游景区密切关联的各种住宅建筑物及其关联空间。他们往往是第一居所，多建筑在旅游资源突出的大中型城市市内或市郊，依靠旅游资源，强调住宅的环境品质，有较高的生活质量，如海景公寓或别墅。

（2）按照旅游房地产的权属分类，有产权酒店、分时度假酒店、分权度假酒店、主题社区或景区住宅。

产权酒店（property hotel）：是以酒店的房间为单位，开发商将每间客房分割成独立产权（拥有产权证）分别出售给投资者，投资者一般都将客房委托酒店管理公司统一出租经营，以获取年度客房经营利润，同时投资者享有酒店管理公司赠送的一定时限的免费入住权。

"产权式酒店"起源于欧洲20世纪70年代，风行于世界一些著名旅游城市和地区（如美国的夏威夷、加利福尼亚、佛罗里达，澳大利亚黄金海岸等地）。此种模式经过数十年发展，已逐渐成为一种被社会接受的房产和旅游投资品种。

分时度假酒店（timesharing hotel）：它把酒店或度假村的客房或公寓的使用权分为若干时段（一般按周算，一年为52份），以会员制的方式锁定并以优惠的价格按份一次性销售给客户，客户可以在预定的时间内（20~40年）获得到酒店或度假村住宿一定的时间，同时还享有转让、馈赠及继承等权利。

分权度假酒店（property-sharing hotel）：是在分时度假模式之上的一种新型度假模式，开发商将每套度假房屋分为多份产权对外销售，每份产权的持有人每年拥有一定天数的居住时间。购买者按需购买产权份额，购买和度假居住成本可以降低。他们可以通过相关第三方平台进行度假房屋的预定、交换、出租等相关服务。

主题社区或景区住宅：是一种主要依托旅游景区、休闲度假区等旅游资源开发具有住宿、休闲娱乐等多种功能项目，一般位于城市或城郊，实际上是旅游休闲设施与住宅相结合。主题社区不出卖产权及使用权，而景区住宅实际是商品住宅，投资者可购买产权。

（3）按消费者分类，分别有度假型消费者、投资型消费者和养老型消费者购买的旅游房地产。

度假型消费者是最基础的旅游地产项目需求者，他们所购买旅游地产主要为了满足度假需要。投资型消费者一般关注投资回报和投资稳健性，往往不把度假地产作为长期持有的对象。养老型消费者通常为介于退休年龄前后者，在有限的经济条件下，他们寻求改善性住宅，在购买旅游房地产时非常理性，对项目的适住性和针对老年特征的配套设施要求更高。

5.1.4 旅游房地产与一般商业房地产的比较

二者相同点是，同属基础性重点新兴产业，都具有房地产属性，有很强的产业带动性，是地方和国家财政收入的重要来源，受政策和市场行情波动影响较大。

二者的区别是，旅游房地产在景观设计、主题定位与开发，休闲项目规划

与开发等方面有更高的要求，具有良好的自然环境和气候条件往往是发展旅游房地产的先决条件。

5.1.5 旅游房地产开发

旅游房地产开发是依托旅游资源或运动休闲资源，开展具有旅游、度假、休闲、居住等功能的房地产的开发建设，开发过程中涉及土地开发、服务建设、消费投资服务和运营等经营内容。旅游房地产开发一般要经历以下 5 个基本程序（见图 5-1）：

图 5-1　旅游房地产开发基本程序

与一般房地产开发相比较，旅游房地产开发除了要整合政策法规、国土规划、项目规划与设计、项目管理、工程管理、财务管理、市场营销以及物业管理等资源，还需要整合旅游规划、旅游服务、旅游景区经营管理、旅游项目运营等相关资源和服务。

5.2　中国旅游房地产的起源与发展变革

5.2.1 起源

5.2.1.1 西方国家旅游地产的起源

19 世纪以前，欧洲的贵族消费，地中海地区的法国南部、意大利那不勒斯曾经出现过少量的供王室和贵族度假的海滨别墅。20 世纪 60 年代的欧洲，度假风气兴盛，法国地中海沿岸开发了大量海滨别墅，欧美政要、贵族、富商蜂拥而至，成为欧洲乃至世界的休闲度假中心。由于房产价格高昂，多数家庭无力单独购买度假别墅，而部分有能力购买别墅的用户，每年的使用时间非常有限，空置率很高，所以出现了亲朋好友联合购买一幢度假别墅，然后在各自不同时间分别使用的现象，最早的分时度假（timeshare）概念由此产生。据此，聪明的开发商发明了以分时销售客房使用权的模式来招揽客户，取得了很好的效果，分时度假市场由此形成。分时度假自 20 世纪 60 年代问世以来，在世界范围内得到迅速发展，成为风靡世界的休闲旅游度假方式。

20 世纪 70 年代中期，美国经济衰退，泡沫经济造成了大量房地产积压。为处理积压与空置，充分盘活闲置房产，美国从欧洲引入分时度假概念，取得了巨大成功。1977 年美国 95% 以上的度假物业是由其他房地产开发项目改造过来的。90 年代后，美国的万豪、希尔顿等娱乐饭店业开始投资旅游地产市场。目前美国是世界上分时度假产业最发达的国家。

5.2.1.2 中国旅游房地产的起源

中国旅游房地产业起源于中国房地产业。中华人民共和国成立以后，中国房地产业经历了 1978 年以前的国家主导的计划模式（计划建造—计划分配）阶段，1978—1998 年的商品化开发试点阶段，1998 年至今的金融化开发试点阶段。其中 1998 年国务院发布的《关于进一步深化城镇住房制度改革加快住房建设的通知》（国发〔1998 年〕23 号）（以下简称《通知》）是我国住房改革的分水岭，该《通知》明确停止分房实物分配，开始住房货币化改革，从而中国房地产业得到真正意义的发展，中国人均住房面积快速增加，中国人的房屋宜居性发生根本性改变。

在 20 世纪 90 年代前后，以海南岛为代表的沿海开放地区一度因盲目开发出现住宅房地产空置率高、烂尾楼多等情况。随着快速经济发展，这些烂尾楼房地产市场出现转向，他们经过转向调整后成为旅游度假物业，很快就获得市场的高度认可，开发旅游房地产现象随之在国内各省区发展开来。

5.2.2 发展变革

进入 21 新世纪，适宜旅游房地产发展的客观环境正在逐渐呈现，国家有序推进带薪休假制度，基础设施建设不断提升，旅游消费环境得到明显改善，老龄化人口不断增加，退休人员的退休金也得到稳步提升。同时乡村旅游、康养旅游近年来等也得到了快速发展。以广西巴马为代表的环境优美、气候宜人、生活节奏舒缓的乡村地区成为老年人退休康养目的地建设中"宜居""康养""退休房"的代名词。海南、云南作为我国的旅游大省，气候条件、旅游资源俱佳，拥有发展旅游地产的先天优势。全国前 20 强的开发商如万科、万达、保利、恒大、绿地、碧桂园、龙湖、中海、雅居乐等，大多数已进驻海南、云南。

旅游地产的开发建设除了依托宜人的气候和良好的旅游资源、优美的环境

以外，温泉、水域（海景、湖景、江河景）、山地、高尔夫、文化古镇等往往成为旅游地产的引爆点和核心驱动力。

5.3 峨眉山旅游房地产的发展与现状

5.3.1 发展资源条件

峨眉山的旅游房地产围绕着峨眉山而发展起来。这里具备发展旅游房地产的区位、交通、资源和产业集群等条件。

基础条件：交通方面，峨眉通过成（都）绵（阳）乐（山）城际客运专线和成都—乐山—峨眉山高速，分别与全国高铁网和高速网相连，其中峨眉高铁站毗邻峨秀湖景区和峨眉山山门。餐饮娱乐方面，峨眉特色餐饮和小吃品种丰富，生活方便。自然资源方面，区域内部山地生态环境一流，河流、森林、佛教文化资源组合度高。特色康养资源方面，峨眉山在黄湾乡峨眉山市龙门村5组有氡温泉出口，目前已经服务于灵秀温泉酒店、红珠山宾馆、峨眉山大酒店等多个温泉主题酒店（馆舍）。

旅游资源条件：峨眉山市是国家全域旅游示范区、天府旅游名县、中国县域旅游竞争力百强县。截至2019年年末，峨眉山市共有国家A级旅游景区5家，其中5A级1家（峨眉山景区），4A级3家（大佛禅院佛教文化旅游区、旅博天地景区、农夫山泉峨眉山工业旅游区），3A级1家（竹叶青生态茗园）。现有峨眉山旅游度假区1家省级度假区（峨秀湖旅游度假区）。通过2020年四川省文旅厅组织的全省资源普查，发现峨眉山共有文化资源5416个，旅游资源2108项。

气候条件：从山脚到山顶，峨眉山区内气候分亚热带（海拔1200米以下，年平均温度为17.2℃）、温带（海拔1200~2200米，年平均温度为13.1℃）、亚寒带（海拔2200~3047米，年平均温度为7.6℃）和寒带（海拔3047米以上，年平均温度为3.0℃）。峨眉山降水丰沛，年平均降水量为1922毫米；峨眉山湿度较大，年平均相对湿度85%，夏季湿度达90%左右。年平均降雪天数为83天，年平均有雾日为322.1天。因此见到峨眉日出和峨眉全山景观比较不易。

海拔情况：峨眉山的旅游房地产分布区域海拔在500~1500米。分别分布了黄湾乡黄湾武术小镇、峨山镇（峨秀湖）和峨眉半山七里坪旅游房地产片区。

5.3.2 旅游房地产分区代表性项目

5.3.2.1 峨秀湖片区

比较成型的峨眉山旅游房地产项目有：峨眉青庐、峨眉时光、峨眉院子、峨眉璞园、碧桂园·峨眉华府、恒大·峨眉国际度假小镇、峨眉山·桃李春风、峨眉观顶、SMART 度假汤屋等。

代表性认识项目：峨眉时光、峨眉院子、峨眉观顶（图 5-2）。

① 峨秀湖公园
② 天池文缘文化旅游度假公园
③ 峨眉院子
④ 四川干部疗养院
⑤ 己庄酒店
⑥ 艾美酒店
⑦ 天颐温泉度假酒店
⑧ 御泉湾温泉度假酒店
⑨ 峨眉·璞园
⑩ 峨眉·青庐
⑪ 峨眉·慢行绿道

图 5-2 峨秀湖片区代表性旅游地产项目分布（8 实为峨眉时光项目）

峨眉时光：项目位于峨眉温泉大道 333 号（天下名山牌坊对面）。峨眉时光项目总占地 624 亩，规划总建筑面积约 53 万平方米，总投资约 35 亿元，涵盖星级酒店、温泉酒店、高端洋房、度假公寓、主题乐园、美食街、主题文化街、健康管理中心、商务会议等家居、商务、旅游休闲、旅游度假等功能，集吃、喝、玩、乐、游、娱、购、养为一体的、多业态配套的家庭式文化旅游度假项目。项目包括普通住宅，住宅底商，商住公寓三种类型地产。

项目计划分 4 期建设完成，一期建筑面积约 4 万平方米已全部建成并交付使用，其中家庭度假公寓"乐达公寓"已营业，"八坊街民俗餐饮风情街于 2016 年 5 月试营业；二期温泉度假小镇于 2016 年 7 月开始销售，2017 年开始运营。三期的艺术风情小镇、体验式主题乐园，四期为健康养生主题板块在建设过程中。

峨眉院子：峨眉院子项目位于蓝光峨秀湖国际度假区，为峨眉山蓝光文化旅游置业有限公司投资约 2.5 亿元打造，距峨眉山天下名山牌坊约 1.5 千米。项目占地 114 亩，容积率 0.45，建筑面积约 36000 平方米。该项目的建筑风格是新川西仿古院落式商业街区，项目的业态以酒楼、风情客栈、休闲酒吧、茶馆、特色风味小吃、工艺品、土特产等为特色。项目由清溪巷、山月巷、流云巷、望佛塔、秀湖巷五巷合围而成，拥有玉泉广场、望佛楼、平安门等标志性建筑。

该项目已于 2015 年前后完工并交付使用，目前经营市场比较成型的有隐舍精品酒店、好多熊猫酒店、莫奈艺术酒店等。

峨眉观顶：峨眉观顶位于峨眉山市峨山镇秀湖东路 268 号，占地面积 75 亩，紧邻峨秀湖公园，距离高铁站 1 千米，峨眉山景区大门"天下名山"2 千米，峨眉市中心 3 千米。北侧是蓝光已庄酒店，西侧是体育公园，东侧是市政公园。项目总建筑面积 50302 平方米，容积率 1.0，总户数 986 套，由两栋 6 层的精装公寓和 105 套低层组成。室外，每种户型均设置了景观阳台。

项目全部采用精装交付，精装标准为硬装部分，包括地面、墙面、天棚、开放式厨房、卫生间、地暖及中央空调。

认识要素与内容：旅游地产的构成要素，旅游地产的旅游休闲与度假功能，旅游地产的类别归属，旅游地产的核心吸引要素，旅游地产的消费对象，旅游地产的开发进度，综合配套设施，功能设施等。

5.3.2.2 黄湾（武术）小镇片区

项目简介：项目全称峨眉山黄湾武术文化小镇，位于峨眉山风景区黄湾旅游服务区内的峨眉河南岸，属峨眉黄湾新农村建设项目。小镇总占地 1100 亩，建筑面积约 21 万平方米，总投资约 12 亿元。项目为多个回迁区的组团建筑群，回迁住宅建筑以 3 层为主，紧邻峨眉景区山门牌坊。

小镇定位为以峨眉武术文化为主题的国际旅游文化小镇，主要功能包括旅游、商业、居民安置、学校、幼儿园、行政管理、生活服务等，规划建设绿道、健身道、山地体育运动公园等休闲项目，在新农村建设中置入文化旅游产业，拓展峨眉山景区旅游业态，探索产村相融的休闲度假小镇发展道路。

综合配套构成如下。①小镇建筑群构成：黄湾小镇住户主要为黄湾乡异地搬迁农户，共安置 3500 多村民，建设安置房 3205 套，商铺个数 1034 个。小镇由 9 坊组成，分别是点易坊，青城坊，铁佛坊，武林山庄，黄陵坊，会门坊，洪门坊，岳门坊，八门坊，全部为"川西仿古"建筑风格，采用穿斗式结构，斜坡顶、薄挑檐，开敞同透，轻盈精巧，朴实飘逸。②武术主题：峨眉武术发祥于峨眉山，门派有八十多个，拳种、拳路成百上千，为中华武术三大流派之一。峨眉武术通过与峨眉山的佛、道、儒文化相互融合，促进了自身的发展，它讲究刚柔相济，内外兼修，动作似快而慢，似柔而刚，刚柔相济。为展现峨眉武术文化，小镇加入峨眉武术文化元素，每天 10：30—11：30 和 15：00—16：00 小镇为游客提供峨眉山武术表演。旅游业态：黄湾小镇通过"旅游＋民宿"发展模式，建成特色民宿 297 家，成为宜商、宜居、宜游的黄湾民宿集群。内有餐饮、品牌连锁酒店、一般客栈及精品民宿等旅游接待设施。

认识要素与内容：黄湾武术小镇旅游地产项目的构成要素，旅游地产的旅游休闲与度假功能，旅游地产的类别归属，旅游地产的核心吸引要素，旅游地产的消费对象，旅游地产的开发进度，综合配套设施，功能设施等。

5.4 超大型旅游地产项目集群

5.4.1 恒大·峨眉国际旅游度假区

项目简介：恒大·峨眉山国际旅游度假区项目位于名山南路与峨洪路交会处，总占地面积 6500 亩，总建筑面积 170 万平方米，项目集文化、休闲、娱乐、旅游、商业、居住等功能于一体，满足食、住、行、游、购、娱等方面的需求。项目绿化率为 40%，共有 2548 户，容积率 1.1。项目交通区位条件好，距离峨秀湖约 1 千米，距离报国寺约 800 米，大佛禅院 4 千米，离峨眉山高铁站 500 米。项目分 4 期建设，其中一期揽山苑正在销售，含建筑面积 41~64 平方米的小户型和建筑面积 81~126 平方米的中等户型，并规划建设 120000 平方米新中式园林，约 1100 平方米的实景人工湖。

项目配套：项目拥有丰富的配套资源，集颐养、旅居、观光、游乐、商务、休闲、美食于一体。①峨眉印商业街，总建筑面积约 7.5 万平方米，其中商业区建筑面积约 3.9 万平方米，涵盖特色民宿、非遗体验、餐饮等，现已部分投入使用。②佛光花海，占地约 520 亩，目前已连续 4 年举办佛光花海音乐节，现成为峨眉山的一张旅游名片。③其他规划建设项目，主要有茶文化街（占地约 4200 平方米）、儿童主题乐园（占地约 7800 平方米）、植物园（占地约 518000 平方米）、运动中心（占地约 5000 平方米）、中日韩三国温泉城（占约 25000 平方米）、全球度假酒店、会议饮食中心、铂金会所，以及中国大熊猫保护研究中心第四基地等。

认识要素与内容，①品牌：恒大，世界 500 强企业；②综合配套：项目内部千亩佛光花海、峨眉印特色商街、梦幻植物园（规划中）、中日韩三国温泉（规划中）、儿童游乐王国（规划中）、茶文化街区（规划中）等，项目外部有大佛禅院、峨眉山剧场、峨眉七三九医院、峨眉山市人民医院、峨眉三小、峨眉二中、西南交通大学等；③内部园林景观："一轴四园九段"景观大境；④装修：9A 智能品牌装修体系，6000 余条精工标准，含新风除霾、地暖恒温、智能安防等智慧生活系统；⑤物业：恒大金碧物业独创 1530 物业服务模式，提供智慧社区服务、"生活＋事物"双管家全天 24 小时专业化陪伴式服务。

5.4.2 峨眉半山七里坪片区

位置：景区位于眉山市洪雅县境内的峨眉山中山段，距眉山中心城市约 2 小时车程。峨眉山景区俗称峨眉前山，七里坪属于峨眉后山，与峨眉前山零公里相距 3.5 千米相连。

特色：项目地处 1200~1500 米海拔，依托峨眉山、瓦屋山景区良好的生态环境，植被覆盖率 90% 以上，自然资源丰富、生态环境优美、气候条件宜人、具备优良的避夏暑、赏冬雪的休闲度假开发条件。

综合配套：项目规模打造以"医、养、游、居、文、农、林"七位一体的综合康养旅游度假项目。①建设品牌与称号：已取得中国首个国际抗衰老健康产业试验区、全国森林康养建设示范基地、四川省首批省级旅游度假区、有机农产品消费安全监管示范区等称号。②旅游休闲与康养资源：国际抗衰老研究院、抗衰老中心、梦幻养生温泉、半山青春学院、梦想俱乐部、易筋经生命养生馆、华西康养中心等。③文旅产业方面资源：温泉酒店、亲子主题酒店、旅游街区、森林禅道、汽车营地、景观大道、国际交流中心。④已开发旅游商住地产项目：房地产项目已开发七里坪·缘山、七里坪·悦山、七里坪·云境、七里坪·云逸、七里坪·云廊等组团。

因开发较早，该项目已经处于成熟期。

认识要素与内容：峨眉半山七里坪旅游地产的构成要素，旅游地产的旅游休闲与度假功能，旅游地产的类别归属，旅游地产的核心吸引要素，旅游地产的消费对象，旅游地产的开发进度，综合配套设施，功能设施等。

5.5　接待住宿业

5.5.1 接待住宿业的内涵

5.5.1.1 定义

接待住宿业，是指向消费者提供住宿及相关综合性服务的产业，包括但不限于星级宾馆、酒店、旅馆、客栈、旅店、招待所、度假村及家庭旅馆、青年旅馆、帐篷营地、民宿企业产业。我国的现代接待住宿业是在改革开放以后，随着旅游业对外开放、引入星级酒店逐渐发展起来的，酒店是接待住宿业最常见的企业。

酒店 (Hotel) 一词源于法语，原指贵族在乡间招待贵宾的别墅。之后，英、美等国沿用这一名称，泛指所有商业性住宿设施。用中文表示住宿设施的名称有很多，如"酒店""宾馆""旅馆""大厦""中心""度假村""俱乐部""旅社"等。酒店的基本功能是向客人提供食宿，满足其旅居生活的需要。作为企业，它是一个具有营利性质的场所。同时，它集多种功能于一体，又是一座浓缩的"小城市"，一个功能丰富的"小社会"。

5.5.1.2 社会经济价值

接待住宿业是具有扩大劳动就业，促进相关行业发展的关联带动作用的服务行业。促进经济文化与社会交往，提供社会化生活服务的重要后勤服务产业；它也是旅游业的支持产业和服务行业中质量先进的代表性行业；对于吸收

外汇、创造社会财富、增加国民收入具有重要价值。

5.5.1.3 构成要素

接待住宿业一般提供住宿和餐饮，根据其规模大小和档次不同，提供与之相配套的购物、娱乐、会议、商务等服务项目。

5.5.1.4 住宿业的功能

①住宿功能。酒店为客人提供多种客房和其他相关设施，以清洁、舒适的环境和热情、周到的服务，让客人在旅途中得到很好的休息和享受很大的便利，获得"宾至如归"的感受。

②餐饮功能。酒店一般设有多种档次、菜品不一的餐厅，以精美的菜肴、良好的环境、可靠的卫生条件和规范的服务，向旅游者提供包餐、自助餐、点菜、风味餐、小吃、宴会及酒席、饮料等多种形式的餐饮服务。

③会议功能。酒店可为各种从事商业、贸易展览、科学讲座的客人提供会议、住宿、膳食和其他相关的设施与服务。

④商务功能。商务型酒店为商务旅游者从事商务活动提供各种方便快捷的服务。酒店设置商务中心、商务楼层、商务会议室与商务洽谈室，提供传真，直拨电话、互联网、视频会议等现代通讯设施。

⑤度假功能。度假型酒店一般位于风景区或风景区附近，非常注重提供家庭式环境，客房能适应家庭度假、个人度假，几代人度假等各种度假的需要，娱乐设施也很齐全。

⑥购物功能。酒店的商场多以出售当地特产、特色礼品、工艺品、精品服饰为主，部分商场为满足住店旅客的需要也出售生活日用品。在某些情况下，还有一些商场沿街开设门面，面向社会客人。低档酒店通常也设有超市，以满足住店旅客的日常需求。

⑦娱乐和健康服务功能。酒店可为喜欢健身和休闲娱乐的客人提供健身房、棋牌室等休息娱乐场所、设施和服务。

5.5.1.5 接待住宿业分类

酒店分等定级制度目前在世界上已较为广泛，尤其在欧洲国家得到普遍采用。根据我国《旅游酒店星级划分与评定》（GB/T 14308—2010）标准，酒店分为一星级、二星级、三星级、四星级、五星级酒店。星级越高，表示酒店档次越高。其中，一、二星级为经济型，三星级为中档，四星级为高档酒店，五星级为豪华型酒店。后来增设五星级的附加等级——白金五星级，以及出现在阿联酋迪拜的七星级酒店——阿拉伯塔酒店（Burj Al-Arab，也称帆船酒店）。

按接待对象分，有度假型、本地客源型、商务型、会议型、长住型、公寓型、汽车型、观光型酒店等。

按地理位置分，有机场宾馆、码头宾馆、（汽车、火车、高铁）车站宾馆等。

按经营类型分，有连锁酒店、国际品牌酒店、快捷酒店。

按营业时间分，有全年营业及季节性营业酒店。

按规模大小分，有大型（>600间客房）、中型（300~600间客房）、小型（<300间客房）三类。

根据酒店的所有制形式，酒店可分为国有酒店、集体所有制酒店、合资酒店、外商独资酒店、酒店联合体、私营酒店等。

此外，还有为满足背包客（Backpacker）短期住宿，尤其鼓励年轻人从事户外活动以及文化交流而出现的价格低廉、设施简单的住宿，称为青年旅馆（青年旅社，YHA）。

5.5.2 星级饭店

5.5.2.1 世界饭店等级的表示方法

不同的国家和地区采用的分级制度各不相同，用以表示级别的标志与名称也不一样。目前，常见的划分方法有以下几种。

①星级制。饭店根据一定的标准分成不同的等级，不同的等级分别用不同的星号表示。比较常见的是五星级制，即一颗星代表一星级饭店、两颗星代表二星级饭店，星号越多，说明饭店的级别越高，最高级别为五星级。这种星级制被世界各国广泛应用，尤其是欧洲各国，我国也采用这种方法划分饭店等级。

②字母表示法。许多国家用英文字母表示饭店的等级，即A、B、C、D、E共5级，A为最高等级，E为最低等级，如日本就采用这种方法划分饭店等级。

③数字表示法。采用数字表示法进行分类时，最高级别的饭店用"豪华"来表示，继豪华之后依次是1、2、3、4，数字越大，等级越低，如罗马尼亚

就采用这种方法划分饭店等级。

④钻石表示法。采用钻石符号代替星号，用一颗钻石至五颗钻石表示不同的级别。五颗钻石级的饭店等级最高，如美国就采用这种方法划分饭店等级。

⑤皇冠表示法。用皇冠代替星号，皇冠越多，饭店等级越高，如英国就采用这种方法划分饭店等级。

5.5.2.2 我国饭店等级的表示方法

我国饭店以星级进行表示。它是依据是国家标准《旅游饭店星级的划分与评定》（GB/T 14308—2010）（以下简称"星级标准"）进行评定而获得。该标准经历了多次修订，对一星级到五星级（含白金五星级）饭店的评定，有着严格的申报制度、评定标准、评定流程、星级核准，是酒店业档次衡量的唯一标准。

我国的星级饭店评定从 1988 年开始，在星级标准的规范和引导下，我国旅游酒店业已发展成为市场化程度高、业态丰富多元、设施设备齐全、运营服务规范、社会认知度较高的现代服务业的典型代表，酒店的星级成为服务质量和档次的象征。

5.5.2.3 我国饭店星级的划分依据

根据《旅游饭店星级的划分与评定》的要求，饭店星级内容主要有 9 个方面：①范围；②规范性引用文件；③术语和定义；④符号；⑤总则；⑥星级的划分条件；⑦星级的评定规则；⑧服务质量要求；⑨管理制度要求。我国饭店的星级用星的数量和颜色表示旅游饭店的等级。星级分为五个等级，即一星级、二星级、三星级、四星级、五星级（含白金五星级）。星级最低为一星级，最高为白金五星级。星级越高，表示旅游酒店的档次越高。预备星级作为星级的补充，其等级与星级相同。

5.5.3 民宿

民宿属于住宿业的一种。起步虽然晚，但是近年来发展很快，在各地出现了各类民宿，在旅游产业的舞台上表现出了旺盛的生命力，成为旅游消费和旅游投资的热门。

5.5.3.1 民宿定义

一般认为民宿这个词源自日本的"民宿"（Minshuku），它指利用当地民居等相关闲置资源，主人参与接待的，为游客提供体验当地自然、文化与生产生活方式的小型住宿设施。我国台湾地区对民宿（Pension）的定义是指利用自有住宅中空闲的房间，融合当地人文环境、自然风景、生态环境及农林渔牧资源所涉及的生产活动，以家庭副业方式经营，提供旅客乡野生活的住宿处所(台湾《民宿管理办法》，2002)。目前我国缺少对民宿的统一界定，各地依据本地情况制定了民宿管理办法。比如广东对民宿的定义是"城镇和乡村居民利用自己拥有所有权或者使用权的住宅或者其他条件开办的，民宿主人参与接待，为旅游者提供体验当地自然景观、特色文化与生产生活方式的小型住宿设施。"《成都市旅游民宿管理办法（征求意见稿）》中将旅游民宿界定为"利用当地民居等相关闲置资源，经营用客房不超过 4 层、建筑面积不超过 800 ㎡，主人参与接待，为游客提供体验当地自然、文化与生产生活方式的小型住宿设施"。

5.5.3.2 对民宿的理解

从旅游角度看，民宿促进旅游产品创新，是目前符合市场需求的旅游产品。从经济角度看，民宿为推动农村经济结构转变助力。从文化角度看，民宿是携带现代城市文明基因向农村地区延伸的桥梁。从社会角度看，民宿是促进农村社会价值观念和生活方式转变的示范者，为游客提供全新的旅游体验。从产业角度看，民宿是结合文化创意产业，是以知识经济为基础、以自然生态环境为依托的创意生活产业，推动旅游产业转型升级。

5.5.3.3 民宿的基本特征

①非标准化。民宿与其他类型的酒店区别十分明显，酒店重视规范化、标准化和高效率，追求舒适感和豪华感，而民宿重视在地性和特色化，具备家庭的氛围，但尚未有十分成熟的行业标准和管理规范对其进行严格约束。

②人文情怀。主人文化是民宿的灵魂，民宿的主题是主人爱好和信仰的放大与物化，民宿区别于酒店，能够盈利靠的是"认同经济"，大大提升了旅游体验和观光价值。

③平民色彩。从本质上讲，民宿来源于民居，既富有生活气息，又带有当地乡土特色。住民宿可以领略当地百姓的生活、品味当地地道的美食、体验当地纯正的民俗。但伴随着资本巨鳄进入民宿市场，高端化和商业化也使得民宿

的平民色彩渐次变淡。

④关注体验。消费群体在选择民宿时，会更多关注价格、居住体验和房屋性能，价格适中、性能良好、数量众多正是民宿在发展中的优势。

5.5.3.4 民宿分类

对民宿的分类可以从风格、地理位置、功能、档次等进行划分（表5-1）

表5-1　民宿分类

大类	细类
发展风格	古风民宿、传统民宿、现代民宿
地理位置	乡村民宿、城市民宿
服务功能	单一服务型民宿、综合服务型民宿
开发规模	居家散落型民宿、单独打造型民宿、小簇集群型民宿、连片新建型民宿
档次定位	一般民宿、精品民宿、主题民宿
产权归属	私有民宿、集体所有民宿、国有民宿、社会民宿

①按发展风格分。古风民宿主要指保留了古风建筑物和古风家具的民宿；传统民宿多以百姓的民居为依托改造而成；现代民宿一般依照当地的建筑风格辟地新建，或移植域外名宅、名村，或由设计师进行创新设计，形成反差效应，增强吸引力。

②按地理位置分。乡村民宿分布在广大农村，具有比较浓厚的乡土味，配套景观和特色活动往往比较丰富。也可以把建在城市或城郊的按照乡村风格建设的民宿称为乡村民宿。同理，城市民宿坐落在城区。它可以是城中的古民居，也可以是城市居民利用自家空余房以家庭副业的形式对外接待客人的民房。

③按服务功能分。单一服务型是指只提供住宿服务，此类民宿一般紧靠大型景区、旅游综合功能区和城市，因为所依托的区域旅游功能比较齐全，住宿以外的服务能够方便地得到解决。综合服务型是指除住宿外，还能满足其他的服务需要，如餐饮等。有的民宿自身就是旅游吸引物，除解决吃住外，本身还有观光休闲养生等功能。

④按开发规模分。居家散落型民宿是指主人在满足自身居家条件的前提

下，把多余的房间整理出来做接待客人用。单独打造型民宿往往位于交通要道旁，由几栋民宅组成，以提供特色餐饮为主，兼作住宿。小簇集群型民宿是依托古村古镇、民族地区把一个村庄、一条街道或者其中的一部分进行整体规划，连片打造成的民宿，有规模、有特色，且管理比较完善。连片新建型民宿是完全在一块新的土地上规划建设成片的民宿，往往由政府开发，百姓经营。

⑤按档次定位分。一般民宿即以居家民宿为主，其特点是原封不动地保留建筑物的原始状态，对民宿的外观、内饰不做或少做改变，如实地展示建筑风貌、特色，展示原始的生活状态。精品民宿主要体现在"精"上，它在保留原建筑物外观特色的基础上，往往对内部装饰做较大的调整，包括"设计精"，按照现代人的生活需求进行设计；"用材精"，在选材用料上讲求高档；特色精，体现当地风俗，或突出强调文化底蕴。这种民宿的美感度、舒适度、享受度甚至胜过高星级饭店。主题民宿拥有清晰的主题，这样的民宿往往本身就是旅游吸引物。这样的民宿在文化上具有吸引力，在此地可以领略体验异地、异国的风情风貌。

⑥按产权分。私有民宿指产权属个体私人所有，产权人自主管理、自主经营、自负盈亏。集体所有民宿的产权可以是为宗族、家族集体所有（如南方地区的客家围屋），也可以是农村地区集体所有制下的民居，这种民宿的产权仍归集体所有。国有民宿主要是各级政府的国有企业收购的民居或成片新建民宿。社会民宿主要是指由社会资本，如私营企业、企业集团等投资建设和经营的民宿。

5.6 峨眉山接待住宿业的发展与现状

5.6.1 发展现状

截至 2018 年，峨眉山市共有宾馆旅馆 1000 余家，床位数 36000 余张。有星级酒店 15 家，其中五星级酒店 3 家，即红珠山酒店、峨眉山世纪阳光大酒店、峨眉恒邦艾美度假酒店；四星级酒店 3 家，即峨眉山大酒店、峨眉山温泉饭店、华生酒店；三星级酒店 6 家，二星级酒店 4 家。另有己庄、恒迈、御泉湾等一批特色酒店，318 酒店、如家酒店、7 天酒店等商务经济型酒店，以及拈花溪、竹林精舍等一批精品民宿，并引进了喜达屋、温德姆等一批国际知名酒店管理集团和国际品牌酒店连锁经营模式（刘诗妍，2018）。

5.6.2 峨眉山接待住宿业类别

峨眉山接待住宿机构类别非常丰富，常规的星级接待住宿机构，民宿、农家乐、快捷酒店、青年旅舍、寺庙住宿等非星级住宿机构，和以温泉为特色的温泉住宿机构，在峨眉山都普遍存在。

5.6.2.1 星级住宿机构

星级住宿机构指的是根据《旅游饭店星级的划分与评定》（GB/T 14308—2010）星级评定标准，获得相应星级称号的住宿接待机构。峨眉山代表性的星级住宿机构丰富（表5-2）。

表5-2　峨眉山代表性星级住宿机构

星级	代表机构
五星级	红珠山宾馆、峨眉世纪大酒店、峨眉恒邦艾美度假酒店
四星级	峨眉山大酒店、峨眉山饭店、峨眉华生酒店
三星级	金顶宾馆、金顶山庄、金顶大酒店、凤凰湖宾馆等
二星级及以下	峨眉山雅阁酒店、峨眉山柴谷远山酒店等

5.6.2.2 非星级接待住宿设施

非星级接待设施指的是未经根据《旅游饭店星级的划分与评定》（GB/T 14308—2010）星级评定但有一定接待能力和特色的宾馆、酒店等住宿接待设施，包括但不限于家庭旅馆、度假村、托管公寓、单栋度假单元、汽车旅馆、自助宾馆、青年旅馆、帐篷营地、拖车营地等类型。峨眉山有以下类别的非星级接待住宿设施（表5-3）。

表5-3　峨眉山代表性非星级接待住宿

快捷酒店	峨眉山智选假日酒店、城市便捷酒店、汉庭酒店、如家酒店
民宿	峨眉山欢喜无厌·拈花溪、仙味庄主题酒店、峨眉山拜愚庭云涧温泉艺术酒店、峨眉山见微·峨眉民宿、峨眉山般若·莲客栈、观岭森林温泉酒、方聚设计师民宿、梵星山舍、峨眉山云孚里·云宿云水居、浮生宿迹·民宿、峨眉山蓝光己庄、悟啦啦主题亲子酒店、峨眉山莫奈艺术酒店

农家乐	伏虎寺：观景阁酒店 清音湖：镜湖山庄、一品饭店、湖畔人家、通龙酒店、榄翠居客栈 万年寺：根艺农家乐 零公里：峨眉山杜鹃花大酒店 雷洞坪：奇香居、留香阁、雷洞坪山庄 金顶：金龙旅饭店
青年旅馆	峨眉山 Me+ 青年旅舍、峨眉山米谷国际青年旅舍、鸽子花儿国际青年旅舍、峨眉山 ai+ 青年旅舍、峨眉山 3077 客栈（青年旅舍）、峨眉山太空舱青年旅舍等

5.6.2.3 峨眉山氡温泉接待住宿设施

除以上两类，根据接入源头在黄湾的"氡温泉"的独特温泉资源，峨眉山有以下接待住宿设施，他们在冬日是游客温泉度假的好去处（表 5-4）。

表 5-4　峨眉山氡温泉接待住宿

温泉酒店	红珠山宾馆、峨眉山温泉饭店、峨眉山拜愚庭云涧温泉艺术酒店、灵秀氡温泉度假村、观岭森林温泉酒、峨眉山御泉湾温泉酒店、瑜伽温泉酒店、七里坪温泉酒店

5.7　认识对象

5.7.1 星级酒店

峨眉山星级酒店有红珠山宾馆、峨眉灵秀温泉大酒店、艾美度假酒店。

5.7.1.1 红珠山宾馆

红珠山宾馆历史悠久，创建于 1935 年，是蒋介石在峨眉举办军官训练团时的官邸（四号楼）。1949 年后，曾先后接待过朱德、邓小平、万里、杨尚昆、李鹏、朱镕基、李瑞环、李长春、江泽民、班禅额尔德尼·确吉杰布等党和国家领导人。宾馆环境优美，拥有 44 万平方米原始森林，10 万平方米天然湖泊，5000 米健身小道，空气负氧离子监测值为城市平均数的 3000 倍。

宾馆现有接待宾馆 8 栋楼（图 5-5）行政标间、行政单间、豪华标间、豪华单间、行政套房、豪华套房、总统套房共 268 间；有 6 个不同规格的会议厅、配备了同声传译系统、多媒体投影系统等先进的会议设备并提供全程跟踪的会议专业化服务，以及兼具室内外高品质氡温泉的红珠温泉会馆。

图5-5 红珠山各楼宇鸟瞰图

宾馆曾获评"中国十大最受欢迎度假酒店"以及"中国十佳会议会展酒店"。是中国名酒店组织会员,曾被金庸先生称赞为"每一扇窗户都是一幅风景画!"。

认识对象:4号楼——蒋介石官邸、7号楼禅意山居、红珠湖、5号楼。

酒店的功能与构成要素:前厅、客房、餐饮、娱乐、购物、会议、康养等。

5.7.1.2 峨眉山灵秀温泉酒店

峨眉山温泉饭店(灵秀温泉)坐落在世界自然与文化遗产——峨眉山山麓,灵秀湖畔,环境优美。西南地区的露天氡温泉——灵秀温泉,同时正式通过四川省旅游局星级评定委员会四星级饭店的评定。饭店占地200亩,绿化面积达75%以上;建筑面积近5万平方米。是集旅游、休闲、商务、会议、养生、疗养于一体的功能配套的饭店。先后荣获"AAA级客户满意单位""四川十佳度假酒店"等荣誉称号。

5.7.1.3 峨眉恒邦艾美度假酒店

酒店位于名山南路555号,背靠天山名山牌坊,面临艾美湖(峨秀湖分支)。酒店按照国际五星酒店和艾美酒店品牌风格打造,拥有338间客房,每间房间均配备55英寸纯平电视、无线高速网络以及独立浴缸与淋浴间。提供温泉、水疗、会议、度假、康养等服务。酒店有 18 间主题亲子客房，拥有恒温游泳池、养生泡池、健身房、儿童乐园等。

5.7.2 民宿

5.7.2.1 欢喜无厌·拈花溪精品民宿

拈花溪精品民宿为"欢喜无厌"品牌旗下旗舰酒店，紧邻天下名山牌坊。它是目前整个峨眉山麓度假区内唯一小型精品酒店，共有 48 间客房，其中 7 套按"一泊两食"设计的溪岸度假墅屋，24 间客房引入峨眉温泉，17 间带独立泡池。

拈花溪精品民宿由来自中国台湾、日本和中国成都及峨眉本地的设计师因尊崇"和清、静寂、文雅、舒逸"构思和"少即是多"的理念联袂设计打造。

认识内容：作为精品民宿，拈花溪所提供的体现山水理想和禅宗领悟的客房，造型新意奇特的花艺盆栽，无处不在轻缓溪水声所营造的禅修意境，酒店室外的独立温泉泡汤与房间和温泉连为一体的私家庭院，别致的素食定食和非素食定食套餐等。

5.7.2.2 黄湾·方聚设计师民宿

黄湾·方聚设计师民宿是方聚旗下的峨眉山店。方聚是四川方聚酒店管理有限公司旗下品牌，该品牌以居家旅行、商务度假的中高端客群为主要服务对象，旗下包括景区民宿及城市高端服务公寓，以设计师产品为核心。

认识对象：整体上精心融合峨眉文化中的禅、茶、武、艺、宿、食几大元素的方聚民宿内，有非遗展示与体验厅、多功能会议厅、中庭水景、静山书房，及各类客房（风格套房、网红亲子房、院景房、河景房、山景房等）。

5.7.2.3 农家乐

峨眉山农家乐众多，多为黄湾乡农民利用自己的宅基地建设起来、为游客提供吃住为主的住宿接待设施，它们集中分布在峨眉山麓的报国寺—伏虎寺—黄湾片区，中山区清音阁—万年寺片区，和中高山区洗象池—雷洞坪片区。在前后山的传统登山途中有少量农家乐分布。峨眉山农家乐一般提供包价三餐服务，带空调（中高山为地热）的双床房和大床房，冷热水，满足了中低档游客（尤其是学生市场和老年市场）的需求。

认识场地：清音湖镜湖山庄、雷洞坪奇香居、雷家大院等。

认识内容：房型、包价服务项目（三餐和住宿）、棋牌娱乐、有峨眉山地方特色的农家餐饮等，以及优美的自然环境，独特的气象景观等。

5.7.2.4 寺庙住宿

寺庙住宿有几种，一种为客堂，它一般在天王殿的右侧，供过往旅客入住；接待客人时用的叫寮房；供在家修行人士住的叫居士林，和供在家居士住的高级较高的称为上客堂。峨眉山的寺庙一般都提供课堂供过往游客住宿，房型有双人间、单人间、三人间、四人间和通铺（8 人间及以上）。这些寺庙住宿以大佛禅院、报国寺、伏虎寺、万年寺、洪椿坪、初殿、华严顶、洗象池、仙峰寺、卧云庵、华藏寺等为代表。

认识场地：洗象池寺庙住宿设施、洪椿坪寺庙住宿设施。

认识内容：主要为寺庙朴素的住宿设施，素食餐饮，作为宗教场所所体现出的浓郁宗教氛围，以及优美的自然环境，独特的气象景观和一路相伴的峨眉灵猴。

●本章考核

本章考核内容以小组作业的方式进行，最终体现在实习成果考核的小组作业中。

1. 什么是旅游房地产？旅游房地产与一般商业地产的异同是什么？

2. 分别选择一个峨眉山旅游地产项目，勾画出它的主要构成要素及完成进度。

3. 选择该项目与几个区内项目进行的市场竞争格局（区位与交通条件、规模、开发商实力、价格、产品、营销渠道等）比较，讨论它的优劣势。

4. 分析峨眉山旅游地产项目与区外旅游地产项目的比较优势。

5. 旅游接待住宿业如何定义？

6. 旅游接待住宿业的类别有什么？

7. 分别从星级酒店、民宿、温泉酒店、农家乐角度，总结峨眉山一个接待住宿机构的主要服务要素、接待能力及其消费对象。

8. 选择一个峨眉山的接待住宿机构，分析它的市场格局及其营销渠道。

第6章 节庆活动与文艺演出

课程思政： 让学生理解国务院办公厅发布的《关于进一步激发文化和旅游消费潜力的意见》(国办发〔2019〕41号)的具体落实和意义。

实习目的： 了解会展场馆与展会项目；了解文艺演出与设施。

实习方法： 实地调研。

实习地点： 会展中心、峨眉山大剧院、幻城剧场。

知识要点： 峨眉山展会项目与节庆活动；旅游演艺的概念及特征。

6.1 会展场馆

6.1.1 会展场馆的概念

会展业是一个新兴的服务行业，影响面广，关联度高。目前在我国，会展业与旅游业、房地产一起，被并称为三大新经济产业，会展经济逐步发展成为新的增长点，发展潜力巨大。近年来，除北京、上海等一线城市，二、三线城市的会展业也日渐繁荣。在新经济时期，会展经济越来越受到各地政府的重视。

会展场馆是指从事会议、展览以及节事活动的主体建筑和附属建筑，以及相配套的设施设备和服务，它由硬件和软件两部分组成。

场馆中的"场"，是场地，一般指室外区域；"馆"，即馆所，一般指室内区域。因此，会展场馆可以分成室内的会展和展览中心，以及露天的会议和展览场地。

6.1.2 会展场馆的类型

会展场馆根据不同的标准，有多种类型。

按照用途，可以划分为以下几种类型。

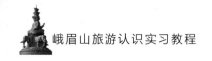

（1）博物馆。

这是指对有关历史、自然、文化、艺术、科学、技术的实物、资料、标本等进行收集、保管、研究，并陈列其中一部分供人们参观、学习的专用建筑。比如，杭州除了有西湖等旅游名胜以外，还有位于龙井的中国茶叶博物馆、与同仁堂齐名的胡庆余堂中药博物馆、展示丝绸发展史的中国丝绸博物馆、南宋官窑博物馆等。

（2）展览馆。

展览馆有两种含义，一种是指展览专用建筑物，还有一种是指从事展览馆业务的、具有法人资格的事业或企业单位。

（3）美术馆。

这是指以陈列展出美术工艺品为主，主要收集有关工艺、美术藏品，进行版面陈列和工艺美术陈列等的建筑物，有的也设立美术创作室。比如，2002年3月27日，"朱屺瞻艺术展"在杭州西湖美术馆开幕。

（4）纪念馆。

这是为纪念具有历史意义的事迹或人物而建造的建筑物。如江西省吉安县文天祥纪念馆兴建于1984年，1992年对外开放，1996年被命名为"全国中小学爱国主义教育基地"。这座建筑面积2200平方米，具有民族建筑风格的纪念馆，是京九线上的一处重要旅游景点。而在上海的鲁迅纪念馆，曾展出一幅长26米、高2米的大型国画《轩辕旧事图》，该画作者李连仲为中国美术家协会会员、沈阳鲁迅美术学院中国画系主任、教授，辽宁省中国画研究会副会长。

（5）陈列馆。

这是指一般为单纯的陈列展出，或设于建筑的一角，或成为独立的建筑，其中多陈列实物以供人们参观学习。如陆抑非诞辰95周年画展暨《陆抑非纪念文集》于2003年3月31日在常熟博物馆陆仰非艺术陈列室举行。

（6）会议中心。

这是主要的会议举办场所，是举办世博会等的主会场。主会场场地占地面积的多少，是根据世博会主题要求、期望接待参展国家的数量及对宗旨目标理念的思考来决定的。提供广阔的会议中心空间，能满足世博会的需要，它不仅要足以容纳众多的参展商和与会者，而且要给参展商和与会者在心中留下深刻的印象。这个良好的印象应该是平和、健康、宽敞和安全。基于这些考虑，会议中心的场地和设施应符合实用性，与公共装置、绿化、步行道、停车场等构成一个有机的整体。在会议中心的室内，要使温度、湿度、采光、音响、交通等符合以人为本的需要。只有室内外都有良好环境效果的会议中心，才是我们努力营造并不断追求的会议中心。

（7）展览中心。

这是指有固定场馆来展示陈列和举办一些定期、不定期的临时性展览会、博览会的场所。其基本内容是：主办者为了一定的目的，提出一定的主题，按照主题要求选择相应的展品，在展厅里或其他场所，运用恰当的艺术手法，在一定的材料和设备上展示出来，以进行宣传、教育或交流、交易。具有认识、教育、审美、娱乐等作用，又有传递信息、沟通产销、指导消费、促进生产等多方面功能。

如上海中苏友好大厦（今上海展览中心），1954 年 5 月开工，1955 年 3 月竣工。该工程由中央大厅、工业馆和东西两翼的文化、农业馆及电影院 5 个项目组成，建筑面积 5.8 万平方米。大厅顶部镏金塔标高 110.4 米。

（8）体育场。

这是指开展群体性体育活动而设置的体育活动教学、训练和竞赛的公共体育场所。有单项的，也有综合性的，体育场设有专职或兼职的技术指导和管理人员，负责日常工作。

（9）体育馆。

这是室内体育运动场所的统称。大规模的体育馆包括篮球、排球、乒乓球、羽毛球等的比赛馆和练习馆。

（10）文化广场。

这是指面积广阔的文化场地和场所。

（11）文化馆。

这是国家设立在县（自治县）、旗（自治旗）、市辖区的文化事业机构，隶属于当地政府，是开展社会主义宣传教育、组织辅导群众艺术（娱乐）等活动的综合性文化部门和活动场所。

文化馆的展览用房占总使用面积的 10%，由展室、展廊等展览空间及贮藏

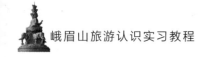

间组成。

（12）城市规划展示馆。

这是供人们进行传授、学习或增进知识等活动的公共建筑。它要求幽静的环境、必要的设备、适宜的空间和充足的光线等。如上海城市规划展示馆，建筑面积 2 万平方米，主体结构高 43 米，地上 5 层、地下 2 层。

（13）剧院。

指用于戏剧或其他表演艺术的演出场所。

（14）剧场。

供演出戏剧、歌剧、曲艺等用的场所。

按照规模划分可以分为大型会展场馆、中型会展场馆、小型会展场馆和临时会展场馆。

大型会展场馆是指会展场馆规模庞大，一般举办大型的国际性会议和综合性的展览活动，如广州国际会展中心、上海国际展览中心等。中型会展场馆是指会展场馆规模比较大，一般举办区域性的国际会议、大中型的行业会议和行业性的展览活动，如西安国际会展中心、昆明国际会展中心等。小型会展场馆指会展场馆规模较小，一般举办地区性的会议和地区性、专业性的贸易展览活动，如广州锦江展览中心、广州百越展览中心等。临时会展场馆是指不是专门用于会展的临时性会展场所，一般不会经常性举办会展活动，如广东国际大酒店等各种大型物业的展览馆。

按照内容划分可分为综合型、展览型、博览型、会议型会展场馆。

综合型会展场馆是指可同时和分别举办会议和展览活动的场所，如上海国际会展中心、大连星海会展中心等。展览型会展场馆一般只举办各类产品和信息的展览活动，一般不举办交流会议，如广东现代国际展览中心（东莞）、上海国际展览中心等。博览型会展场馆是指举办各种画展、花卉展、艺术品展、文物展等博览性活动的场所，如上海新国际博览中心、广州花卉博览园等。会议型会展场馆是指主要举办国际会议、行业会议等大型会议的场所，如北京国际会议中心、博鳌亚洲论坛会议中心等。

按性质划分可分为项目型、单纯型和综合型会展场馆。

项目型会展场馆是指不是专门用于会展，只是偶尔举办会展的场所，如白天鹅宾馆展示厅、广东国际大酒店展览馆等。单纯型会展场馆是指专门用于某种产品展览、某个行业展示和某种会议举行的活动场所，如广州花卉博览园、中国农业展览馆等。综合型会展场馆是指可以举办各种商贸展览和交流会议的活动场所，如上海光大会展中心、武汉国际会展中心等。

按功能划分近代会展场馆大致可以分为三种类型：大型展览中心、大型会议中心和会展中心。

大型展览中心和大型会议中心的功能较为单一，主要就是各类的展览和会议，如上海新国际博览中心、香港会议中心。会展中心又可分为会展建筑综合体和会展城。大型展览建筑体是当今较为流行的一种会展场馆类型，包含了展览、会议、办公、餐饮、休憩等多种功能。如加拿大大厦、墨尔本国际会展中心、上海世贸商城、大连星海会展中心。会展城指超大规模的会展中心，如英国国家展览中心、德国汉诺威会展中心等。我国尚未具备建设此种规模会展场馆的条件。

6.1.3 会展场馆的作用

会展业的发展，能够改善城市的产业结构，提升城市的形象，是构成城市竞争力的重要组成部分。会展场馆在会展业的发展中担任着举足轻重的角色。会展场馆可以决定举办哪些展览以及什么时间办展，其运营模式甚至可以决定城市会展行业的整体发展。归纳起来，会展场馆对城市会展业发展所起的作用主要体现在以下几个方面。

（1）能够大力推进会展产业的发展。

该城市所处的区域产业基础、市场规模等因素能推动当地会展产业的发展，但一个先进适用的展馆条件无疑更是举办展览的硬件基础，会展场馆经营的准确定位是推进会展业发展必不可少的前提。

如大连星海会展中心的建成投入使用，带来了大连会展业的"一鸣惊人"；深圳会展也曾因"深圳国际展览中心"的建成而客商云集，但是后来因展览面积过小，致使"国际家具展"等品牌展览离开深圳异地举办；自1999年以来，随着高交会展览馆的建成和高交会的成功举办，给深圳会展业带来了发展的契机，并逐步形成了又一个发展高峰期。

（2）能够积极培育城市的展览品牌。

会展场馆不仅仅是为会议和展览提供场地和相关服务，其经营策略还关系到城市展览品牌的培育。按照国际惯例，展馆存在着六个月内不承接相同题材展览的行业惯例。接哪些展不接哪些展，对展览品牌的成长甚至生存至关重要。如德国的汉诺威、慕尼黑、杜塞尔多夫在上海投资建设展馆和办展，不仅加剧了上海展览场地方面的竞争，而且在一定意义上影响了上海整个城市展览业的发展方向。

（3）能够提高会展业的市场化程度。

会展场馆的市场化运作有助于会展业的市场化经营。会展业市场化经营的主体主要包括展览公司、展台搭建公司、展品运输公司、酒店、餐饮、礼仪服务公司等。如果会展场馆采用垄断性经营及提供垄断性展览服务，那么行业内的展览公司、装修公司、运输公司等经营主体就无法获得公平竞争的市场环境及发展空间。

（4）能够适度调控会展业的市场运作。

政府对会展业的宏观管理主要是体现在展览项目审批方面。目前，改革的发展趋势是审批制向备案制转变，并最终取消展览的审批手续。在城市会展业的发展过程中，特别是对发展尚未成熟的中国大中城市来讲，政府对产业的宏观指导及调控作用是不可缺少的。通过展览经营，能够给需要予以扶持培育的展览品牌以发展的空间，能够在一定程度上对会展市场的健康发展起到宏观调控作用。

（5）能够大力培养会展业人才。

作为会展市场主体之一的会展场馆，需要大量高素质的专业人才队伍，以保证场馆管理、展览服务专业化工作的圆满完成。如香港会展中心有正式员工817人，大部分是从世界各地招聘和自己培养的高素质专业化人才。因此，会展场馆的经营和运作，可以为城市会展行业吸引大批高素质、高水平的专业人才并培养大量本土的专业化人才。

（6）能够强化城市的服务职能。

会展业具有极大的产业带动效应，除直接产生经济效应外，还对社会和经济发展有着巨大的影响和催化作用。会展业作为一个城市服务业的重要组成部分，对强化城市的服务职能有积极推动作用，其中，会展场馆的带动作用不能低估。强化和提高会展场馆的服务水平、服务质量，可以推动会展业的发展，同时，可以对完善城市服务功能起到积极的作用。

6.2 峨眉山会展场馆与活动

峨眉山市近年来积极打造会展中心，承办旅博会、茶博会、音乐节、武术节等赛会活动，成功取得第九届、第十届世界传统武术锦标赛举办权，成为全球首个"四连办"城市，峨眉山市旅博会场馆成为四川国际旅游交易博览会永久性会址，城市曝光率和影响力不断提高。

6.2.1 四川国际旅游交易博览中心

四川国际旅游交易博览中心位于四川省峨眉山市市区东面，紧邻乐峨旅游快速通道，距离成渝环线、成乐高速公路和成雅高速公路出口6千米，距乐山大佛景区22千米、距峨眉山景区7千米，距成昆铁路、成昆铁路复线、峨眉站500米，距成绵乐高铁、成贵高铁峨眉山站6千米，距在建的"万里长江第一港"成都港45千米，距成都双流国际机场车程仅1小时，境内地理位置优越、交通便捷。

四川国际旅游交易博览中心是四川三大博览会之一的四川国际旅游交易博览会永久性会址，乐山市首个国际化大型会展中心，是集展览、会议、商务、文化演艺、赛事活动等多功能于一体的国际化、智慧型博览中心。占地面积38000平方米（约57亩），建筑面积50000平方米。主体建筑为传统的汉唐风格，亮丽的中国红门楼与古朴的棕色外墙相互映衬，整个立面庄重大气、气魄雄伟，体现出喜庆、欢乐、吉祥的氛围（图6-1）。

图6-1　四川国际旅游交易博览中心

博览中心可展览面积 28000 平方米，展厅净高最低 9 米，共设 5 个展厅（其中标准展厅 2 个，面积各 10000 平方米，多功能展厅 3 个，面积各 2000 平方米）、1 个国际会议厅（面积 2000 平方米，最多可容纳 1200 人）、7 个会议室、2 个贵宾室、6 个洽谈室，配有 5 语种同声传译系统、DLP 高清大屏、视频会议系统、会议表决系统、会议录音录像系统等先进的会议设备，同时提供专业、完善的展览和会议配套服务。自 2015 年 8 月建成以来，已圆满承接了第二届四川国际旅游交易博览会、首届中国茶乡峨眉山国际茶文化博览交易会、第十六届养生养老产业论坛暨展会、第三届四川国际旅游交易博览会等大型展会，是国内极少数在世界自然与文化双遗产所在地的会展中心之一，是唯一位于中国四大佛教圣地所在地的会展中心。

6.2.2 四川国际旅游交易博览会

主办单位：国家文化和旅游部、四川省人民政府

承办单位：乐山市人民政府、四川省文化和旅游厅、四川省人民政府外事办公室、四川省商务厅

支持单位：联合国世界旅游组织、亚太旅游协会、中国—东盟中心、中国旅游协会等作为支持单位

四川国际旅游交易博览会是目前中国西部地区最具规模和行业影响力的文化旅游产业交易博览会，是国际文化旅游行业展示旅游形象，推动旅游合作的重要平台。自 2014 年首届举办以来，至今已成功举办七届。2020 年第七届四川国际旅游交易博览会采取"线上＋线下"的立体办展方式，共有来自超过 50 个国家、31 个省（市、自治区）、新疆生产建设兵团、台湾地区和省内 21 个地市州的约 1400 家展商参展。线下共设置八大展区，总布展积达 3 万平方米，特装率达 94.3%。现场交易金额 2 亿元以上，落地文化和旅游项目签约 500 亿元以上。针对国际展商，线上设置了国际旅游云展（PTM2020），来自 55 个国家和地区的 209 个卖家和 141 个买家精准匹配，进行线上 B2B 交易洽谈（图 6-2）。

图 6-2　四川国际旅游交易博览会现场

<<< **知识拓展**

相约旅博　共迎盛事，你想了解的全都在这里

2020 四川省文化和旅游发展大会将于 9 月 24 日在四川省乐山市峨眉山市召开，会议在峨眉山市四川国际旅游交易博览中心设立主会场，各市（州）、县（市、区）设立分会场，第六届中国（四川）国际旅游投资大会、第七届四川国际旅游交易博览会也将同期举行。

活动内容

一、2020 中国特色旅游商品大赛

面向全国征集参赛作品，按照旅游食品类、茶品类、个人装备类、工艺品类、纪念品类等 20 类对参赛作品进行评选，分别评选 5 金、10 银、10 铜，在旅博会开幕式上颁奖。在主场馆设置 2000 平方米展区，对参赛作品进行集中展示。

二、文化和旅游展览

（一）文旅融合

1. 国际文旅云展区（PATA）。面向世界著名旅游目的地国家和地区招展，配合"PATA 旅游交易会"，吸引优质参展商和买家参展参会，做实旅行签约与交易。

2. 中国文旅展区。面向全国各省、自治区、直辖市及优质资源公司招展布展，

展示特色文化、旅游资源和产品，现场展卖各地特色旅游产品商品和文创产品。

3. 全省文化和旅游发展重点项目展。

（二）文旅惠民

1. 四川文旅印象。面向省内各市州招展布展，展示优质四川文旅资源和产品，现场展卖各市州旅游资源和文创产品。

2. 绿色文旅康养。展示国内外康养产业最新产品和服务，包括医疗康养设备、远程医疗、人民健康工程、健康体检、保健食品、养老地产等，将成为展示全球康养产业新成果的大"秀场"。

3. 绿色文旅金融。将债权创新与股权创新结合起来，用最低的社会资金成本实现文旅项目的开发和资金筹集，为文旅产业提供金融和保险服务。

4. 5G文旅。展示虚拟现实前沿技术，积极推动VR/AR虚拟现实与文旅场景的应用。

5. 旅游OTA。吸引优质旅行商、宾馆酒店、景区景点、餐饮企业、航空公司等参展，对接产品需求、服务需求，激活入境旅游市场，进一步提升疫情后中国旅游对世界旅游的影响力。

6. 国潮文博。国潮国货、IP授权商品。

7. 非物质文化遗产。面向境内外非物质文化遗产保护单位、制作企业、非遗传承人招展，集中展示各具特色的非物质文化遗产历史、制作工艺流程、成品及运用等

（三）文旅创新

文旅创新场景化体验分会场，发挥文旅产业科技资源，重点展示VR/AR、机器人、游乐设备设施、房车露营产品等文旅应用装备，人工智能、大数据分析等旅游的应用。

（资料来源：峨眉山景区，川观新闻，https://cbgc.scol.com.cn/news/381148，2020-09-24.）

6.2.3 峨眉山国际茶文化博览交易会

主办单位：四川省乐山市人民政府、四川省农业农村厅、四川省外事办公室、四川省经济合作局。

承办单位：峨眉山旅游投资开发（集团）有限公司、峨眉山旅游股份有限公司。

协办单位：中国农业国际合作促进会茶产业委员会。

乐山坐落在岷江、青衣江、大渡河三江交汇处，境内气候温润，林木苍翠，云雾缭绕，是茶树生长最适宜区，荣获"中国绿茶之都"称号。峨眉山茶品质优异，茶文化源远流长，现已成为国家地理标志保护产品。目前，乐山茶园40%以上分布在小凉山区和乌蒙山区两大贫困区，全市涉茶人数近100万人，有200个茶叶专业村。

茶叶成为乐山市农村经济主导产业和优势特色产业，也成为该市脱贫攻坚的主导产业。全市将以"茶旅融合助推乡村振兴"主线，狠抓园区基地建设，重点培育茶龙头企业，举办"茶博会""中国·乐山峨眉山茶节"等高端会展活动，抢抓茶产业市场份额。同时积极开展国家级"出口茶质量安全示范区"创建申报工作，加快建成以峨眉山市为核心区的国家茶叶科技产业园，依托峨眉山、乐山大佛世界自然文化"双遗产"和夹江东风堰世界灌溉工程遗产资源，加快基地景区化建设，发展主题鲜明的家庭茶庄、休闲茶庄和旅游精品项目，扶持一批茶旅融合旅游项目，加快推进乐山市农旅融合发展，助推乡村振兴战略。

峨眉山国际茶文化博览交易会由四川省乐山市人民政府、四川省农业农村厅、四川省外事办公室、四川省经济合作局共同举办，会集权威专家、引领茶产业高质量发展的文化交流盛会。按照"国际化、专业化、品牌化、市场化"标准，通过"政府引导、企业主体"的市场化运作模式举办。以"文化引领、茶旅结合、电商助推、产业推动、共享共赢"为宗旨，突出国际化、专业化、市场化、智慧化特点，着力搭建茶叶、文化、旅游互动交融平台、茶产业展示推广平台、茶产品交易合作平台。集中展示展销茶叶、茶器具、茶食品、茶服饰、茶衍生品等茶产业链产品。布展方式将以生态、自然、禅意为核心元素，全面展示茶起源、茶种类、茶传承、茶文化，变单一的茶产品宣传展示为多元化的茶产业融合。2019年第四届中国茶乡峨眉山国际茶文化博览交易会吸引了300家国内企业及斯里兰卡、印度、肯尼亚、俄罗斯、韩国、法国、中国台湾等19个境外国家和地区的61家企业参展，30家国际采购商和150余

家国内专业采购商参与采购活动，17 个境内外茶叶协会、科研机构的专家及 5 个国家驻川渝领事馆官员参加。茶博会期间促成投资交易签约总金额达 146.99 亿元，其中投资签约 33.35 亿元，采购签约 18.64 亿元，场外交易签约 95 亿元，总金额比上届增加 20.58 亿元。

《《《 知识拓展 ────────────────────────

19 国 61 家展商亮相乐山　230 家采购商云集茶博会

第四届中国茶乡峨眉山国际茶文化博览交易会（以下简称"茶博会"）今天正式启幕。本届茶博会紧扣"茶汇乐山·缘结天下"主题，以"品牌引领茶产业高质量发展"为主线，彰显"峨眉山茶"区域品牌，开展茶之道、茶之品、茶之旅三大活动。

会议期间，主办方将举办开幕式、"茶叶出口贸易助推全域开放"为主题的论坛、无我茶会、茶道表演、茶企茶商产品展销、国际贸易洽谈、国际茶产业合作联盟成立、茶旅游线路推介等系列活动。

未来几年，乐山将着力抓好五项重点行动，即基地质量提升行动、龙头企业培育行动、双品牌打造行动、创新驱动提升行动、茶旅深度融合行动，力争到 2020 年，全市茶叶面积稳定在 130 万亩，其中现代茶产业标准化基地 100 万亩，产量 14 万吨，产值 75 亿元，70 万茶农年人均茶叶收入达到 5000 元以上，茶产业综合实力位居全省第一。

值得注意的是，本届茶博会被成为"最科技、最高大上的一届茶博会"，围绕科技、环保、安全、互动 4 个方面展开设计，"茶之道"主题馆的裸眼 3D 技术，可形象展示了茶叶从萌芽到生长的全过程，"茶之旅"的体感互动屏则充分体现了互动性，游客、市民只需要动动手指，就可以让自己融入乐山不同的旅游景点和茶园之中，并可拍照留念。

（资料来源：中国网，旅游中国，2019-04-19.）

6.2.4 峨眉山冰雪节

冬季，是四川景区的淡季，而在峨眉山，冬季依然也是高人气。1999 年，峨眉山举办首届冰雪节，开创了四川冬游先河。到 2020 年，峨眉山已成功举办 22 届冰雪节，已累计吸引超过 3000 万"冰粉"上山赏雪滑雪，从最初的冰雪观光，初级滑雪体验地，到冰雪温泉冰火两重天，一路进步被业界公认为"中国低纬度、高海拔的冰雪娱乐典范"。

"山上的冰雪，山下的温泉，加之'数游峨眉'智慧文旅体验中心和《只有峨眉山》两朵'云'的加持，峨眉山冬季旅游早已实现了冰与火、文化与旅游的大融合。"打造冬季旅游产品的目的，不再局限于拉动淡季旅游市场，而是站在景区全年旅游、全山联动、全产业互动的格局，进行创新、升级。空间上拓展旅游的宽度、在时间上延伸旅游的长度、在内容上充实旅游的厚度，不断提升冬季峨眉山吸引力和承载力。

⋘ 知识拓展

峨眉山冰雪节启幕　冬季最惠月"八大玩法"开启冰雪温泉盛宴

12 月 12 日，四川峨眉山，第 22 届峨眉山冰雪温泉节开幕，在冰雪世界里开启了一个冬季旅游嘉年华。开幕式上，景区发布了系列精彩玩法，全新冬游产品和优惠活动，而来自全国各地的"峨眉山第二届冰雪小猕萌"则为开幕式增添了童萌乐趣。

早在 10 月 16 日，峨眉山便迎来了 2020 年的第一场雪。相比往年，今年峨眉山气温低、雪期早、雪量大，十年难遇，雾凇、树挂等冰雪奇观悉数登场，冰雪美景早已在网络爆红。因此，本届冰雪温泉节较往届提前了半个月开幕，并将持续到明年 2 月。

山上，银装素裹、玉树琼花的南国冰雪世界美不胜收；朝圣普贤、寻踪财神、野趣灵猴等多条特色旅游线路任由游客选择；在"童萌世界"雷洞坪滑雪场，长达 300 米的全国最长高山密林冰道，以及滑板滑雪、滑雪圈、雪地悠波球、打卡冰雕等十余个冰雪体验，成为孩子们狂欢的白雪乐园。

山下，各式峨眉山特色美食等待你释放味蕾；峨眉山三大温泉全面升级，在全国最大的露天氡温泉基地，感受"冰雪温泉两重天"的舒适。山下的两朵"云"，成为年轻游客们青睐的"打卡点"。一朵"云"，是"数游峨眉"智

慧文旅体验中心，通过 5G+ 高科技手段身临其境地体验"飞跃金顶""聆听峨眉""日月同辉"等神奇，探秘峨眉山世界双遗产的前世今生；另一朵"云"，则是《只有峨眉山》戏剧幻城，通过演绎峨眉山的云海，找回乡愁，感受一场人生大戏的震撼。

春到峨眉山看百花盛放，夏到峨眉山来避暑纳凉，秋到峨眉山赏层林尽染，冬天来峨眉山除了玩雪还能干什么？开幕式上，冬游峨眉产品发布，为游客开启八大精彩玩法——"拜普贤玩冰雪，寻财神赏灵猴，泡温泉品美食，数游峨眉观大戏"，为冬季的峨眉增添了许多"潮"玩法。同时，本届冰雪温泉节推出新旅游线路、新旅游产品——"灵山秀水，浪漫爱情之旅""佛国仙山，寻踪普贤之旅""福地洞天，逐梦财神之旅""登峨眉山，行走自己的江湖"；三条高铁自驾特惠订制产品，朝圣祈福两日游、冰雪温泉三日游、问道养心三日游。

（资料来源：峨眉山旅游网）

6.2.5 峨眉山佛光花海国际音乐节

"峨眉山佛光花海国际音乐节"是乐山以本土特色为核心，持续举办的音乐盛会。乐山市委、市政府高度重视文化产业发展，特别是把文旅融合作为工作重点，通过音乐节带动休闲、旅游、度假、康养、演艺等产业发展，目的是将乐山打造成为高品质、影响力大的音乐旅游目的地，为文旅融合、产业发展和公共文化服务体系建设做出贡献。

峨眉山佛光花海音乐基地选址在峨眉山国际旅游度假区，该度假区位于峨眉山景区与峨眉山市城区之间，总面积约 8 平方千米，风景秀丽、交通便捷，规划有 1000 亩的佛光花海、1000 亩的熊猫基地、3000 亩峨眉植物园，已建成黄湾小镇，拟建运动基地、酒店集群、医疗康养等项目，能满足音乐节参加人员的不同体验和休闲需求。场地核心区域既紧邻景区又相对独立，能同时容纳 10 万余人，停放车辆 1 万余辆，公共基础设施健全完善。其中，活动主场地峨眉山国际旅游度假区佛光花海园区场地规划 1000 亩，主活动区 300 亩（图 6-3）。

图 6-3　峨眉山佛光花海音乐基地

　　峨眉山佛光花海音乐节深挖佛禅文化资源，将传统文化与时尚潮流、历史传承与时代创新、地方特色与国际标准结合，打造有别于北上广、具有自主知识产权、具有西部特色音乐风格、具有国际影响力的永久性品牌音乐节。围绕"生态""文化""康养"打造，充分发挥音乐产业的积极效应，通过打造音乐产业基地、音乐养生基地，延伸产业链，带动区域生态、文化、康养产业发展。同时，要研究市场需求、业态布局、空间布局，利用"旅游＋""互联网＋""文化＋"，带动其他相关产业发展，持续提升音乐节影响力，打造乐山文化旅游新名片。

≪≪≪ 知识拓展

这个超厉害！来 2017 峨眉山佛光花海音乐节上擦火花！

　　第二届"2017 峨眉山佛光花海 音乐节"于 2017 年 4 月 29 日—30 日举行，举办地位于国家 5A 级风景区的峨眉山国际旅游度假区内（峨眉山黄湾小镇旁），现场精心打造有 560 亩绿色生态花海区。本届音乐节不仅有精彩纷呈

的音乐表演，还有美味丰富的餐饮区，嘉年华游乐区游玩，以及各种让想象力翱翔的创意集市、互动展示区，为数万乐迷呈现了一场集娱乐与时尚的全民狂欢嘉年华。

音乐节设立有"花海""咪咕"两大舞台，邀请了张靓颖、谭维维、卫兰、黄义达、郝云、光良、陈粒、吴奇、沙楠杰、声音玩具、牛奶咖啡、麦田守望者、谢帝＆许馨文、泰然阿修罗、衣湿乐队、kawa乐队、荷尔蒙小姐、猴子军团，以及乐山原创音乐人等众多国内知名歌手、乐队，涵盖了流行、摇滚、民谣等多种音乐流派。2天时间长达16小时的音乐现场精彩表演，现场观看人数近5万人。咪咕音乐、咪咕直播、PPTV、微鲸VR四个平台同步直播，累计直播观看用户778.5万人、观看达1939万次。这是一场美景与音浪的相遇，也是深厚传统文化与时尚潮流结合的国际化音乐盛宴。

（资料来源：艺龙）

6.3 文艺演出与设施

6.3.1 象城大院剧——《圣象峨眉》

峨眉山市象城大剧院位于峨眉象城通往峨眉大佛禅院景区的中轴线上，是峨眉山市确定的十大社会文化事业基础设施之一，它的建成有帮助于改善峨眉山市社会文化事业基础设施严重滞后的情况。峨眉山市象城大剧院是集歌剧、戏剧、音乐会演出以及文化艺术交流多功能为一体的大型社会文化设施。对于塑造城市形象，提高城市文化品位以及城市功能，增强城市吸引力和辐射力、丰富群众文化生活具有十分重要的作用和意义。

建成于2009年的峨眉象城大剧院，总建设面积10387.2平方米，总投资约2亿元（图6-4）。建筑形态为地上三层、地下两层，建筑呈现明清园林群落风格，建筑体着重突出"利众、圆融、欢喜、光明"的功能，观众厅是传统的马蹄形，从不同角度都能看到极优的舞台效果。屋面最高约30米，东西长约180米，南北宽100米，剧场内设置座位约1000个，排练厅座位约200个，是一家有着较强综合实力的多功能剧院（图6-5）。

图6-4 峨眉山市象城大剧院外观

图6-5 峨眉山市象城大剧院内部

　　《圣象峨眉》演出场地位于峨眉山市大佛禅院景区象城大剧院内，该剧目由乐山汉嘉旅游发展有限责任公司、四川省大木偶剧院以及四川师范大学舞蹈学院联袂打造，该项目投资8000多万元，剧院面积3000多平方米，是峨眉山市最豪华的演出场地。

图6-6 《圣象峨眉》演出

　　《圣象峨眉》演出是作为世界自然与文化遗产的峨眉山夜间旅游形态的一种新开发，是峨眉山景区的品牌晚会，时间为90分钟，由"幻、雅、灵、蜀、刚、梦、禅"七部分组成（图6-6）。将峨眉山的自然与文化、传统与艺术巧妙结合，采用音舞诗画的艺术形式，向中外游客展示了一幅幅秀丽、雄奇且极富文化品位的丹青画卷。让游客在欣赏富有浓郁乡土特色的技艺表演中，品味四川独特的民俗风情，于静逸中再现峨眉山水的秀美绝伦，于淡雅中享受旅游文化带来的乐趣！

6.3.2 峨眉山演艺中心——《佛缘》

峨眉山演艺中心位于峨眉山市成绵乐高铁站旁，总占地面积约 27 亩，总投资约 1.5 亿元，建成后的演艺中心可容纳 1200 人观演。至此，峨眉山拥有了比肩国际主流的大剧场，峨眉山演艺中心必将成为四川旅游文化的新名片（图 6-7）。

图 6-7　峨眉山演艺中心外观

《佛缘》是由峨眉山演艺中心出品的一台大型奇幻夜秀，时长约 90 分钟，讲述一个如梦如幻仙佛世界和仙侠传奇。《佛缘》大型奇幻夜秀是峨眉山有史以来参演人数最多、投资规模空前的一台实景大剧，是巴蜀文化和峨眉山佛教文化的集大成者，堪称峨眉山第五大奇观，该剧推出后，为峨眉山游客增加了一项全新文化旅游体验。游客在饱览峨眉山风光之后，还能深入了解千年仙山的文化精髓。

该剧由数十位中外艺术家联合创作，100 多位演职人员联合出演，其中不乏大师名家，演出综合运用戏曲、歌舞、杂技、柔术、武术等多种表演形式，同时采用全息投影技术，跌宕而顺畅的剧情、奇幻的舞美编排、恢宏的舞台效果、全息投影支持的灯光配备，为观演者呈现出一个波澜壮阔的峨眉传说，一场亦真亦幻的光影盛宴，一台登峰造极的绝技荟萃，一段引人入圣的仙踪奇缘。

6.3.3《只有峨眉山》旅游演艺

《只有峨眉山》旅游演艺位于峨眉山市川主镇峨川路99号，总投资额8.19亿元，该剧场项目占地面积约7.8万平方米（117亩），总建面30500平方米（图6-8）。

图6-8 《只有峨眉山》航拍图

"戏剧幻城"《只有峨眉山》是由峨眉山旅游投资开发（集团）有限公司旗下云上旅游投资有限公司斥资8.19亿元打造的中国南方首个行进体验式情景剧，由中国最具创新精神的著名导演王潮歌创作并执导，是继"印象""又见"情景剧系列后的全新力作。同时，《只有峨眉山》拥有世界顶尖的舞台效果：8000平方米雾森打造的云端仙境、50万片瓦打造的"千里江山图"艺术建筑造景概念设计、中国首创"卍"字舞台、国内最大的"舞台投影纱幕"、大型威亚矩阵、四面环绕影像、"可移动"大型升降平台等多种酷炫设备搭配颇具国风的视觉华彩；6大表演空间、395个房间、4355件老物件共同翻涌起戏剧国潮，带给观众极具震撼的视觉感受。

《只有峨眉山》打造了戏剧新物种——"戏剧幻城"，"幻城"之所以叫作"城"，是因为它本身并不是只由一个剧场构成，《只有峨眉山》包含三个剧场，即"云之上"情境体验剧场、"云之中"园林剧场、"云之下"实景村落剧场。据工作人员介绍，每一次观演观众只看到约整个项目的六分之一，若想看完全剧，需要6天时间。

"云之上"剧场为室内的情景体验剧场，以"千里江山图"意境组成的混合幕墙体系与周边自然环境相融合，体现青绿山水、和谐自然的建筑美学，充满艺术想象力。观众采用最新颖的行进式观演模式，在六个空间组成的室内剧场中观看演出，体验峨眉山的历史文化，感受峨眉山的背夫精神。

"云之中"是在村落剧场和室内剧场之间的园林剧场，用 36 座川西民居屋顶造型，配以大面积用白色砾石铺装的广场地面和"雾森"系统营造的缥缈多姿的"云海"效果。当观众穿梭其中，剧场中所布置的 30 个戏剧点中的表演便会陆续启动，演员在"云之中"与观众邂逅，使观众如置身天界，在天上俯瞰人间，如登金顶如观云海，营造如梦似幻的峨眉仙界，将戏剧所具有的心灵冲击力带到现实之中，共同呈现峨眉山自然人文的极致之美以及中国文化的独特魅力。

"云之下"剧场由名为"高河村"的旧村搬迁遗址改造而来，以逼真的场景设计、饱满的人物塑造以及 4355 件极具历史感的老物件还原了 20 世纪 80 年代的农村样态。通过对原生态村落的修缮、改造实施艺术化提升，打造中国唯一的原生态实景村落浸没式戏剧，为观众还原了一个个充满烟火气的人生故事，一段段化不开的思念和乡愁。

该项目是国内首个将剧场与周边原生态村落有机融合，打造从室内到室外全新行进式观演模式的剧目。是当前主流价值观扛鼎之作，对形成"中式审美"热潮具有积极示范引领意义。50 万片蓝绿色、白色、灰色玻璃瓦和陶瓦，按"千里江山图"的意境装饰的主体剧场，保留了 20 世纪 80 年代农村建筑特色的中国唯一的原生态实景村落，烟雾缭绕、缥缈似仙境的园林剧场已成热门网红打卡点。作为本剧最大的亮点——《只有峨眉山》没有固定的空间，剧场不是剧场，实景也不是实景，观众是在中国最大的浸没式剧场中看"没有演员的表演"，在时间穿梭中感受"人间天上"的人生漫游。某种程度上，《只有峨眉山》打造的"戏剧幻城"突破了显在的时空边界。

开演以来，《只有峨眉山》受到 CCTV-3、新京报、凤凰网、封面新闻、搜狐网等各主流媒体和各界人士的高度关注。通过网络和口碑传播，观众对《只有峨眉山》剧目的好评率超过 80%，该剧已成为游客来峨眉山必看的旅游项目。

《只有峨眉山》演艺项目是乐山市委、市政府倾力打造的重大文化旅游项目，系乐山市"挂图作战"重点推进项目。演绎与周边已形成的温泉美食、民宿、购物、灯光秀等要素集群相结合，有力地促进了"月光经济"全面发展。以优质的内容对峨眉山文化进行有力地传承和弘扬，做到了为峨眉山这一重量级 IP 提亮增色。它不仅仅是打造乐山文旅产业繁荣发展的魅力亮点，将成为做好乐山旅游"四篇文章"、助力四川建设世界重要旅游目的地、推动四川文化旅游产业高质量发展的重要引擎，更是新时代文旅融合发展浪潮中展现中国的文化自信，传递中国的核心价值观文化艺术精品，是用中国戏剧打造中国人自己的精神乐园。

≪≪≪ 知识拓展

王潮歌解密《只有峨眉山》：为什么"只有"系列，第一个选在峨眉山

　　2019 年 8 月，被誉为"最具创新精神"的知名导演王潮歌创作并执导的《只有峨眉山》大型戏剧与观众见面。这是王潮歌继"印象"和"又见"系列后推出的"只有"系列。与以往不同的是，在"只有"系列中，王潮歌提出打造"戏剧幻城"这一概念，而《只有峨眉山》将是该系列第一个与观众见面的作品。

　　日前，记者在成都专访王潮歌，听她讲述"只有"系列的全新构想，解析《只有峨眉山》的创作理念。

"戏剧幻城"将打破更多边界

　　十多年前，王潮歌打造的"印象"系列，开启国内实景演出的先河；而"又见"系列，则重新回到剧场中，但打破传统演出形式，"消灭"观众席和舞台，打造情景体验演出模式。

　　那么，此次"只有"系列将要打造的"戏剧幻城"，又是一种什么样的模式？

　　"我认为它不是一个剧场，也不是两个剧场，而是一个剧场＋。"王潮歌说，"戏剧幻城"就是要在更大程度上突破边界，剧场的也不是剧场的，实景的也不是实景的，空间的也不是空间的，"我认为这应该是介于一个剧场和一个大的主题公园之间的一个东西"。

王潮歌解释，"戏剧幻城"希望打造一个真的"幻城"，当人们进来的时候，不知道戏剧是从什么时候开始的；当人们出去的时候，也不知道戏剧是从什么时候结束的。而且人们在其间，可以自主地、主动地参加戏剧或者演绎戏剧，也可以数次回来寻找戏剧，体验这样一个过程。

如今，越来越多新的艺术形式开始出现，这种"戏剧幻城"模式，却似乎很难在国内外找到对标，这也是王潮歌想要做的——不去学习和套用任何标准，而是按照自己的想法进行独创。

据王潮歌透露，除了《只有峨眉山》外，"只有"系列目前已确定还将在河南打造《只有河南》，在江苏打造《只有爱》，在河北打造《只有红楼梦》。而《只有峨眉山》最为独特的一点，是"剧场＋原生态旧村落"的形式。"在峨眉山脚下有一个大约三四十户人家形成自然的旧村落，我们将其基本完整地保留下来并进行改造，与新建的剧场一起，构成《只有峨眉山》的'戏剧幻城'。"王潮歌说，《只有峨眉山》演出面积共有2万多平方米，每一场演出，观众只能走完大约七分之一，所以想要完整地看完这部剧，至少要来7遍。

在峨眉山上保存下童年和乡愁

《只有峨眉山》整个演出分为云之上、云之中、云之下三个部分。"云之上"是新建的主剧场，如同在峨眉山金顶俯瞰下面一样；"云之中"则通过景观打造漫步云朵之间的穿行感受；"云之下"就由自然旧村落改造而成。从旧村落到主剧场，能够让观众感受从"人间"到"天上"的一种漫游体验。

实际上，要把自然村落完整保留下来的想法，是前期到当地进行实地考察调研时，王潮歌才萌生的。

"当时，我走进村里一个普通的房间，一面墙上有一个小孩的涂鸦，上面用彩笔写着张仕杰。"王潮歌说，她从这些村民遗留下来的东西里面，收到了大量的信息，这些信息让她感到一种震撼。

因此王潮歌坚决地保留下这个旧村落。"现在社会发生了这么多、这么快的变化，越来越多的人离开乡村到了城市，但是到了春节，也会回到家乡，看到自己的故乡，自己成长的地方，也许会有一些触动。"王潮歌说，这个旧村剧场，就希望能够成为一个安放每个人的童年、安放乡愁的地方。

为了《只有峨眉山》，王潮歌从今年 5 月中旬开始就基本一直待在峨眉山。目前，所有工序都在倒计时紧张进行中。

事实上，将一个旧村落改造成为剧场，远比新建一个剧场更耗费精力。"这个村庄没有经过专门的规划，房屋这里盖了一些，那里又盖了一些，弯弯曲曲的道路，也都是自然形成的。由于年久未修，有一些建筑已经比较脆弱，就在不久前，一场大雨后，村里一堵墙就垮塌了。"王潮歌坦言，这是自己和团队第一次遇到这样的难题，既要符合剧场的安全规范，又要保持这个村庄的肌理和样貌，要在这两相矛盾中找到解决方法，进行了很多尝试和突破。但看着这个村落一步一步地变成想要的样子，也让王潮歌充满兴奋和期待："这里即将诞生一个奇妙的'幻城'。"

思考为什么要到峨眉山

"峨眉天下秀"，作为国内名山，古往今来，不少文人墨客都在峨眉山留下故事和传说。如今，每年也有大量海内外游客来到这里，感受峨眉山的秀美风光和文化气息。

王潮歌介绍，《只有峨眉山》的主题，希望能够展现四川人吃苦耐劳、隐忍向上和天生乐天派的精神。"在全国的每一座城市每一幢高楼里边，都会有四川人添的一块砖。"王潮歌说，就像峨眉山上的背夫一样，用他的苦力背着重物一点点地爬到山顶上去，但实际上这就是四川人的一种精神。"我希望所有的人都像背夫一样负重前行，攀到山顶。到达山顶以后，会像站在云彩上一样，可以俯瞰一个更美好的人间。"

同时，王潮歌还希望能够与观众通过这部戏剧进行探讨：

为什么来峨眉山？来峨眉山以后能获得什么？

王潮歌说，之所以在《只有峨眉山》中设计了云之上、云之中、云之下三个部分，是希望人能够有一个停顿、有一个回顾。

"如今我们身处经济高速发展的城市和时代，是否经常能够停下来想一想，我的心在什么地方？心归何处？未来在什么地方？想去哪里？也想一想现在是否正焦虑着、无奈着、迷茫着？"王潮歌说，越来越多的都市人，感觉生活失去了方向，因此需要停顿，需要回头望，看看每个人的来处。"其实我们每个

人的来处都是清晰可见的，人人都有故乡和童年，人人都有父亲和母亲，我们都拥有一个自己的'脉络'，当我们停下来回头看，看清楚了、想清楚了再往前走，也许就会更坚定，脸上会泛出微笑来。"

王潮歌说，自己的每一部作品，都并非是故意去设计一些大家觉得十分异类或者十分时尚的表达，恰恰相反，创作的灵感，都来自脚下的真实的土地，根植于真实的文化和生活之中。

"我非常深沉地热爱我们的土地，我们的文化，我们的血脉，这种爱常常会让我感动得涕泪滂沱。"王潮歌说，呈现出来的作品，也正是在表达自己的热爱、自己的敬畏。

（资料来源：川报观察记者 吴梦琳，搜狐，https：//www.sohu.com/a/32473 2436_207224，2019-07-04．）

●**本章考核**

　1.会展场馆的概念。

　2.会展场馆有哪些分类？

　3.会展场馆的作用有哪些？

　4.选择峨眉山的任意会展场馆，进行作用分析。

　5.选择峨眉山任意节庆活动进行调查分析，提出改善方案。

　6.选择一部文艺演出进行调查分析，并与其他文艺演出进行对比。

实习方法及技能篇

第7章 旅游资源调查、分类与评价

课程思政：通过对丰富多样的旅游资源进行调查，深入实践于祖国的大好河山，通过对旅游资源的了解、分类和评价，产生对祖国自然山河人文建筑等的热爱和爱国之情；同时客观辨别和分析旅游资源特征及价值，加强辩证唯物主义理论的理解和应用。

实习目的：通过旅游资源调查、分类与评价的知识要点和技能掌握，帮助学生进一步理解旅游资源的内涵，培养旅游资源调查、分类与评价的基本技能。

实习方法：理论讲解与具体资源调查实践。

实习地点：峨眉山景区、峨秀湖国家级度假区、罗目古镇、农夫山泉峨眉山旅游区等。

知识要点：旅游资源调查、旅游资源分类、旅游资源评价。

7.1 旅游资源调查

7.1.1 旅游资源调查的概念

旅游资源调查是指运用科学的方法和手段，有目的、有系统地收集、记录、整理、分析和总结旅游资源及其相关因素的信息与资料，以确定旅游资源的赋存状况，并为旅游经营管理者提供客观决策依据的活动。

7.1.2 旅游资源调查的方法

旅游资源调查的方法分为概查和详查，在实际工作中，两者有时会交叉进行，相互补充。

7.1.2.1 概查

概查适用于了解和掌握特定区域的资源调查，涉及的资源单体和资源综合体进行调查。是对特定区域所进行的详细、全面的调查，从而为合理利用旅游资源提供科学依据。

7.1.2.2 详查

详查是带有研究目的或规划任务的调查，通常调查范围较小，可使用大比例尺地形图（1∶5000、1∶10000）进行。调查中通过直接测量、校核收集基础资料，对专项资料或者重点地段进行专题研究和鉴定，并对特定旅游开发所需要的资源情况进行系统调查。比如，对乌蒙山片区地质旅游资源进行调查，就是对特定区域的化石、洞穴等地质旅游资源开展专项勘察与调查，为下一步开发利用做好准备。

7.1.3 旅游资源调查的作用与原则

7.1.3.1 旅游资源调查的作用

（1）摸清家底，了解存量。

通过对旅游资源的调查，可以了解一个地区旅游资源的存量状况，摸清旅游资源的家底，对于区域旅游业的发展至关重要。

（2）有效管理，合理利用。

通过旅游资源的调查研究，可以比较全面地掌握旅游资源开发、利用和保护的现状，有利于推动区域旅游资源的管理工作，借鉴其他地方的管理经验，引进先进的管理手段，从而制定切实可行的旅游资源保护措施。

（3）认清特征，发挥价值。

通过旅游资源调查，可以认清旅游资源的空间特征、时间特征、经济特征、文化特征等，以及各种特性形成环境和成因，旅游资源的功能价值，尤其是旅游资源的时代变异性。

（4）体现效益，完善信息。

通过旅游资源调查，了解利用旅游资源产生的经济效益、社会效益和生态效益的三大效益功能，充实和完善旅游资源信息系统，为旅游预测、决策奠定基础。

7.1.3.2 旅游资源调查的原则

（1）三重身份原则。

在旅游资源调查过程中，要兼顾站在专业人员角度的调查者以及受众角度的旅游者和旅游开发经营者的三重利益，既要不偏不倚、又要对市场有吸引力，同时也要考虑开发的成本效益。

（2）真实可靠性原则。

虽然现在很多二手资料和数据，但是资源调查力求亲临现场进行考察、测量、拍照、录像、分析、记录。亲身调研的感受与结果更加直观和真实。

（3）创造性原则。

善于发现美和创造美，在资源调查中要创造性将散乱的景物景点系统化、人格化，使其完整有序。

（4）筛选性原则。

在众多资源中，要将历史文化艺术和封建迷信区别开来。剔除历史遗留下来的一些恶习和愚昧、腐朽的东西，用筛选性原则保留有用有效的资源。

7.1.4 旅游资源调查的内容

7.1.4.1 旅游资源赋存状况

旅游资源赋存状况调查的主要目的是了解和掌握调查区域内旅游资源的基本情况。主要包括：

（1）旅游资源的类型、数量、规模、结构、级别和成因等。

（2）与当地旅游资源相关的重大历史事件、社会风情、名人活动、文化作品等。

（3）调查区的资源分布图、照片、录像等有关资料。

7.1.4.2 旅游资源的环境调查

（1）自然环境调查。

包括调查区域的地理位置、地质地貌、水文、动植物、气候气象和环境质量、地质灾害。

（2）社会人文环境调查。

包括调查区域的历史沿革、人口特征、文化素质、风土人情、经济状况、物产情况、设施建设、居民态度。

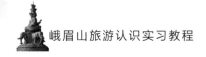

（3）市场环境调查。

包括宏观环境、专项市场环境、目标市场需求。宏观环境分析是通过多渠道，主要是二手资料，查阅相关政策背景；专项市场环境是竞争市场现状的查阅统计，以分析同质或者周边市场的专项市场趋势；目标市场需求一般通过问卷的方式，对旅游需求市场进行目标市场需求特征调查分析。

7.1.5 旅游资源调查的步骤

旅游资源调查的步骤或程序大体可分为以下三个阶段：

7.1.5.1 调查准备阶段

一般在室内进行，是整个调查的前期工作，主要包括调查组人员组织、调查计划制定和资料收集整理等工作内容。

（1）成立调查小组。

调查小组，由承担旅游资源调查工作等部门或单位负责组织不同管理部门的工作人员、相关专业背景的技术人员组成。根据调查需要对相关人员进行培训，准备好调查需要的各种仪器设备和旅游资源调查表。

（2）制定调查工作计划。

调查小组负责人根据所承担旅游资源调查的要求，拟定调查工作计划。包括调查的目的、区域范围、调查对象、主要调查方式、工作时间表、调查精度要求、人员分工及预期成果等。

（3）收集整理资料。

主要是对第二手资料（包括广泛存在于各类书籍、报纸、杂志、网络等上有关资料和旅游主管部门、旅游企业、旅游行业内部的各种相关材料等）的收集、整理和分析。由此可对调查区域的基本情况产生一个笼统的印象，进而划分小区，选定调查目标及选取比例尺适中的地形图，编制与调查计划相配套的考察路线图。

7.1.5.2 实地调查阶段

本阶段是在前述准备工作，特别是在第二手资料收集分析的基础上，通过实地勘察的方法获得调查区域旅游资源详尽的一手资料。实地调查一般分为初步调查和重点考察两个阶段。在初步调查阶段，主要任务是对整个调查区的旅游资源全面情况有一个初步了解，从整体上掌握区域旅游资源的类型、分布、数量等。

7.1.5.3 文件编辑阶段

这一阶段是前两阶段收集到的文字、照片、影像、地图等进行整理总结，进行图文资料编辑，绘制各种图样，编写旅游资源调查报告。

7.1.6 旅游资源调查的技术手段

7.1.6.1 传统技术手段

（1）直接询问法。

该方法是指向有关的人询问旅游资源的情况，以获取更多的信息的方式。对旅游资源最了解的当属本地的居民，因而在实地的旅游资源调查过程中常需要向当地的群众进行问询，以获取一般途径难以得到的关于旅游资源的详尽信息。可以直接口头询问，也可以分发调查表格进行。

（2）统计分析法。

统计分析方法即使用统计学的方法来对旅游资源进行分类、分组等方面的分析和处理。调查方法与统计是密不可分的，在旅游资源调查过程中，对自然旅游资源和人文旅游资源的各类资源要进行统计，包括各类旅游资源的数量、规模、分布地点、聚集情况等，这些旅游资源基本情况的统计分析为旅游资源的进一步分析和开发提供了依据。

（3）综合考察法。

旅游资源的分布总是在一定的地域范围之内，而对旅游资源分布的位置、规模、数量、特色、类型、结构、功能、旅游价值等内容的了解和认识，只有通过对调查区域实地的综合考察和全面系统的分析才能得到。

（4）分类对比法。

该方法指将旅游资源分门别类地进行特征归纳并进行对比考察和研究。调查区的各类旅游资源、景观美感各异，将所调查的旅游资源按其形态特征、内在属性、美感吸引性进行分类，并与同类型或不同类型的旅游资源加以比较，以得出该地域内旅游资源的共性特征和个性特征。

7.1.6.2 现在技术手段

（1）3S技术。

3S技术包括遥感（Remote Sensing）、地理信息系统（Geographical

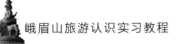

Information System）、全球定位系统（Global Position System）。

遥感（Remote Sensing），简称 RS，通常是指利用装载于飞机、卫星等平台上的传感器捕获地面或地下一定深度内的物体反射或发射的电磁波信号，进而识别物体或现象的技术。主要分为光学遥感、热红外遥感和地面遥感 3 种类型，具有观察范围广、直观性强、能实时客观地获取信息、反应地物动态变化特征等特点，应用非常广泛。

地理信息系统（Geographical Information System），简称 GIS，是以采集、储存、管理、描述和分析空间地理数据的信息系统。它以计算机软、硬件环境为支持，采用地理模型分析方法，以地理坐标和高程确定三维空间，将各种地学要素分别叠置于其上，组成图形数据库，具有对空间数据进行有效输入、存储、更新、加工、查询检索、运算、分析、模拟、显示和输出等功能的技术系统。其优点在于数据可以分层运算，空间分析能力强，表达形式形象、直观。

全球定位系统（Global Position System），简称 GPS。美国从 20 世纪 70 年代开始研究 GPS，于 1994 年全面建成全球定位系统。中国从 20 世纪 80 年代初开始利用国外导航卫星，开展卫星导航定位应用技术的开发工作。GPS 在国防、军事行动、大地测量、船舶导航、飞机导航、地震监测、森林防火、城市交通、区域规划、旅游规划等方面得到了广泛应用。

利用 3S 技术，在旅游资源的调查过程中，能够跨时空、高效地进行旅游资源数据变化调查统计；能够精准地测量旅游资源位置的经纬度、海拔高度；能够科学地计算面状旅游资源的分布面积；对有效旅游资源保护有积极的作用。

（2）常用野外调查辅助软件。

在旅游资源调查过程中充分利用 3S 技术，以及卫星图片和手机 GPS 功能，在旅游资源调查的前期、中期、后期全面考虑旅游资源在地理空间的分布和位置，常用的辅助软件有：91 卫图、奥维互动地图、两步路户外助手 APP、六只脚 App 等。

7.2 旅游资源分类

通过旅游资源的分类，使众多繁杂的旅游资源条理化、系统化，为进一步开发利用、科学研究提供方便；在旅游资源的分类过程中，加深对旅游资源属性的认识过程。

7.2.1 旅游资源分类的原则和依据

7.2.1.1 旅游资源分类的原则

（1）共轭性与排他性原则。同类型旅游资源具有共轭性，不同类型具有排他性。

（2）对应性原则。上一级旅游资源对应下一级旅游资源，一一对应。

（3）逐级划分的原则。类型从大类到基本类型，逐级划分。

（4）不同级别或不同系列的类型划分，采用不同的依据。反之，同一级别或同一系列的类型划分，采用相同的依据。

7.2.1.2 旅游资源分类的依据

（1）根据成因分类。

成因指旅游资源的基本成因与过程，如人文旅游资源主要是人为原因形成的，而自然旅游资源则是自然原因形成的。

（2）根据属性分类。

依据旅游资源的基本属性，如气象气候旅游资源、传统村落旅游资源、宗教文化旅游资源等。

（3）根据功能分类。

功能指旅游资源能够满足开展旅游与休闲活动需求的作用和效能。根据功能的不同，可以把旅游资源分为不同的类型，如观光游览型旅游资源、参与体验型旅游资源、商品购物型旅游资源、保健疗养型旅游资源、文化教育型旅游资源和感情寄托型旅游资源等。有的旅游资源可以满足开展多种旅游活动的需求，因而具有多种旅游功能。

（4）根据时间分类。

根据旅游资源形成的不同时间，可将旅游资源分为不同的类别。例如，依据时间因素可以把建筑旅游资源区分为原始建筑、古代建筑、现代建筑甚至后

现代建筑。

（5）其他。

旅游资源的分类方法还有很多，如根据旅游资源的开发规划、旅游资源的保护规划以及游客的心理体验等来划分，根据旅游资源的保护规划可以将旅游资源划分为以科学研究为主的严格保护地区、以自然景观和重点历史文物古迹景观为主的重点保护区和一般保护区等。总之，处于不同的目的，可以有不同的分类标准和依据。

7.2.2 旅游资源分类的步骤

旅游资源分类按照以下四个步骤进行：

第一，确定分类的目的要求。

首先要明确分类的目的和要求，围绕目的和要求选择分类方案。

第二，建立分类系统，把各种资源分别归入不同的类型。

根据分类方案建立分类系统，梳理成表格，并按照资源属性和特征，逐一对应填入分类表格，注意分类原则的应用，将有疑问的资源放在一旁待核实确认后再放入。

第三，通过补充、调整，完善分类系统。

再次核对填入的资源是否一一对应，是否满足分类原则。将重复填入的旅游资源或者有疑惑的旅游资源进行资源属性再确认，进行补充和调整，将分类系统中没有涉及的类型删除，完善分类系统。

第四，注明简要说明。

最后，进行简要说明，如采取何种分类方案，某种其他类型的特殊说明等。

7.2.3 旅游资源分类的方案

旅游资源分类的方案很多，本书介绍常用的三种。

（1）两分法旅游资源分类方案。

两分法是早期使用较多的一种分类方案，按照旅游资源的成因和基本属性进行分类，两大类、9个基本类型、37个类型（表7-1）。

表7-1 两分法旅游资源分类方案概览

大类	基本类型	类型
自然旅游资源	地文景观类	山岳、洞穴、海岸、特异地貌等
	水域风光类	海、江、河、湖、瀑、泉等
	气候气象类	宜人气候、冰雪雾凇、天象奇观等
	生物景观类	动、植物
人文旅游资源	古迹和建筑类	遗址、古都名城、古建筑、陵墓、石窟、园林等
	现代景观类	大型工程、博物馆、公园、游乐场、娱乐康体设施等
	民俗风情类	节会庆典、民间工艺、习俗、服饰等
	文化艺术类	宗教文化、文学、曲艺、书法碑楹等
	购物饮食类	特产、著名店铺、佳肴等

（2）国家标准中的旅游资源分类方案。

关于旅游资源的分类方案，国家先后在2013年和2017年发行过两次国家标准，2017版对2013版进行了补充和完善，现就2017版进行介绍。国家标准《旅游资源分类、调查与评价》（GB/T 18972—2017）依据旅游资源的性状，即现存状况、形态、特性、特征等将旅游资源分为8个"主类"、23个"亚类"、110个"基本类型"，如表7-2所示。

表7-2 国家标准（CB/T 18972—2017）旅游资源分类概览

主类	亚类	基本类型
A 地文景观	AA 自然景观综合体	AAA 山丘型景观 AAB 台地型景观 AAC 沟谷型景观 AAD 滩地型景观
	AB 地质与构造形迹	ABA 断裂景观 ABB 褶曲景观 ABC 地层剖面 ABD 生物化石点
	AC 地表形态	ACA 台丘状地景 ACB 峰柱状地景 ACC 垄岗状地景 ACD 沟壑与洞穴 ACE 奇特与象形山石 ACF 岩土圈灾变遗迹
	AD 自然标记与自然现象	ADA 奇异自然现象 ADB 自然标志地 ADC 垂直自然带

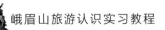

主类	亚类	基本类型
B 水域景观	BA 河系	BAA 游憩河段 BAB 瀑布 BAC 古河道段落
	BB 湖沼	BBA 游憩湖区 BBB 潭池 BBC 湿地
	BC 地下水	BCA 泉 BCB 埋藏水体
	BD 冰雪地	BDA 积雪地 BDB 现代冰川
	BE 海面	BEA 游憩海域 BEB 涌潮与击浪现象 BEC 小型岛礁
C 生物景观	CA 植被景观	CAA 林地 CAB 独树与丛树 CAC 草地 CAD 花卉地
	CB 野生动物栖息地	CBA 水生动物栖息地 CBB 陆地动物栖息地 CBC 鸟类栖息地 CBD 蝶类栖息地
D 天象与气候景观	DA 天象景观	DAA 太空景象观赏地 DAB 地表光现象
	DB 天气与气候现象	DBA 云雾多发区 DBB 极端与特殊气候显示地 DBC 物候景象
E 建筑与设施	EA 人文景观综合体	EAA 社会与商贸活动场所 EAB 军事遗址与古战场 EAC 教学科研实验场所 EAD 建设工程与生产地 EAE 文化活动场所 EAF 康体游乐休闲度假地 EAG 宗教与祭祀活动场所 EAH 交通运输场站 EAI 纪念地与纪念活动场所
	EB 实用建筑与核心设施	EBA 特色街区 EBB 特性屋舍 EBC 独立厅、室、馆 EBD 独立场所 EBE 桥梁 EBF 渠道、运河段落 EBG 堤坝段落 EBH 港口、渡口与码头 EBI 洞窟 EBJ 陵墓 EBK 景观农田 EBL 景观牧场 EBM 景观林场 EBN 景观养殖场 EBO 特色店铺 EBP 特色市场
	EC 景观与小品建筑	ECA 形象标志物 ECB 观景点 ECC 亭、台、楼、阁 ECD 书画作 ECE 雕塑 ECF 碑碣、碑林、经幢 ECG 牌坊牌楼、影壁 ECH 门廊、廊道 ECI 塔形建筑 ECJ 景观步道、甬路 ECK 花草坪 ECL 水井 ECM 喷泉 ECN 堆石
F 历史遗迹	FA 物质类文化遗存	FAA 建筑遗迹 FAB 可移动文物
	FB 非物质类文化遗存	FBA 民间文学艺术 FBB 地方习俗 FBC 传统服饰装饰 FBD 传统演艺 FBE 传统医药 FBF 传统体育赛事
G 旅游购品	GA 农业产品	GAA 种植业产品及制品 GAB 林业产品与制品 GAC 畜牧业产品与制品 GAD 水产品及制品 GAE 养殖业产品与制品

主类	亚类	基本类型
G 旅游购品	GB 工业产品	GBA 日用工业品 GBB 旅游装备产品
	GC 手工工艺品	GCA 文房用品 CCB 织品、染织 GCC 家具 GCD 陶瓷 GCE 金石雕刻、雕塑制品 GCF 金石器 CCG 纸艺与灯艺 GCH 画作
H 人文活动	HA 人事活动记录	HAA 地方人物 HAB 地方事件
	HB 岁时节令	HBA 宗教活动与庙会 HBB 农时节日 HBC 现代节庆
8	23	110

注：如果发现本分类没有包括的基本类型时，使用者可自行增加。增加的基本类型可归入相应亚类，置于最后，最多可增加2个。编号方式为：增加第1个基本类型时，该亚类2位汉语拼音字母＋Z、增加第2个基本类型时，该亚类2位汉语拼音字母＋Y。

（3）四川省旅游分类方案。

2019年作为全国示范，四川省文化和旅游厅发布《四川省旅游资源分类、调查与评价（试行）》，并于2019年至2020年，率先开展了全省文化和旅游资源普查，省市县三级联动，共投入财政资金1.5亿元，组织了4.8万余人的专业队伍，对21个市（州）183个县（市、区）进行了全方位系统化的文化和旅游资源普查，共查明六大类文化资源305.7万余处，旅游资源24.5万余处，数量和质量目前居全国第一。

基于国家标准，结合四川省实际情况，《四川省旅游资源分类、调查与评价（试行）》将旅游资源分为主类、亚类、基本类型3个层次，共有8个主类、26个亚类、131个基本类型（表7-3）。

表7-3　四川省旅游资源分类方案概览

主类	亚类	基本类型	简要说明
01 地文景观	0101 自然景观综合体	010101 山岳型景观	中、高、极高山地内可供观光游憩的整体景观或个别景观
		010102 丘陵型景观	丘陵内可供观光游憩的整体景观或个别景观
		010103 盆地型景观	盆地（或盆坝）内可供观光游憩的整体景观或个别景观

主类	亚类	基本类型	简要说明
01 地文景观	0101 自然景观综合体	010104 台地（高原）型景观	山地边缘或山间台状可供观光游览的整体景观或个别景观
		010105 沟谷型景观	沟谷内可供观光游览的整体景观或个体景观
		010106 滩地型景观	缓平滩地内可供观光游览的整体景观或个别景观
	0102 地质与构造形迹	010201 构造形迹景观	地层断裂或各种内力作用形成的扭曲变形在地表形成的景观
		010202 地层与剖面	地质体中具有科学意义的典型剖面
		010203 岩壁	由外营力侵蚀形成的城墙状山崖或峭壁
		010204 岩石洞与岩穴	位于基岩内和岩石表面的天然洞穴
		010205 古生物化石点	保存在地层中的各地质历史时期的古生物遗体、遗骸及活动遗迹
		010206 岩矿石点（矿床）	典型矿床类露头、典型矿物岩石命名地
	0103 地表形态	010301 台丘状地景	台地和丘陵形状的地貌景观
		010302 峰柱状地景	在山地、丘陵或平地上突起的峰状石体，如土林、石林、石柱、峰丛。
		010303 垄岗状地景	在山地、丘陵或平地上突起呈长条形垄岗
		010304 沟壑状地景	由内营力塑造或外营力侵蚀形成的沟谷、劣地
		010305 钙华与泉华	溶有碳酸氢钙和其他矿物质的地下水、地下热水和地下蒸汽，在地表或泉池边形成的化学堆积物，如黄龙钙华、卡龙沟钙华、玉农希钙华等
		010306 岩土圈灾变遗迹	岩石圈自然灾害变动所留下的表面痕迹，如地震遗迹、陨石坑和陨石体、冰川侵蚀遗迹、冰川堆积体、崩塌、滑坡、泥石、地面塌陷、地面沉降及其治理工程等
		010307 奇特与象形山石	形状奇异、拟人状物的山体或石体
	0104 自然标记与自然现象	010401 奇异自然现象	发生在地表，一般还没有合理解释的自然界奇特现象
		010402 自然标志地	标志特殊地理、自然区域的地点，如河源、河口、江河汇流处等

续表

主类	亚类	基本类型	简要说明
02 水域景观	0201 河系	020101 河曲与河湾	河流的迂曲处
		020102 游憩河段	可供观光浏览的河流段落
		020103 古河道	已经消失的历史河道现存段落、阶地、三角洲、离堆等
		020104 河（江）心岛	江河中的小型岛屿、洲、矶等
		020105 瀑布、跌水	从河谷纵剖面岩坎上倾泻下来的水流
	0202 湖沼	020201 湖泊、水库	湖泊、水库的观光游览区与段落
		020202 潭池	四周有岸的小片水域
		020203 湖湾、湖心岛	湖泊中的迂曲处和小型岛屿
		020204 湿地	天然或人工形成的沼泽地等带有静止或流动水体的成片浅水区
	0203 地下水	020301 泉水	地下水的天然露头
		020302 埋藏水体	埋藏于地下的温度适宜、具有矿物元素的地下热水、热汽
	0204 冰雪地	020401 积雪地	长时间不融化的降雪堆积面
		020402 现代冰川	现代冰川及其形成的地貌
03 生物景观	0301 植被景观	030101 林地	生长在一起的大片树木组成的植物群体
		030102 草地（草原）	以多年生草本植物或小半灌木组成的植物群落构成的地区
		030103 花卉地	一种或多种花卉组成的群体
		030104 高山苔原	高海拔地区生长的矮小灌木、多年生的草本、地衣、苔藓等植被形成的地毯式的苔地
	0302 野生动物栖息地	030201 水生动物栖息地	一种或多种水生动物常年或季节性栖息的地方
		030202 陆地动物栖息地	一种或多种陆地野生哺乳动物、两栖动物、爬行动物等常年或季节性栖息的地方
		030203 鸟类栖息地	一种或多种鸟类常年或季节性栖息的地方
		030204 蝶类或其他昆虫栖息地	一种或多种蝶类（或其他昆虫）常年或季节性栖息的地方

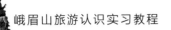

续表

主类	亚类	基本类型	简要说明
03 生物景观	0303 典型物种	030301 古树名木	树龄在 100 年以上的大树称之为古树；稀有、名贵或具有历史价值、纪念意义的树木称为名木
		030302 珍稀植物	在经济、科学、文化和教育等方面有重要意义而现存数量稀少的植物种类
		030303 珍稀动物	在经济、科学、文化和教育等方面有重要意义而现存数量稀少的动物种类
04 天象与气候景观	0401 天象景观	040101 太空景观观赏地	观察各种日、月、星辰等太空现象的地方
		040102 光现象观察地	观察发生在地面上的天然光现象的地方
	0402 天气与气候现象	040201 云雾多发区	云雾及雾凇、雨凇出现频率较高的地方
		040202 极端与特殊气候显示地	易出现极端与特殊气候的地区或地点，如风区、雨区、热区、寒区、旱区等典型地点
		040203 物候景象	各种植物的发芽、展叶、开花、结实、叶变色、落叶等季变现象
		040204 避暑、避寒气候地	炎热（寒冷）气候季节适宜避暑（避寒），人体感觉比较舒适的地区
		040205 康养气候地	气候条件和生态环境优越，适宜康疗休养的地区
05 建筑与设施	0501 人文景观综合体	050101 社会与商贸活动场所	进行社会交往活动、商业贸易活动的场所
		050102 军事遗址与古战场	古时用于战事的场所、建筑物和设施遗存
		050103 教学科研实验场所	各类学校、教育单位、开展科学研究的机构、从事工程技术试验场所的观光、研究和实习的地方
		050104 建设工程与生产地	经济开发工程和实体单位，如工厂、矿区、农田、牧场、林场、茶园、养殖场、加工企业以及各类生产部门的生产区域和生产线
		050105 文化教育科技体育活动场所	进行文化、教育、科学技术普及、体育活动的场所
		050106 医疗康养游乐休闲场所	具有医疗、康养、休闲、娱乐、度假条件的地方

续表

主类	亚类	基本类型	简要说明
05 建筑与设施	0501 人文景观综合体	050107 纪念、宗教、祭祀活动场所	为纪念人、事或开展各种宗教、祭祀、礼仪活动场所的地方
		050108 交通运输服务设施	用于提供运输服务的客货运场站、服务区等
	0502 特色镇、村（寨）	050201 古镇古村（寨）	具有一定观赏游览功能的古镇古村（寨）
		050202 新镇新村（寨）	具有一定观赏游览功能的新镇新村（寨）
	0503 实用建筑与核心设施	050301 特色街区（店铺）	反映某一时代建筑风貌或经营专门特色商品和商业服务的街道（店铺）
		050302 特性屋舍	具有观赏游览功能的房屋
		050303 渠道、运河段落	正在运行的人工开凿的水道段落
		050304 堤坝段落	防水、挡水的构筑物段落
		050305 港口、渡口与码头	位于江、河、湖、海沿岸进行航运、过渡、商贸、渔业活动的地方
		050306 洞窟	具有特殊历史文化意义或景观价值的人造洞穴
		050307 陵墓	帝王陵寝，名人、贵族或领袖先烈墓
		050308 景观农林畜牧场所	具有一定观赏游览功能的农田、林场、牧场、养殖场等
		050309 农家乐、乡村酒店与民宿	农、林、牧、渔等餐饮和乡村酒店、民宿接待场所
		050310 特色市场	具有一定观赏游览功能的市场
		050311 特色园区	具有一定观赏游览功能的工业、农业、文化、科技、商贸等产业园区
		050312 景观公路、铁路与桥梁	具有一定观赏游览功能的公路、铁路和桥梁
	0504 景观与小品建筑	050401 观景点	用于观赏景观的场所
		050402 亭、台、楼、阁	供游客休息、乘凉或观景用的建筑
		050403 雕塑	用于美化或纪念而雕刻塑造的、具有一定寓意、象征或象形的观赏物和纪念物

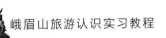

主类	亚类	基本类型	简要说明
05 建筑与设施	0504 景观与小品建筑	050404 碑碣、碑林、经幢	雕刻记录文字、经文的群体刻石或石柱
		050405 牌坊牌楼、影壁	为表彰功勋、科第、德政以及忠孝节义所立的建筑物，中国传统建筑中用于遮挡视线的墙壁
		050406 门廊、廊道	门头廊形装饰物，不同于两侧基质的狭长地带
		050407 塔形建筑	具有纪念、镇物、标明风水和某些实用目的的建筑物
		050408 水井	用于生活、灌溉用的地下水取水设施
		050409 广场与喷泉	用来进行休憩、游乐、礼仪活动的城市内的开阔地；人造的喷水设备
		050410 堆石	由石头堆砌或砌筑形成的景观
		050411 摩崖字画	在山崖石壁上镌刻的文字、图案或绘制的书画
		050412 栈道、通道	古代架设于陡峻地段供行走、物资运输的通道
06 历史遗迹	0601 物质类文化遗存	060101 史前人类活动遗址	史前人类聚居、生产、生活的场所
		060102 历史事件发生地	历史上发生过重要贸易、文化、科学、军事、教育事件的地方
		060103 建筑遗迹	具有地方风格和历史色彩的历史建筑遗存
		060104 交通遗迹	已经消失或废置的交通建筑和设施
		060105 工程与生产遗迹	遗留及保存下来的历史工程设施，包括已经消失或废置的矿山、窑、冶炼场、工艺作坊等
		060106 古城遗址与聚落遗迹	现存或已消失的城镇、村落、屋舍等居住地建筑及设施
		060107 可移动文物	历史上各时代重要实物、艺术品、文献、手稿、图书资料、代表性实物等，分为珍贵文物和一般文物
	0602 非物质类文化遗存	060201 民间文学	民间广泛流传的传统文学，主要为口头文学。如神话传说、民间故事、民间曲艺、民间戏曲、歌谣等
		060202 传统音乐	在民间经过口头传唱，代代相传。具有浓郁的地域、民族色彩

主类	亚类	基本类型	简要说明
06 历史遗迹	0602 非物质类文化遗存	060203 传统舞蹈	由人民群众自创自演，表现一个民族或地区的文化传统、生活习俗及人们精神风貌的群众性舞蹈活动
		060204 传统戏剧	主要包括戏曲，充满鲜明的地方色彩，浓郁的生活气息。兼有文学、美术、舞蹈音乐等艺术门类的综合艺术
		060205 曲艺	民间口头文学和歌唱艺术结合，用说唱形式反映社会生活
		060206 传统体育、游艺杂技	在特定的民族文化背景下逐步发展、成熟起来的竞技体育活动，包括传统武术、竞技、游艺、杂技、杂耍等
		060207 传统美术	包括绘画、雕塑、工艺美术、建筑美术等技艺，使用传统手段、传统工具完成
		060208 传统技艺	具有地方特色的传统手艺以及生产生活中的传统技法、技能
		060209 传统医药	各民族在历史上创造和应用的对生命认知及医药技能的知识体系、各种形式的民间疗法，包括药物疗法及非药物疗法
		060210 民俗	某一地域或群体的标志性文化事象，在具有核心象征的文化空间中进行以群体传承为主的综合性民间习俗
07 旅游购品（文创产品）	0701 农业产品	070101 农副土特产品	具有跨地区声望的当地种植业、林业、畜牧业、水产业、养殖业产品及制品
		070102 地方地道药材	具有跨地区声望的地方药材
	0702 工业产品	070201 日用工业品	具有跨地区声望的当地生产的日用工业品
		070202 旅游装备产品	具有跨地区声望的当地生产的户外旅游装备和物品
		070203 旅游科技产品	具有跨地区声望的当地生产的新型旅游科技产品
		070204 其他旅游工业品	具有跨地区声望的其他旅游工业产品
	0703 手工工艺品	070301 绣品	具有地方和民族特色的刺绣制品
		070302 织品、染织	纺织及染色印花织物
		070303 灯艺	以灯饰材料制成的艺术品

续表

主类	亚类	基本类型	简要说明
07 旅游购品（文创产品）	0703 手工工艺品	070304 竹、木工艺品	以竹、木材料制成的工艺品
		070305 文房用品	文房书斋的主要文具
		070306 特色家具	生活、工作或社会实践中供人们坐、卧或支撑与贮存物品的器具
		070307 金石陶器	用金属、石料、陶瓷制成的具有观赏价值的器物
		070308 纸艺、书画作品	具有一定观赏价值的纸艺、书画作品
		070309 其他物品	具有一定观赏价值的其他手工艺品
	0704 传统与特色菜品饮食	070401 川菜菜品与饮食	具有跨地区声望的川菜菜品与饮食
		070402 民族菜品与饮食	具有民族特色的菜品与饮食
		070403 外域菜品与饮食	具有跨地区声望的省外菜品与饮食
08 人文活动	0801 人事活动记录	080101 地方人物	当地历史和现代名人
		080102 地方事件	当地发生过的历史和现代事件
	0802 岁时节令	080201 宗教活动与庙会	宗教信徒举办的礼仪活动，以及节日或规定日子里在寺庙附近或既定地点举行的聚会
		080202 农时节日	当地与农业生产息息相关的传统节日
	0803 现代节事活动	080301 现代节庆	当地定期或不定期举办的具有一定区域影响力的现代节庆活动
		080302 会议论坛	当地定期或不定期举办的具有一定区域影响力的会议、论坛
		080303 展览	当地定期或不定期举办的具有一定区域影响力的展会活动
		080304 赛事	当地定期或不定期举办的具有一定区域影响力的赛事活动
		080305 演艺	当地定期或不定期举办的具有一定区域影响力的表演活动
		080306 特色主题活动	当地定期或不定期举办的具有一定区域影响力的主题教育活动

7.3　旅游资源定性与定量评价

旅游资源评价是在旅游资源调查的基础上，对旅游资源类型、规模、分布、质量、等级、开发条件等进行科学分析和可行性研究，为旅游资源的开发规划和管理运营提供决策依据。旅游资源评价直接关系到旅游地的发展方向和旅游资源的开发利用潜力。旅游资源评价一般分为定性与定量两种方法。

7.3.1　旅游资源定性评价方法

定性评价是通过人们的感性认识，对旅游资源做出定性的评价，一般无具体数量指标，一般用文字对资源进行总体评价。

在旅游资源的定性评价包括对旅游资源特点的定性评价和旅游资源综合的定性评价。其中，对旅游资源特点评价过程中，要抓住旅游资源的主题特色，挖掘出人无我有、人有我优的资源特质和资源价值，并用精简准确的文字表述出来。对旅游资源综合评价时，要注意综合性、科学性，并且有数据有材料作充分的论证说明。下面以峨秀湖国家级度假区的定性评价为例，加以说明。

（1）峨秀湖国家级度假区旅游资源特点的评价。

①自然秀美——"天人合一"的山水福地。

度假区周围生态环境绝佳，有原始生态环境、自然田园风光、高植被覆盖；广袤的山林植被 和自然野趣，树木郁郁葱葱，仙雾缭绕；山行变化多姿、生态优质、环境优美；生态基因库世界罕见。

②积淀深厚——"自在悠游"的清修佳境。

度假区寺庙历史悠久、古风盎然，千年武术、经世不衰；其中，峨眉武术是中华佛教文化的瑰宝，源远流长，博大精深，门派林立；包容了释、儒、道多种文化的内涵。

③原生原味——"返璞归真"的休闲胜地。

区内有农业生态型田园风光、纯正的绿色食品，享受回归自然田园的宁谧与寂静；戏曲文化、神话传说等民间民宿文化精华，经华夏两千年沉淀，民风民俗推陈出新，新老综合沉淀而得深厚，彰显独特魅力。

④物华天宝——"依山傍水"的养生天堂。

中草药种植基地、得天独厚的峨眉竹叶青资源优势和茶文化氛围、天然温泉优势；峨眉山茶文化是中国茶叶最古老的发源地，距今已有 3000 多年的历史，"品茶者，独品得神"，一人品茶，能进入物我两忘的奇妙境界；丰富的国药养生资源，独特的养生秘诀；利用温泉消除疲劳、祛病强身、美容养颜、抵抗衰老。

（2）峨秀湖国家级度假区旅游资源综合评价。

①景观优美。

度假区整体景观宜人悦目，植被具有丰富的季相变化；人工绿化主要采用乡土物种，生态效益高；景观设计具有地方特色，有较强的艺术性。景观采用园林化设计，植被与建筑相互交映，建筑和绿化采用大集中小分散的布局，处处景观赏心悦目。区内植物多采用乡土物种，具有较高的生态效益；区内绿化多采用当地的杜鹃花、竹类、杉树等物种，营造乔木、灌木和草本等多层景观，生态效益较高。

②气候舒适。

度假区气候温暖湿润、四季分明，年均温为 17.3℃，年均降雨量 1418.4 毫米以上，年平均无霜期 310 天，海拔 800 米以下的年平均有霜日不到 7 天，年平均日照不足 1000 小时，是全国少日照的地区之一，发展避暑度假游优势明显。夏季平均气温为 24℃ ~26℃（环境学家认为最舒适温度），冬无严寒夏无酷暑，整体来说属避暑气候地，且冬季有温泉，因此，四季皆有特点，四季适宜度假。

③环境安静。

度假区环境安静、远离喧嚣，是放松身心、怡情怡神的安静之所。度假区住宿接待设施及其周边环境的隔音降噪功能良好，具备人性化的相应服务。度假区内局部环境噪声标准在 2 类的综合性功能区，住宿设施具有很好的隔音性能。环保部门对度假区内天颐温泉大酒店、己庄酒店等进行了噪声环境质量现状进行了监测，经监测，晚 9 点到次日 9 点，度假区噪声环境质量达到 GB3096 的 0 类标准。且在度假区内采取禁鸣、装修材料采用隔音材料等措施，严格控制施工噪声。

④产品丰富。

度假区的休闲度假产品种类丰富、类型多样、档次齐全，能够满足不同游客的多元化休闲度假需求。度假区依托峨眉文化作为主题资源，打造的休闲度假产品种类丰富，如观光休闲度假、运动健身度假、温泉养生度假、主题文化休闲度假等，且主要产品早在全国就具有较高知名度，品质领先，具体包括峨眉佛教文化产品、峨眉武术文化旅游产品、优质温泉产品、运动娱乐产品、休闲度假小镇产品等一系列富含文化特色的旅游产品。并且各类产品加强精细化开发，充分结合地方文化，突出特色、突出度假功能。

⑤配套完善。

度假区配套服务设施与条件十分完善，服务优质，人员合理，制度健全，措施到位，能够满足游客多样化的需求。度假区综合服务中心内设施配套齐备，并提供咨询、投诉、预订、托儿、休闲、导游、医疗、影视、购物等服务，公共信息图形规范，管理到位，服务热情。且给排水和供电系统均纳入峨眉山市城镇基础设施保障系统，中水系统通过监测均达到标准。度假区内完全覆盖移动通信网络，医疗救助依托于峨眉山市，能够提供及时便捷的服务，商业服务设施建设十分健全，能够满足游客的需求。

7.3.2 旅游资源定量评价方法

定量评价是根据一定的评价标准和评价模型，以全面系统的方法，将旅游资源的各评价因子予以客观量化处理，常用的有综合因子定量评价方法。综合因子定量评价是将评价对象分解为若干评价项目，然后将评价项目进一步细分为若干因子，根据每个项目和因子的重要性赋以相应的分值，全部因子评价赋值分数加总构成旅游资源评价得分。

综合因子定量评价常使用国家标准《旅游资源分类、调查与评价》（GB/T 18972—2017）的评价标准和依据。其评价项目有三项：资源要素价值、资源影响力、附加值。其中"资源要素价值"包括"观赏游憩使用价值""历史文化科学艺术价值""珍稀奇特程度""规模、丰度与概率""完整性"五项评价因子；"资源影响力"包括"知名度和影响力""适游期或使用范围"两项评价因子；"附加值"含"环境保护与环境安全"一项评价因子（表7-4）。

根据对旅游资源单体的评价，得出该单体旅游资源共有综合因子评价赋分值。再依据旅游资源单体评价总分，将其分为五级，从高级到低级为：

五级旅游资源，得分值域≥90分。

四级旅游资源，得分值域 75~89 分。

三级旅游资源，得分值域 60~74 分。

二级旅游资源，得分值域 45~59 分。

一级旅游资源，得分值域 30~44 分。

此外还有：未获等级旅游资源，得分≤ 29 分。

其中，五级旅游资源称为"特品级旅游资源"，五级、四级、三级旅游资源被通称为"优良级旅游资源"，二级、一级旅游资源被通称为"普通级旅游资源"。

表 7-4　旅游资源综合因子定量评价赋分标准

评价项目	评价因子	评价依据	赋值
资源要素价值（85分）	观赏游憩使用价值（30分）	全部或其中一项具有极高的观赏价值、游憩价值、使用价值。	30~22
		全部或其中一项具有很高的观赏价值、游憩价值、使用价值。	21~13
		全部或其中一项具有较高的观赏价值、游憩价值、使用价值。	12~6
		全部或其中一项具有一般观赏价值、游憩价值、使用价值。	5~1
	历史文化科学艺术价值（25分）	同时或其中一项具有世界意义的历史价值、文化价值、科学价值、艺术价值。	25~20
		同时或其中一项具有全国意义的历史价值、文化价值、科学价值、艺术价值。	19~13
		同时或其中一项具有省级意义的历史价值、文化价值、科学价值、艺术价值。	12~6
		历史价值、或文化价值、或科学价值、或艺术价值具有地区意义。	5~1
	珍稀奇特程度（15分）	有大量珍稀物种，或景观异常奇特，或此类现象在其他地区罕见。	15~13
		有较多珍稀物种，或景观奇特，或此类现象在其他地区很少见。	12~9
		有少量珍稀物种，或景观突出，或此类现象在其他地区少见。	8~4
		有个别珍稀物种，或景观比较突出，或此类现象在其他地区较多见。	3~1

评价项目	评价因子	评价依据	赋值
资源要素价值（85分）	规模、丰度与概率（10分）	独立型旅游资源单体规模、体量巨大；集合型旅游资源单体结构完美、疏密度优良级；自然景象和人文活动周期性发生或频率极高。	10~8
		独立型旅游资源单体规模、体量较大；集合型旅游资源单体结构很和谐、疏密度良好；自然景象和人文活动周期性发生或频率很高。	7~5
		独立型旅游资源单体规模、体量中等；集合型旅游资源单体结构和谐、疏密度较好；自然景象和人文活动周期性发生或频率较高。	4~3
		独立型旅游资源单体规模、体量较小；集合型旅游资源单体结构较和谐、疏密度一般；自然景象和人文活动周期性发生或频率较小。	2~1
	完整性（5分）	形态与结构保持完整。	5~4
		形态与结构有少量变化，但不明显。	3
		形态与结构有明显变化。	2
		形态与结构有重大变化。	1
资源影响力（15分）	知名度和影响力（10分）	在世界范围内知名，或构成世界承认的名牌。	10~8
		在全国范围内知名，或构成全国性的名牌。	7~5
		在本省范围内知名，或构成省内的名牌。	4~3
		在本地区范围内知名，或构成本地区名牌。	2~1
	适游期或使用范围（5分）	适宜游览的日期每年超过300天，或适宜于所有游客使用和参与。	5~4
		适宜游览的日期每年超过250天，或适宜于80%左右游客使用和参与。	3
		适宜游览的日期超过150天，或适宜于60%左右游客使用和参与。	2
		适宜游览的日期每年超过100天，或适宜于40%左右游客使用和参与。	1

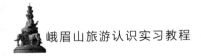

续表

评价项目	评价因子	评价依据	赋值
附加值	环境保护与环境安全	已受到严重污染，或存在严重安全隐患。	-5
		已受到中度污染，或存在明显安全隐患。	-4
		已受到轻度污染，或存在一定安全隐患。	-3
		已有工程保护措施，环境安全得到保证。	3

资料来源：中华人民共和国国家标准（GB/T 18972—2017），旅游资源分类、调查与评价。

●本章考核

1. 旅游资源调查的步骤。

2. 如何进行旅游资源评价？

3. 对峨眉山地区旅游资源进行评价。

第8章　旅游市场调研与分析

课程思政： 用马克思辩证唯物主义世界观客观地认识旅游市场，通过对一、二手市场数据进行搜集和整理，然后运用科学手段与方法分析和评价旅游市场。

实习目的： 客观认识某专题旅游市场的发展现状；客观认识旅游发展中游客的反响与偏好；搜集整理对该专题旅游的开发、相关问题的解决对策与路径、旅游市场优化与提升等的相关信息。

实习方法： 课堂讲解演示与专题实地调查相结合。

实习地点： 峨眉山风景名胜区及峨秀湖国家旅游度假区内。

知识要点： 旅游市场调查基本方法的应用。

8.1　旅游市场调查方法

8.1.1 市场与市场调查

8.1.1.1 定义

市场（market）是买卖双方聚集在一起进行商品或服务交换的场所。这里有买方和卖方，以及他们完成交易依托的媒介——市场。在经济领域内，并不是所有的市场都包含买卖双方和交易媒介，如市场营销中的市场则特指现实和潜在的消费者市场，简称消费市场。

市场调查（market research）则是为了满足了解市场发展或发育情况，为完成市场开发或市场占有为目的的经营策略而进行的调查活动。市场调查有狭义和广义两种理解：狭义的市场调查单指对消费者市场进行的调查，包括消费动机、消费能力和消费偏好等；广义的市场调查者包含则是针对营销整个过程

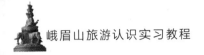

的每一阶段，对消费者、营销环境和市场化运营状态、营销效果进行的调查。

市场调查的目的是基于客观数据基础对消费需求信息的研判，为管理层尤其是高层管理层提供准确、可靠、及时的市场信息，以采取正确的经营策略。

8.1.1.2 相关概念

调查者（investigator），指开展市场调查的人员个体或组织。

受访者（respondent），也称为被调查者，指接受调查的人员或组织。

总体（population），这里的总体不是人口，而是指研究对象的全体。

个体（individual），也称为总体构成元素（element），是组成总体的每个耽搁对象或基本单元。根据调查主题不同，个体可能是个人，或者是组织、团体或社区。

样本（sample），是指按照一定方法从总体中抽取的有代表性的一部分个体组成的群体。样本选取与研究经费、时间、人力等情况不同而又不同。

样本容量（sample size），指样本中所包含的个体数，简称样本量。通常情况下，样本量 N ≥ 30 称为大样本（large sample），N<30 称为小样本（small sample）。对于社会调查而言，一般的样本量都在 100 以上。

8.1.1.3 市场调查的作用

市场调查具有三个方面的作用。

首先，通过市场调查，可以理解市场中的需求情况，据以做出调整、确定企业的发展方向。

其次，通过市场调查，可以获得准确的市场定位并根据消费者的需求做出产品（数量、档次）生产和营销策略（定价、渠道等）的经营决策。

最后，通过市场调查，可以发现市场机会并促使企业投入新产品的研发和生产。在市场竞争中和消费者的需求趋势不断变化的过程中，企业为了保有自己的市场地位，必须不断地寻求新的市场收益和利润增长点。

8.1.1.4 市场调查与市场调研的关系

市场调研是市场调查与市场研究的统称，是指为了提高产品的销售决策质量、解决存在于产品销售中的问题或寻找机会等，而系统地、客观地识别、收集、分析和传播营销信息的工作。因此比较起来，市场调查是市场调研的一部分，市场调研包含市场调查。

8.1.1.5 市场调查表

市场调查表是市场调查的基本工具，所有的调查活动根据调查表的内容完成的。因此，设计一份好的调查表直接影响到市场调查的质量。

设计调查表要注意以下几点：

（1）调查表的设计要与调查主题密切相关，重点突出，避免可有可无的问题；

（2）调查表中的问题要容易让受访者接受，避免出现受访者不愿回答、或让受访者难堪的问题；

（3）调查表中的问题次序要条理清楚，顺理成章，符合逻辑顺序，一般可遵循容易回答的问题放在前面，较难回答的问题放在中间，敏感性问题放在最后，封闭式问题在前，开放式问题在后；

（4）调查表的内容要简明、尽量使用简单、直接、无偏见的词汇，保证受访者能在较短的时间内完成调查表。

8.1.1.6 市场调查中的道德问题

市场调查是一项商业性活动，要保证调查行为符合道德规范，对个人、商业机构或者专业团体有符合道德的行为准则，以保证收集到的数据真实性、可靠性、保密性。进行市场调查的有专门的营利性供应商服务公司，也有公司的市场调研部门，以及非专业、非营利的临时性机构和个体。如果没有保证商业调查的道德问题，市场调查就是不完整的。道德（ethics）就是通常约束个人或组织行为的道德准则或价值观。调查者的不道德市场调查行为包括出售无意义的调研结果，侵犯客户机密或隐私，受访者不道德的市场调查行为包括提供虚假信息或承诺。

因此，为保证调查数据真实有效，受访者有调查选择权、安全权、知情权和隐私权。（1）调查选择权，即是每个受访者有权决定是否参与一项市场调查项目，和随时退出的权利。（2）调查安全权，亦即受调查这面授身体和心理上损害的权利，如品尝食品后生病的实验。更多的是来自心理上的损害，比如被强迫参与调查，感到压迫感，或者在规定的时间完成特定任务的压力。（3）调查知情权，调查参与者都有知晓调查工作各方面信息的权利，包括调查内容、所需时间、数据用途。（4）调查隐私权，即受调查对象都有隐私权，包括他们

的家庭或个人的收入情况、年龄（范围）、政治倾向、性别、宗教、赌博、吸烟、成人娱乐以及性取向等。

同时，调查人员在开展调查过程中需要遵守相应的道德规范和操作程序，向受访者做出真实的说明和告知，做出相应的承诺，以获得受访者的全程配合，获得真实有效的数据。

8.1.2 旅游市场调查

8.1.2.1 定义

旅游市场调查是指针对性地、有计划地、系统地收集整理和分析有关旅游市场经营活动方面的信息，以了解旅游市场化经营环境、市场开发与发育状况、游客的消费行为与消费偏好，以及旅游舆情等信息，为旅游经营决策提供客观依据的活动。

旅游市场调查是旅游组织（公司、非政府组织、旅游政府部门等）了解旅游市场的重要手段，广泛地分布于旅游市场活动当中。

8.1.2.2 调查内容

市场调查内容是收集资料的依据，是为实现调查目标服务的，一般可以根据市场调查的目的确定具体的调查内容。如调查消费者行为时，可按消费者购买、使用，以及使用后评价三个方面列出调查的具体内容项目。

调查内容的确定要全面、具体，条理清晰、简练，避免面面俱到，内容过多，过于烦琐，避免把与调查目的无关的内容列入其中。

调查内容要根据主题进行内容设置。

8.1.2.3 旅游市场调查分类

旅游市场调查的分类可以从调查主题、调查方法、调查对象、调查深度、时间维度和技术手段等多个角度进行（表8-1）。

表8-1　旅游市场调查分类

调查主题	游客行为调查、市场环境调查、市场需求调查、市场供给调查、市场营销与效果调查、市场竞争调查
调查途径	文案调查：间接调查、室内调查、桌面调查 实地调查：询问调查、观察调查和实验调查

调查对象	全面调查：普查 非全面调查：典型调查、重点调查和抽样调查
调查深度	探测性调查、描述性调查和因果性调查
时间维度	横向调查、纵向调查
技术手段	传统方式调查：纸笔、电话 基于信息技术的调查：计算机辅助调查、网络调查

（1）按照调查主题分，有游客行为调查（tourist's behavioral survey）、旅游市场环境调查（market environment survey of tourism）、旅游市场需求调查（demand survey of tourism market）、旅游市场供给调查（supply survey of tourism market）、旅游企业营销与效果调查（marketing and effect survey of tourism marketing）、旅游市场竞争调查（competition survey of tourism market）等。其中游客行为调查主要有目的的地分析他们的购买行为、消费能力、消费偏好等。旅游市场环境调查主要是围绕影响旅游市场开发的政治、经济、社会文化、法律、生态环境等因素进行的调查，一般称为 PESTEL 分析调查。旅游市场需求调查主要是分析旅游客源市场对某类旅游产品或旅游目的地进行的需求情况（强度、深度、广度等）的调查。旅游市场供给调查主要是反映一定时期内旅游供给侧的旅游产品供给数量、质量及结构方面的调查，包括旅游吸引物、旅游设施、可进入性、旅游服务、旅游形象，以及旅游容量等方面的调查。旅游企业营销与效果状况的调查，主要是分析某类旅游产品或某旅游目的地线路在产品组合、定价、分销渠道以及促销等方面的调查。旅游市场竞争调查，主要反映市场竞争者的数量、本单位的竞争优势与不足、竞争对手的实力与策略，本单位的营销策略、竞争战术及效果评价等。

（2）按照调查途径分，有文案调查和实地调查。其中文案调查（desk research）又称为间接调查、室内调查、桌面调查等，是指利用已有的相关信息和情况资料对调查对象进行分析研究的一种方法。实地调查（field survey）又分为询问调查（interviewing survey）、观察调查（observation survey）和实验调查（experimental research），是指在现场系统地收集、记录、

整理和分析有关市场信息的方法，目的是了解产品或服务在供需双方之间的生产、转移、消费的情况与趋势。询问调查就是市场调查人员通过口头询问的方法向受访者获取相关信息的调查方法，可以通过面谈、电话交谈、社交媒体交谈、邮寄问卷或留置问题等方法完成。

观察调查是调查人员通过直观观察和记录调查对象的言行举止、市场流量等渠道来获取相关信息的方法，这种方法的特点是双方之间不发生直接对话，以获得对方完全自然的表现，从而获得受访者的真实反应。

（3）按照调查对象分，有全面调查和非全面调查。其中全面调查是对整个研究对象所在范围进行无一遗漏的调查，一般称之为普查（census）。这种方法的优点是可以获得调查对象的总体全面情况，缺点是工作量大、时间长、费用高。非全面调查包括典型调查（typical survey）、重点调查（key-point survey）、抽样调查（sampling survey）和个案调查（case survey）。典型调查是对总体中具有代表性的少数个体进行调查，由于选择调查对象少，可以获得调查对象细致透彻的了解，但要求要选好典型，它务必具有充分代表性。重点调查是对总体中具有举足轻重的个体进行的调查。抽样调查是从总体中按照一定方法抽取部分个体进行调查，再据此推断总体的情况。个案调查也称为个别调查，是对特定的个别对象（人、单位、事件）等进行的调查，其目的在于探究具体的问题，一般不涉及规律性问题。

（4）按照调查深度分，有探测性调查（exploratory research）、描述性调查（descriptive research）和因果性调查（causal research）。其中，探测性调查通常在对调查对象缺乏了解的情况下，要回答有没有、是不是等问题而进行的调查。描述性调查是在对调查对象有一定了解的情况下，要回答怎么样、是什么等问题而进行的调查。因果调查是在对调查对象有相当程度了解的情况下，要回答为什么、相互关系是什么等问题而进行的调查。

（5）按照时间维度分，可以分为横向调查（cross-sectional survey）和纵向调查（longitudinal survey）。横向调查是在一个时间点上进行的调查，现状调查属于典型的横向调查。纵向调查是对同一个调查对象在先后两个或多个时间点上进行的调查，它又可分为跟踪调查、趋势调查和人口特征组调查等。

（6）按照调查的技术手段分，有传统的纸笔调查、电话访谈，和基于计算机互联网的计算机辅助调查、网络调查。关于网络调查，有不同的术语，有网络调查法（web survey）、互联网调查法（internet survey）、在线调查法（online survey）、电子调查法（e-survey）等，更多更广泛的采用网络调查法（web survey）。

现在大学本专科学生热衷于用网络调查法完成调查任务，网络调查法有两种含义，其一是以互联网为基础，进行问卷发布、数据搜集和数据处理，一般常见于社会调查和市场调查。简书网（www.jianshu.com）提供了国内12个注明的免费问卷发布与制作平台，包括调查派、腾讯问卷、问卷星、番茄表单、问卷网等，其中问卷星（www.wjx.com）是最常见的平台工具。与传统调查类似，网络调查法可以通过网络聊天、电子公告板等进行网络质性分析，也可以进行网上问卷调查进行网络定量分析。

8.1.2.4 旅游市场调查目的

旅游市场调查内容是收集资料的依据，是为实现调查目标服务的，可根据市场调查的目的确定具体的调查内容。如调查消费者行为时，可按消费者购买、使用，使用后评价三个方面列出调查的具体内容项目。调查内容的确定要全面、具体，条理清晰、简练，避免面面俱到，内容过多，过于烦琐，避免把与调查目的无关的内容列入其中。

8.1.3 旅游市场调查流程

一般情况下，一项旅游市场调查要经过调查企划阶段、实地调查阶段、资料整理分析阶段和撰写调查报告四个阶段（图8-1）。

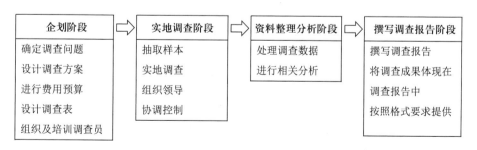

图8-1 市场调查流程

8.1.3.1 企划阶段

企划阶段主要完成预算费用，设计调查表、抽取样本、招聘和培训调查员等工作。市场调查的费用预算涉及调查表设计与印刷、调查人员培训、调查人员劳务、礼品、调查表统计处理等。

8.1.3.2 实地调查阶段

实地调查是一项较为复杂烦琐的工作。要按照事先划定的调查区域确定每个区域调查样本的数量，调查人员的人数，每位调查人员应访问样本的数量及访问路线。调查组织人员要及时掌握实地调查的工作进度完成情况，协调好各个调查人员间的工作进度；要及时了解调查人员在访问中遇到的问题，帮助解决，对于调查中遇到的共性问题，提出统一的解决办法。

8.1.3.3 资料整理分析阶段

收集好已填写的调查表后，由调查人员对调查表进行逐份检查，剔除不合格的调查表，然后将合格调查表统一编号，以便于调查数据的统计。调查数据的统计可利用 Excel 电子表格软件完成；将调查数据输入计算机后，经 Excel 软件运行后，即可获得列成图表的大量的统计数据。

8.1.3.4 撰写调查报告阶段

撰写调查报告是市场调查的最后一项工作内容，市场调查工作的成果将体现在最后的调查报告中，调查报告将提交企业决策者，作为企业制定市场经营策略的依据。

市场调查报告要按规范的格式撰写，一个完整的市场调查报告格式由题目、目录、概要、正文、结论和建议、附件等组成。

8.2 调查方法与调查问卷

认识实习的调查方法属于社会调查的一部分，社会调查有很多种方法。结合旅游管理专业认识实习的工作任务、工作强度和时间长度等因素，我们重点介绍抽样调查、问卷调查、访谈、观察、文献研究和网络调查这几种方法。

8.2.1 抽样调查

8.2.1.1 定义

抽样调查（sampling survey）也称为样本调查（sample survey），是非全

面调查中最重要、应用最广泛的一种方法，它按照一定程序从所研究对象的总体（全体）中抽取一部分样本进行调查或观测，获取数据，并以此对总体的一定指标（未知参数）进行推断或估计。

从方法论上看，抽样调查包含"抽样"和"调查"两个部分。其中"抽样"为选取样本的过程，"调查"则是在样本选取后按照调查步骤完成调查的过程。

8.2.1.2 抽样调查类别

抽样有非概率抽样和概率抽样两种方式（表 8-2）。

表 8-2　抽样调查分类

非概率抽样	随意抽样、目的抽样、判断抽样、志愿者抽样
概率抽样	简单随机抽样、等距抽样、分层抽样

（1）非概率抽样（non-probability sampling）是相对于概率抽样而言，包括随意抽样（haphazard sampling）、目的抽样（purposive sampling）、判断抽样（judgement sampling）和志愿者抽样（volunteer sampling）等方式。

①随意抽样（haphazard sampling），类似于"街头拦截"的方式，在景点、路上、商场、交通车站、酒店、海关等场地对碰到的调查对象进行调查，具有非常大的随意性，完成样本的采集最主要原则是便利，所以又叫便利抽样。

②目的抽样（purposive sampling），与随意抽样不同，是抽样者根据调查需要，有目的地、有意识地挑选样本，如产品质检部门常对怀疑有质量问题的生产与流通环节，或产品零部件进行抽样。

③判断抽样（judgement sampling），也称为经验抽样，是抽样者根据自己的经验和判断，选择那些被认为能够代表总体的样本。这种方法很大程度上依赖于抽样者的主观判断能力和工作经验。如果所抽取的样本有很好的总体代表性，调查效果就好，否则就差。

④志愿者抽样（volunteer sampling），指受访者都是志愿者，比如针对某种特殊疾病邀请患者或健康的人参与一项医疗试验。这往往需要参与者响应后才能成为样本，从而存在较大抽选偏差。

小结：非概率抽样具有快速、便利、节约费用的显著优点。因为在调查早期就提供非常有价值的信息，所以在探索性或诊断性研究中常常采用。非概率抽样的缺点也非常明显：首先，不能从样本对总体进行全面的推断，不能保证所抽取的版本具有广泛代表性；其次，不能根据样本计算抽样误差，不能从概率意义上的控制误差来描述估计的准确性。

（2）概率抽样（probability sampling）也称为随机抽样（random sampling），虽然后者较前者更通俗，使用更广泛，但有时会引起概念上的歧义。概率抽样是严格按照给定的概率来抽取样本。

概率抽样有简单随机抽样（simple random sampling）、等距抽样（interval sampling）、分层抽样（stratification sampling）等种类。简单随机抽样是最完全的概率抽样，如随机抽样，它保证总体中每个单位有同等被抽中的机会。等距抽样是将总体中的每一个单元先按一定的顺序排列、编号，然后决定一个间隔，并在此间隔基础上选择被调查的单位个体。分层抽样又称为分类抽样或类型抽样，是先将总体的单位按某种特征分为若干次级总体（层），然后再从每一层内进行简单随机抽样，组成一个样本。

不管哪种随机抽样，样本必须始终被看作总体的近似而不是总体自身。

概率抽样有以下特点：

①按一定概率随机原则抽取样本。及时在抽选样本时完全排出主观地、有意识地抽选某些调查单元，使每一个单元都有被抽中的机会。

②用概率抽样抽取样本单元，需要按照给定的入样概率并通过一定的随机化程序来实现。

③当用样本来估计总体目标量时，要考虑到该样本（或每个样本单元）被抽中的概率，即是说，估计量不仅与样本观测值有关，也与入样概率有关。

概率抽样的特点是：样本量越大，抽样误差就越小，而样本量越大，则成本就越高。它的优点在于，能从抽取样本的特征对总体进行推断，并估计抽样误差。理论与实践证明，通常用一个相对较小的样本，也能对一个大的总体进行比较满意的推断。概率抽样的缺点有，相对于非概率抽样，概率抽样比较复杂，更费时费力，因为其地理分布广，采集费用高，且更难实施。

8.2.2 问卷调查法

8.2.2.1 定义

问卷（questionnaire），又称调查问卷，调查表。调查问卷是依据统计研究目的和要求，设计出的由一系列问题、备选答案及相关说明所组成的，向受访者收集资料的一种工具。通过这种标准化的问卷来收集统计数据，可以使调查内容标准化和系统化，便于统计处理和分析。

问卷调查法（questionnaire survey），是市场调查者通过统一设计的标准化问卷向受访者了解相关情况或征询意见的一种信息搜集方法。

8.2.2.2 问卷分类

问卷可以从调查方式、填写方式和问题类型不同进行分类（表8-3）。

表8-3 问卷分类

调查方式	派员访问调查问卷、电话调查问卷、邮寄调查问卷、网络调查问卷、座谈会调查问卷
填写方式	自填式问卷、代填式问卷
问卷问题类型	开放式问卷、封闭式问卷

按照调查方式不同，可以分为派员访问调查问卷、电话调查问卷、邮寄调查问卷、网络调查问卷和座谈会调查问卷。

按照填写方式不同，可分为自填式问卷和代填式问卷两种。自填式问卷由受访者自己填答，代填式问卷是由调查人员根据受访者的口头回答来填写。

按照问卷问题类型不同，可以分为开放式问卷和封闭式问卷。

8.2.2.3 调查问卷结构

调查问卷一般由引言、问题和答案、受访者基本情况、结语四个部分组成。

（1）引言。一般在问卷的开头，或作为问卷的说明信，用以介绍此次调查的目的、意义、调查组织者的身份、调查的主要内容、问卷填写方法和要求及有关注意事项，以及保密承诺等。语言要态度诚恳、口吻亲切，力求引起受访者的重视与兴趣，取得支持与合作。

（2）问题和答案。这是问卷的主要组成部分，包括所要了解的各个问题和相对应的备选答案。这一部分和问卷的核心，直接体现问卷主题。它设计质量如何，直接关系到本次问卷调查最终能否取得有价值的信息。

（3）受访者基本情况。主要用于了解个人或企事业单位的有关基本特征，如个人的性别、年龄、婚姻、文化程度、职业、工作单位、职务或技术职称、民族等，企事业单位的行业类别、经济类型、单位规模、所在地区等。受访者往往对这类问题比较敏感，但又与研究主题密切相关，因此其内容详略往往根据先期分析设计而定，一般置于问卷后半部分。

（4）结语。结语是在问卷末尾对受访者再次表示感谢，或用以征询其对问卷设计和问卷调查的意见和感受。有的问卷也可以不要结语。

此外，问卷上还应有便于归类和溯源的问卷编码。若是派员访问问卷，还应有证明作业的相关记载，即调查者姓名、访问日期和受访者合作情况等。

8.2.2.4 问卷设计

问卷的主题部分主要有各类相关的问题构成。

（1）问卷问题的设置。根据调查内容不同，问卷问题可分为事实性问题、意见性问题和解释性问题。事实性问题要求受访者依据现有事实做出回答，不必提出主观看法。意见性问题用于了解受访者的意见、看法、评价、态度、要求和打算等。解释性问题用于了解受访者行为、意见、看法等产生的原因，了解个人内心深层的动机。

（2）问卷问题类别。根据回答方式不同，问卷问题可分为开放式问题（open-ended question）、封闭式问题（closed-ended question）和半开放式问题（semi-opened question）。开放式问题也称为自由回答式问题，是指不提供备选答案而需要受访者自由做出回答的问题。封闭式问题，是指已列出所有可能答案以供选择的问题。这类问题在统计处理和分析过程中比较容易。但回答带有一定的强迫性，得出的信息有时比较粗糙。半开放式问题是由所有可能的答案加上"其他"项，这是考虑到列出的答案不完全的情况下，由受访者自己提供答题的答案。

8.2.2.5 问卷问题的设计原则

（1）所列问题必须符合客观实际情况。这是指问题应符合当前社会经济发展状况和科学发展水平，符合大多数人的思想意识、文化素质、语言习惯、生活水平和生活方式等。

（2）问题量适中。一份问卷包括多少问题，应根据调查目的、调查对象特点、财物力量及时间要求等来考虑。在满足需求的情况下，问题要尽量精简，最大限度地减轻受访者的负担。

（3）问题必须便于受访者回答。凡是不太可能或不太容易被理解和回答的问题，应该避免出现，尤其是要避免出现理论性或专业性很强的问题。

（4）不要直接提社会上禁忌的和敏感性的问题。由于风俗或民族习惯的不同，有些问题可能会引起误会，甚至会产生民族纠纷，因此要加以避免。而涉及个人利益和声誉的一些问题，则具有很强的敏感性和隐私性，可能会由于受访者的自我防卫心理而拒绝回答。

（5）问题不能带有诱导性和倾向性，要保持客观中立。这是指问题不能流露出调查者或问卷设计者自己的倾向或暗示，以免左右受访者的回答。

（6）问题的内容要单一。一个问题只能包含一个询问内容，否则就会使受访者难以回答。对于比较复杂的问题，要按询问内容进行分解。

（7）问题的语言要简单易懂、标准规范。每一个问题对每个受访者而言都只能有一种解释，问题中用语的定义必须清楚明确。

（8）问题的排列要讲究逻辑性和技巧性。一般地，问题的排列应该先是比较容易回答的问题，再是比较难回答的问题；先事实性问题，再意见性问题和解释性问题；先封闭式问题，再开放式问题。在调查内容的时间上，则应该先过去，再现在，后未来。必不可少的敏感性问题因为易产生防卫心理而最好放在问卷后端。

8.2.2.6 问卷问题答案的设计

（1）是非式。是非式也称两分式、是否式等，即问题只有两个相对立的答案可供选择，如"是"与"否"、"有"与"无"、"赞成"与"否定"等，受访者只需从中选择其一即可。

（2）多项式。多项式也称多选题，指问题有两个以上的答案供选择。

（3）顺位式。顺位式要求受访者对问题的备选答案，按照重要性程度或喜爱程度定出先后顺序，做出比较性的回答。这种设计便于被调者去衡量比较，能比多项式了解更多的信息，适用于要求区分答案的缓急轻重或先后顺序的问

题。

（4）程度评价式。这是一种观念计量的方法，所得结果即为定类数据，也被称为李克特量表（Likert scale）。一般地，对问题列出几个不同程度的答案，并对每一个答案事先按顺序给分，相邻答案的分差相等，由受访者从中选择一个答案来表达他对事物的感受程度。常见是五级量表，即五个答项，另外还会有七级量表，九级量表或者四级量表等。档数越多，了解的信息就越细。

（5）比较式。比较式指把若干可比较的事物整理成两两对比的形式，由应答者进行比较。这种方式比将许多事物放在一起，让应答者做比较要简便容易一些，并可获得针对性明显的具体结果。

8.2.2.7 问题答案的设计原则

（1）所列答案应包括所有可能的回答。只有将全部可能的答案列出，才能使每个应答者都有答案可选，不至于无合适答案而放弃回答。

（2）不同答案之间不能相互包含（互斥）。一个问题所列出的各个答案必须互不相容，互不重叠，否则应答者可能做出有重复内容的双重选择，影响调查效果。

（3）答案的表达必须简单易懂、标准规范。一是要尽可能简单明确；二是要用标准规范的语言，不使用晦涩难懂的词语；三是分类要符合通用标准的分类，符合惯例，如职业分类、产业分类等。

（4）每一项答案都应有明显的填答标记，答案与答案之间要留下足够的空格。

8.2.2.8 问卷的测试与评估

问卷设计可能会引起计量误差和无回答误差，因此需要问卷测试和评估，以帮助检查和修改问卷中存在的问题。一般有前测试问卷评估法，包括专家评审法（由研究领域专家和问卷设计专家从研究内容和认知两个角度进行评审）、受访者焦点小组法（通过受访者焦点小组对问卷主题的认知，和题目的概念准确性和易回答性进行讨论，以获得问卷的反馈信息）、认知访谈法（通过对有偿志愿者进行一对一个人访谈，探索性地了解受访者对问题的认知和问题的易回答性）。

8.2.2.9 问卷调查设计案例

关于由"以教师为中心"向"以学生为中心"教学方式转换的问卷调查

亲爱的朋友：我们正在开展一个关于中国普通高校由"以教师为中心"向"以学生为中心"教学方法转换的障碍因素的课题研究，特真诚地邀请您参加这次调查。请在开始进行这个问卷调查之前，仔细阅读同意意见书。谢谢您的参与。以下问题的选项为1~5级，1表示非常不同意，2为不同意，3为不确定，4为同意，5为非常同意。我们承诺您的信息将被得到保护，您所提供的信息不会用于任何商业目的。

关键概念

➤"以教师为中心"教学方式：即传统教学方式，典型特征是老师是知识的来源、学习的中心，老师掌握教学节奏、教学内容和学习主动权，学生处于被动接受的状态，以记笔记为主，偶尔有少量的教学互动。

➤"以学生为中心"教学方式：即20世纪60年代以后在西方国家出现的新型教学方式，学生在老师的辅助下成为学习的中心，对学习成果负责；教师是学生学习的促进者、指导者。

1　每天实际工作的挑战

1.1 由于学生几乎不问问题，因此教师不知道他们是否学懂学会。

A. 1；B. 2；C. 3；D. 4；E. 5

1.2 在完成学校的教学和科研任务要求之余，教师几乎没时间来实施"以学生为中心学习"的方法。

A. 1；B. 2；C. 3；D. 4；E. 5

2　畏难情绪

2.1 教师不知道如何开展"以学生为中心"的教学。

A. 1；B. 2；C. 3；D. 4；E. 5

2.2 向"以学生为中心"教学的转换意味着增加教师的工作量。

A. 1; B. 2; C. 3; D. 4; E. 5

2.3 如果老师不能实现向"以学生为中心教学"的转换而被同事或者学生笑话或开玩笑，会让人感到羞愧或尴尬。

A. 1; B. 2; C. 3; D. 4; E. 5

3 教学局限与教学习惯改变

3.1 目前的教学资源不能满足"以学生为中心"教学方法的实施。

A. 1; B. 2; C. 3; D. 4; E. 5

3.2 学生习惯教师的教学方式，或者老师高度依赖以老师为中心的教学路径，这让改变很困难。

A. 1; B. 2; C. 3; D. 4; E. 5

4 技能与课程设置问题

4.1 老师没有掌握以学生为中心教学的相关技能。

A. 1; B. 2; C. 3; D. 4; E. 5

4.2 目前学生没有自我导向性学习技能。

A. 1; B. 2; C. 3; D. 4; E. 5

4.3 没有开设如批判性思考技能之类的课程，在独自学习过程中学生不知道如何辩证性地处理所接收的信息。

A. 1; B. 2; C. 3; D. 4; E. 5

5 激励问题

5.1 只有在学校的指示下，教师才会转向"以学生为中心的教学"。

A. 1; B. 2; C. 3; D. 4; E. 5

5.2 学校应该把从"以教师为中心"向"以学生为中心"学习的成功转换与他们的职业认可、职业晋升相结合。

A. 1; B. 2; C. 3; D. 4; E. 5

5.3 学校对开展现代科技如慕课、雨课堂，或者新的教学方法如翻转课堂等进行支持，将触发大家向"以学生为中心教学"的转换。

A. 1; B. 2; C. 3; D. 4; E. 5

6 教育不均衡问题

6.1 对来自农村或少数民族地区的学生及时提供帮助更具有挑战性，他们在语言应用和自信心方面更容易处于学习劣势。

A. 1；B. 2；C. 3；D. 4；E. 5

6.2 还有其他可能的因素吗？请填写在下面方框里。

7 您的个人信息

7.1 您的头衔／职称

A. 处级或正高及以上 B. 副处级或副高 C. 科级或讲师 D. 科员或助教
E. 见习或类似

7.2 您的高校教龄有多少年？

A. 1~5 年； B. 6~10 年；C. 11~15 年；D. 16~20 年；E. 21 年以上

7.3 您的性别 A. 男 B. 女

再次对您的参与表示衷心的感谢！

说明：该调查表属半开放式，留有选择性答题框供受访者选答。问卷开首部分是引言，涉及问卷目的、用途、填写方法及保密承诺，保证了受访者的调查选择权、安全权、知情权和隐私权。同时把受访者的个人信息放在后面，以避免因为顾虑个人隐私而造成对问题选择的干扰。

8.2.3 访谈法

8.2.3.1 定义

访谈法（interview），又称晤谈法，是指通过调查者和受访者之间面对面地交谈来了解受访者的心理和行为的研究方法。因研究问题的性质、目的或对象的不同，访谈法具有不同的形式。根据访谈进程的标准化程度，可将它分为结构型访谈和非结构型访谈。

访谈可以在访谈者和受访者之间一人对一人对话，也可以一人对多人集体进行。

8.2.3.2 访谈流程

完成访谈，首先要设计访谈提纲，包括主要问题，及各个问题可能包含的子问题。其次，要根据上下文语境恰当地进行提问，问题由浅入深，由表及里。再次，要及时准确捕捉访谈过程中的有价值的信息，根据语境进行追问或者把相关性问题联系起来，获得与预期一致或者的研判。及时做好访谈记录，一般还要录音或录像（需要获得对方的肯定答复），这样便于溯源和对可能的遗漏信息进行整理。最后对对方的合作与支持表示感谢。

访谈过程中，访谈者应该在态度方面积极主动，而不应该消极被动。在情感层面上，访谈者要做到"有感情地听""共情地听"，避免"无感情地听"。在认知层面上，要随时将受访者所说的话或信息迅速纳入自己的认知体系并加以理解和同化，必要时对对方进行追问，以获得更深层次、更全面的信息。

8.2.3.3 访谈法的优缺点

（1）优点。

可以对受访者的工作态度与工作动机等较深层次的内容有比较详细的了解；运用面广，能够简单而迅速地收集多方面的工作分析资料；由受访者亲口讲出工作内容，具体而准确；使调查者快速了解到短期内其他方法不容易发现的情况，有助于管理者发现问题；为受访者解释工作分析的必要性及功能；有助于与员工的沟通，缓解工作压力。

（2）缺点。

第一，访谈要付出更多的时间、人力和物力，成本较高，难以大规模进行，所以一般访谈调查样本较小。第二，由于要求受访者当面作答，这会使对方感觉到缺乏隐私而产生顾虑，尤其对一些敏感的问题，可能会回避或不作真实的回答。第三，访谈双方的关系（单独面对、陌生人）和访谈者的个人倾向性表现，可能引起受访者不同的心理反应，容易使受访者产生不信任感，以致影响访谈信息的准确性和完整性。第四，访谈调查是访谈双方进行的语言交流，如果受访者不同意现场录音，对访谈员的笔录速度的要求就很高，而追记和补记往往会造成信息遗漏。第五，访谈调查有灵活的一面，这也增加了调查过程的随意性，受访者在不同情形下的回答可能是多样的；在访谈过程中受访者可能无意识地把话题带偏，这时访谈者应有能力把话题带回来；访谈所提供的信息多、复杂，对访谈结果的处理会因人而异，访谈者根据自己所需进行信息筛选，导致结果可能有偏差。第六，由于受访者数量有限，获得的信息量小，所以选择适当的受访者非常关键，关系到访谈法的成功与否。

8.2.3.4 访谈设计案例

关于由"以教师为中心"向"以学生为中心"教学方式转换的访谈

亲爱的同事：我们正在开展一个关于中国普通高校由"以教师为中心"向"以学生为中心"教学方法转换的障碍因素的课题研究，特真诚地邀请您参加这次调查。请在开始进行这个问卷调查之前，仔细阅读同意意见书。我们承诺您的信息将得到保护，您所提供的信息不会用于任何商业目的。

关键概念

➢ "以教师为中心"教学方式：即传统教学方式，典型特征是老师是知识的来源，学习的中心，老师掌握教学节奏、教学内容和学习主动权，学生处于被动接受的状态，以记笔记为主，偶尔有少量的教学互动。

➢ "以学生为中心"教学方式：即20世纪60年代以后在西方国家出现的新型教学方式，学生在老师的辅助下成为学习的中心，对学习成果负责；教师是学生学习的促进者、指导者。

访谈表

	主干问题	相关细节问题
1	您是否知晓"以教师为中心"和"以学生为中心"教学的关系？	1.您能总结一下传统的"以教师为中心"教学范式的特点吗？ 2.您是如何看待"以学生为中心"教学方式的？ 3.您能对比一下这两者之间的优缺点和适用场景吗？ 4.您能给我们列举一下您在校内或校外所观察到的两种教学实践吗？
2	学校是否对向"以学生为中心"教学转换提供相关支持？	5.学校对"以教师为中心"向"以学生为中心"转换的意见是什么？ 6.学校愿意为这种转换在硬件建设方面付诸什么努力？ 7.对进行这种转换尝试的教师有何激励措施或者支持政策？

	主干问题	相关细节问题
3	学校能够向"以学生为中心"教学转换提供支持性保障措施	8. 您认为制约教师向这种教学方式转换的因素有哪些？ 9. 您认为制约学生向这种教学方式转换的因素有哪些？
4	如果可行，技术方面您认为现有教学条件下怎么实施"以学生为中心"？	10. 在课表设置中需要考虑什么因素？ 11. 在教学场地中应该考虑哪些因素？ 12. 在教学活动和教学内容中应该有什么考虑？ 11. 在考核和学习反馈中需要考虑什么？
5.	您如何看待现代科技手段在教学中的应用，他们对实现这种转换有什么价值？	14. 您所了解的有哪些现代科技手段用于教学？ 15. 您如何看待向"以学生为中心"教学转换中现代科技起到的支持作用？ 16. 您认为仅仅依靠这些科技手段对学生学习又存在什么局限性？

从该访谈表可以看出，它的特点之一是以大问题套小问题，本案例是 5 个大问题套了 16 个小问题。

同时，由于一对一或一对多（focus group）进行，花的时间往往较多，同时对访谈者的要求也较高。

8.2.4 观察法

8.2.4.1 定义

观察（observation），一种有目的、有计划的、比较持久的知觉活动。研究意义上的观察是通过观察事物的现象与动向，获得研究发现、验证研究假设、获取问题解决办法的行为。

观察法（observational method），是由市场调查者根据所要研究的问题或所要了解的事实，在自然状态下或控制状态下，有计划地、系统地用自己的感官和辅助工具去观察所研究对象，包括受访者的运行过程、行为、内容、特点、工作环境等，并用文字或图表的形式记录下来，从而获得相关信息的一种调查方法。

观察法的最大特点是具有可重复性和可控性。

8.2.4.2 使用原则

首先在观察前，要有详细的观察提纲和行为标准。其次，观察人员尽可能不要引起被观察者的注意，不要干扰被观察者的工作。最后，在观察中，要注意对同种工作的不同受访者在不同时期进行观察。

8.2.4.3 适用范围

（1）被观察者（受访者）的工作相对稳定。（2）观察法适合于大量标准化的、周期较短的以体力活动为主的工作，不适用于以脑力活动为主的工作。（3）被观察者有可能从事一些只是偶然发生但是非常重要的工作活动，这时观察法也会失效。例如，急救医生和急救护士的工作。

8.2.4.4 流程

首先确定观察研究对象；其次选择观察策略，即是什么时间、什么地点、以何种方式进行观察，同时制订观察记录表，做好观察信息的详细记录。

8.2.4.5 观察法的优缺点

（1）优点。

首先，它能通过观察直接获得资料，不需要其他中间环节，观察的资料比较真实。其次，在自然状态下的观察，能获得生动的资料。再次，观察具有及时性优点，它能捕捉到正在发生的现象。最后，观察能搜集到一些无法言表的材料。

（2）缺点。

第一，受时间的限制，某些事件的发生是有一定时间限制的，过了这段时间就不会再发生。第二，受观察对象隐秘性限制，如青少年犯罪问题，其秘密一般不会让别人观察到。第三，受观察者本身限制。一方面人的感官都有生理限制，超出这个限度就很难直接观察；另一方面，观察结果也会受到主观意识的影响。第四，观察者只能观察外表现象和某些物质结构，不能直接观察到事物的本质和人们的思想和心理活动。第五，受资金、时间、场地等的制约，这种方法不适合大面积实施。

8.2.5 文献研究法

8.2.5.1 文献

文献（literature），是指具有历史意义或研究价值的作品，可能源于书籍、报纸杂志或者期刊论文，可以是纸质的或者电子的。随着时代的发展，新的记录人类知识的文字、图像、符号、视频、音频等也被纳入了文献范畴。

8.2.5.2 文献分类

按照来源、加工深度、记录技术等的不同，文献可以有多种类别（表 8-4）。

表 8-4 文献类别

来源机构	个人文献、社会文献、官方文献、大众传媒文献
来源形式	书籍、报纸、杂志、期刊论文
加工深度	原始文献：个人文献中的日记、信件，官方文献的记录、报告 二次文献：回忆录、新传记、研究报告
记录技术	手工型文献、印刷型文献、录制型文献、网络文献
载体	纸质文献、胶卷文献、光盘文献、磁带文献
学科领域	社会科学文献、自然科学问题
是否公开	公开文献、内部文献、秘密文献、绝密文献

8.2.5.3 文献研究法（literature methodology）

文献研究法属于非接触性研究法，是根据一定的研究目的或课题需要，通过对文献的搜集、鉴别、整理、融合，从而全面、正确地了解掌握所要研究的问题。

要注意文献研究与文献综述（literature review）的区别。文献综述在我国学术写作中往往又被称为国内外研究现状，是针对某一领域、某一专业或某一课题、问题或专题，在进行大量国内外相关文献阅读的基础上，对前人的主要学术观点、前人研究成果和研究水平、研究方法、新的问题及可能原因等内容进行综合分析、归纳、整理和评论，属于学术（论文或者报告）写作中的一个必需环节。

8.2.5.4 文献研究法的特点

一是间接性，调查者无须受访者个体直接接触，搜集对象是各式各样的文献。二是历史性，通过文献法能够超越时空条件的限制，对过去的研究成果进行回顾、梳理。三是稳定性，由于无须接触受访者，无须介入文献研究过程，因此不会出现"干扰效应"。

8.2.5.5 文献研究法的优缺点

优点：调查者可以穿越时空考察古今中外文献来获取广泛的相关社会信息；使用的书面调查的形式，比口头调查更真实、准确、系统和可靠；开展方便自由，受外界干扰小；效率高、花费少，可以用较少的人力、经费和时间获得更多信息。

缺点：由于收集的资料都是过去的，缺乏时效性，不能反映该领域的发展现状；并且那些资料属于历史时期的产物，有时代烙印，受作者个人因素的影响和制约，需要批判性采用；缺乏对调查事物的直观接触和感受，认知有限制；因为某些文献难以寻找或者不公开，所以难免有资料不足的缺陷。

8.2.5.6 文献研究法的注意事项

运用文献研究法时，要考虑到文献收集是一个漫长广泛的收集过程，已有的文献浩如烟海，做到有效收集，必须有目的有计划地进行，遵循一些基本要求，如知识有用性、文献可信性、文献代表性、内容全面性、形式多样性、时序连续性和收集时效性。

同时要注意多渠道收集，用多种方法，尽量收集到符合要求的、高质量的文献资料。收集方法可以使用检索工具（依赖手工的文献目录索引检索，或者依赖数据库的机读检索，以及依赖互联网专门搜索引擎进行检索）进行查找，通过根据他人著作的参考文献罗列出的文献目录进行追踪查找，或者这二者交替循环使用进行查找。

在使用过程中要注意及时进行文献摘记，这是文献资料收集中一个重要工序，摘记的内容一般包括文献研究的时间、方法、结论等信息，做到摘记准确、规范、有评述、管理有效等。

8.2.6 网络调查法

8.2.6.1 含义

网络调查有两重含义，一是借助互联网、计算机通信和数字交互式媒体进行的调查，它是借助计算机网络技术替代传统的面对面问卷调查、访谈、电话或邮寄调查，即把问卷直接挂在网络上，供受访者访问和填写，然后自动生成信息数据库。二是对互联网使用情况的调查，主要是互联网使用情况（用户、流量）或者互联网使用的反馈信息（结构、行为特征、偏好与指向等）。

8.2.6.2 比较特点

网络调查与传统调查相比较，有其优势与不足（表8-5）。

表8-5　网络调查与传统调查的比较

比较项目	网络调查	传统调查
调查费用	费用少，主要涉及设计、数据获取与处理几个环节的费用	费用高，包括设计、印刷、发放、回收、录入和处理等费用
调查范围	无国界无疆界，可以很大	受成本、时间和地域限制
受访者来源	网民	所有普通用户
时间选择	全天候	不同受访者的受访时间不同
所耗时间	短，在搭建后平台往往几天时间就能得到有意义的结果	长，效率低
可信度	不一定，受发出渠道、调查者的影响力等的制约	有严格审核和监督措施条件下的传统调查可信度高
便利性	非常方便	受时间、空间和成本等的限制
调查方法	方法多样，还在进一步发展，数据挖掘技术成为主流	方法较为固定

8.2.6.3 网络爬虫

由于网络调查的第一种含义跟传统问卷调查相同（具体详见旅游市场调查分类的技术手段分类和问卷调查法），这里不做介绍。这部分只介绍网络调查的第二种含义，即利用网络进行数据爬虫以获取旅游的相关信息。

网络爬虫（web crawler），又称为网页蜘蛛，网络机器人，是一种按照一定的规则，自动地抓取万维网信息的程序或者脚本的技术。

8.2.6.4 网络爬虫分类

从系统结构和实现技术看，网络爬虫大致可以分为通用网络爬虫（General Purpose Web Crawler）、聚焦网络爬虫（Focused Web Crawler）、增量式网络爬虫（Incremental Web Crawler）、深层网络爬虫（Deep Web Crawler）几种类别。实际的网络爬虫系统通常是几种爬虫技术相结合实现的。

从使用性质角度来看，主要包括以下两类爬虫：一是搜索引擎的爬虫，主要有 Google、微软 Bing、百度等搜索引擎企业研发的爬虫；二是各企业或研究机构根据各自实际需求自主开发定制的爬虫，用于用户行为分析，效益分析等数据挖掘方面的研究等。

8.2.6.5 爬虫数据采集渠道

截至 2021 年 6 月，我国网民规模为 10.11 亿。游客通过网络方式查询制定出行计划、定制购买旅游产品、分享出行体验、投诉问题。借助网络爬虫等技术，对旅游各个环节（旅游目的地、星级酒店、A 级景区、旅行社及导游、旅游交通、餐饮等）的网络信息（涵盖旅游产品资源、营销推广、旅游舆情、游客行为等）进行多维度采集、分析、归类、整理，部署方便、运行高效、采集稳定。

旅游采集数据来源渠道广泛，包括 A 级景区、旅行社（含 OTA）、酒店、旅游行政管理部门等网站的结构化旅游要素，和博客、新闻、贴吧、微博等非结构化旅游衍生数据（表 8-6）。

表 8-6　旅游数据采集来源

信息类型	来源渠道
旅游资源信息	省、市级旅游行政管理部门政务网站和资讯网站
旅游营销信息	星级酒店、A 级景区、旅行社等旅游企业网站信息和导游信息
旅游舆情信息	门户网站微博、知名论坛、重要舆情网站，社交网络和社区
游客行为信息	携程网、美团点评、去哪儿网、驴妈妈网、大众点评网等

8.2.6.6 爬虫软件

世界上已经成型的爬虫软件非常多，著名的有 Crawlzilla、Heritrix、Webmagic、Scrapy、QuickRecon、Go_spider，以及 Python 等。

8.2.6.7 数据采集

网络爬虫的核心原理是模拟人为操作，打开目标网页，得到网页的表单信息，然后进行解析得到表单中的目标信息。一个完整的爬虫流程主要分为五个模块（图 8-2）。

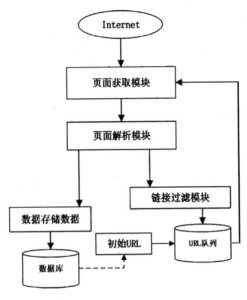

图 8-2　网络爬虫流程框图

五个工作模块的工作流程是：首先，爬虫从数据库的初始 URL（Uniform Resource Locator，统一资源定位器）池中取出目标 URL，根据去重记录，判断该 URL 是否被处理过，如果有则舍弃，否则传送至页面获取模块，以请求网络页面数据；接着对页面数据解析，将页面目标信息分析后存储至数据库，并分析页面中的 URL 数据组，经过过滤之后存入 URL 队列；之后根据一定的遍历算法向程序提交下一次任务 URL，直至 URL 队列变为空为止。

网络爬虫技术作为数据采集的一种高效方式，在大数据时代被广泛应用，但作为一种技术，在商业社会中若其不当使用则可能引发侵权纠纷，甚至触犯法律，因此要注意合法地使用。

选择对开放数据的读取和收集，同时不应避开或突破被访问网站的技术防护措施，还不应违反爬虫协议，不应损害他人的合法权益，以及避免给目标服务器带来过大的负荷量，影响其正常运营。

8.3 数据处理

8.3.1 数据处理概要

8.3.1.1 定义

数据处理（data processing），就是运营科学的方法，对通过调查所获得的原始资料进行审核、分类、数据录入、初步加工，使之条理化和系统化，符合市场调查报告统计分析的标准，最后用于市场调查统计报告的写作。

8.3.1.2 流程

数据审核，就是对收集的原始问卷进行初步的审查和核实，校正错填、误填的答案，剔除无效问卷（填写不完整、没有按照要求填写、回答无变化、有缺失部分、截止日之后提交、前后明显矛盾甚至错误的问卷）。

数据分类，就是对问卷进行登记和编号。

数据录入，主要是对传统问卷按照编码要求录入到调查问卷编码表中，供数据初加工所用

8.3.2 定性分析数据的结果展示

8.3.2.1 定性数据整理

首先要进行审核，通过经验，前后逻辑关系、比较等方法审核数据的真实性和可靠性。其次要筛选，从典型性和适用性原则出发，保留最具有代表性的数据部分，剔除重复的、对研究没有价值的部分。再次要分类，将数据的共同性和差异性进行分门别类的组织，使之条理化和系统化，找出数据之间的内在规律。最后是编码，不同于定量数据的编码，定性采用后编码方法，即是将零星的、繁杂的原始资料分别组成不同的概念类别，创造出不同的主题或概念用以后续分析。

8.3.2.2 定性数据的分析方法

目前常用的有经验论证、比较分析、因果分析和概念示意。

经验论证（empirical argument），更多被称为列举法，就是直接列举一些个人经验方面的论据来论证某个理论或事实。

比较分析（comparative analysis），对确定认识对象之间的异同点进行逻辑思维的方法，一般需要通过对两个或多个事物的异同进行比较，达到认识某

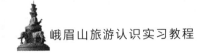
个事物的目的。有一致性比较法和差异性比较法两种。

因果分析（causal analysis），是一种探究事物之间的因果关系的方法，通过比较来发现事物或现象的因果关系。有求同法（两个以上的比较事物中找到一个以上的共同点），求异法（两个以上的比较事物中找到某现象存在的变化性，即存在于 A 情形，而非 B 情形），共变性（所研究的对象在几个场合中，只随其中一个变量，而不随其他变量的变化而变化）。

概念示意（concept diagram），及时将定性数据各个主题与各概念之间用图形的方式，清晰直观地展示他们之间的理论分析框架和脉络关系，如流程图、矩阵图、韦恩图等。

8.3.2.3 定性分析的基本流程

（1）转录。及时将文本进行处理，以加以利用。首先需要将获得的录音、现场笔记等资料转录为可读的文本。

（2）编码。是对资料进行简化、提炼、初步分析的过程。编码一般会有多个层级。首先细读材料进行一级编码，为每个段落标记一级编码；然后根据一级编码系统进行二级、三级编码，逐渐提炼出共同的概念和模式。编码的层级越高，关注的东西越具概括性、解释性。

（3）资料展示。使用可读性更强或者逻辑关系更加清晰的形式展示信息，资料展示的过程也是对资料进行进一步分析的过程。一般有流程图、矩阵图、网状图、韦恩图（Venn Diagram）、脉络图、决策图等。

（4）引出结论。从资料中提炼出规律、模式、解释、因果、命题等，并在提炼的过程中进行验证。

8.3.3 定量分析数据的结果展示

定量分析数据一般通过 Excel 或 SPSS 工具对录入数据进行初步加工。这里只介绍用 Excel 加工后，形成柱状图、饼图等图表的情况。

8.3.3.1 柱状图（bar graph，bar chart）

柱状图也称为长条图，是有一些列宽度相同、高度不等的纵向条纹表示数据总量大小。根据排列不同，可以分为垂直柱状图（直方图，histogram）和水平柱状图（条图，horizontal bar）；根据表现资料的内容多少又可以分为单式柱状图和复式柱状图。

8.3.3.2 饼图（pie graph，或 sector graph）

饼图是用被切割的"饼"的大小形状来反映比例或份额的图。它主要适用于数据没有负值、零值、各类数据分别占据整个数据一部分的情形，如不同旅游产品消费市场占比、各旅游消费环节占总支出的比重等。

8.3.3.3 曲线图（line chart）

曲线图又称为折线图，表示变量随着时间的改变而出现的高低变动情况，如一个周期的旅游产品价格、旅游景区门票价格、游客接待量情况等的变化情况。根据变现的内容多少，又分为单式曲线图和复式曲线图。

8.3.3.4 散点图（scatter plot 或 scatter graph）

散点图也称为 X-Y 图，将所有的数据以点的形式展现在直角坐标系上，显示变量之间相互影响程度的图例。散点图的应用目的在于发现因变量随自变量的变化而变化的大致趋势（因果关系或关系的强弱等），点的位置由变量的数值决定。一般是用两组数据构成多个坐标点，根据坐标点的分布变化，来判断两变量之间是否存在某种关联，或总结坐标点的分布模式。散点图可以用于如旅游目的地的节事活动举办情况，与旅游价格上涨、游客流入、旅游收入、游客停留时长等的不同反映情况的关联性；或者旅游价格调整，与不同性别、职业、年龄段、客源地等游客的不同反映情况的关联性。

数据的相关关系主要分为：强正相关、弱正相关、强负相关、弱负相关、非线性相关、不相关等六种情况。

8.3.3.5 排列图（Pareto）

排列图又叫帕累托图、主次图，是按照发生频率大小顺序绘制的直方图，常用于质量管理中。根据"关键少数和次要多数"原理，人们发现大部分的质量问题往往只由少数几个原因引起，找出这几个原因，是解决质量问题的关键。将影响产品质量的各种因素，按照出现的频数，从大到小的顺序排列在横坐标上，在两侧纵坐标上分别标出因素出现频数和累积频率，并画出对应的变化曲线的分析方法。

●本章考核

旅游市场调查方法在实际调查中的应用。

第9章　导游讲解的方法与技巧

课程思政： 在奔赴景区的途中和景区内开展模拟导游讲解与服务，传递关于自然人文的知识，通过模拟讲解，传递关于景区的旅游知识，激发游客热爱祖国的自然风光和悠久灿烂的文化、热爱生活、享受生活的兴致。

实习目的： 通过在旅游景区及去旅游景区途中的现场模拟讲解，帮助学生了解景区环境、各个景点，撰写导游词，培养导游讲解和服务的基本技能。

实习方法： 赴峨眉山途中和峨眉景区实地的模拟导游讲解。

实习地点： 奔赴峨眉山实习基地的途中，峨眉山景区。

知识要点： 途中各区县的社会经济发展水平、代表性旅游吸引物；景区内各景点的相关知识。

9.1　景区讲解的基本内涵

9.1.1 景区讲解

旅游活动是一项寻觅美、欣赏美、享受美的过程。旅游景区非常广泛，包括风景区、文博院馆、寺庙观堂、旅游度假区、自然保护区、人造主题公园、森林公园、地质公园等各类旅游景区。游客在旅游过程中离不开信息的获取，这中间景区讲解起到了非常重要的作用。景区讲解是一种知识传递，引导人们发现美，欣赏美的过程，它在客主双方之间互动，让游客达到陶冶情操、增长知识、净化情感、获得升华的目的。景区讲解员，又称讲解员，是指在各类景区中为游客进行导游讲解和向导的工作人员。

讲解员代表着景区的服务水平，代表着旅游目的地的服务水平和好客程度。这其中，博物馆的定点导游员则被称为"讲解员"或"报告员"，他们博学多识，在某一类博物藏品中具有较高的专业知识，在西方是级别最高的导游人员。

9.1.2 景区讲解内容

景区讲解重点是景区内的各类旅游吸引物（亦即文化和自然景观），同时也包括景区所在的区域环境（社会文化环境、自然环境）、旅游设施（基础设施、配套设施），资源开发与保护情况（资源的生态属性、资源保护）等。

所谓上到天文地理，下到鸡毛蒜皮，凡是跟景区景点及旅游活动相关的，都应当在导游（模拟）讲解和他与游客问答互动中得到应用。

9.1.3 导游词

9.1.3.1 定义

导游词是景区讲解人员或导游人员为引导游客观光游览而对游览对象所作的口头和书面的介绍、说明、分析和评价。

一般分书面导游词和口头导游词。其中书面导游词是根据游览景观的实际需要，遵照一定的游览线路和顺序，模拟游览活动创作而成的应用文体。在实际讲解过程中，不同的导游往往会对书面导游词根据自己的语言习惯进行口语化处理，这就成为口头导游词。

9.1.3.2 功能

客观上导游词起到了引导游客鉴赏景观、获取知识、愉悦精神和陶冶情操的作用。

引导鉴赏景观：就是导游依据导游词文本，对旅游景观绘声绘色地讲解、指点、评说，帮助旅游者欣赏景观，以达到游览的最佳效果。

传播文化知识：就是导游词所包含的旅游景区的历史典故、地理风貌、风土人情、传说故事、民族习俗、古迹名胜、风景特色等知识，通过讲解游客实现增知长识的效果。

陶冶游客情操：导游词本身具有言之有理、有物、有情、有神等内容。通过语言艺术和技巧，给游客勾画出一幅幅立体的图画，构成生动的视觉形象，把旅游者引入一种特定的意境，从而达到陶冶情操的目的。

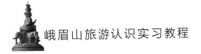
9.1.3.3 撰写

导游词的撰写是对景区的介绍，往往虚实结合，叙事与讲理集合，要求内容全面准确。一个优秀的讲解员所准备的讲解词往往会对已有的讲解词进行符合自己讲解习惯的、符合主题意思的口语化再加工。

第一是导游词需要一定的基础知识（历史、地理、地质学、动植物学、宗教学、美学、文学以及建筑、园林、书法、绘画等），它能给听众带来相关知识，而不是空话套话，这样在讲解中能做到言之有物。

第二是内容全面准确。全面指的是对景区主要景观所体现出的内容完整、系统、有层次感；准确即是符合事实或者史实，关键性数据准确无误，经得起推敲和查证。这样讲解方能做到言之有据，言之有理。

第三是表达内容的故事性和趣味性。导游词不是让人记住即可、讲解时照本宣科，而是要在基于基本事实的基础上进行符合自我表达习惯的口语化加工，能引人入胜，口语化（非书面语），虚（故事传说、名人逸事）实（景观所体现的基础知识）结合，让听者觉得有趣有意思，达到"看景不如听景"和"意在景外"的效果。

9.1.4 景区讲解的工作流程

景区讲解包括向导、景点讲解、回答问询和照顾游客（尤其是安全）等的工作流程，即是为游客在景区内提供向导活动，在相应的景点开展讲解工作，讲解和行走过程中进行问询和回答问题，同时照顾游客拍照、购物及安全等工作。

讲解不是背书，不是照本宣科，而是将知识信息熟悉于心中，然后用口语化的方式表达出来；讲解不是滔滔不绝，口若悬河，而是掌握好节奏，调节游客更好地接受信息；讲解不是单向的一言堂，而是注重过程中主客互动；讲解不是固守成规、一成不变，而是讲究讲解技巧，针对不同的讲解对象，施以不同讲解内容与讲解方法。

9.2 景区讲解的基本方法

讲解方法是导游工作艺术的重要组成部分。一次成功的景区导游讲解要善于针对游客的心理活动，灵活地运用导游讲解方法，做到清楚易懂、生动流畅、引人入胜，使旅游活动轻松愉快，让游客的求新、求异、求美的需要得到合理满足。

下面是一些常用的导游讲解方法。

9.2.1 概述法

概述法是指在未讲解某景点具体内容之前，导游员用准确、简洁的语言把景点基本情况简略地介绍给游客，使他们对景点有一个初步印象。概述法适用于所有的景点，不论是自然景观，还是人文景观，运用此种讲解技巧，导游员都能讲清该景点的来龙去脉、规模特点，同时又能有效地控制所要讲解的内容。

概述法是导游一人在讲，游客被动在听，因此，导游采用此法时，应注意掌握好时间、地点、语言、内容，讲解时间不宜过长，三五分钟即可；地点一般选择在景点门口，配合导游图和手势进行。讲解语言要有抑扬顿挫，切忌单调乏味，以免造成游客疲倦；讲解内容点到为止，以引起游客注意为目的，不必长篇大论。

9.2.2 描述法

描述法，就是运用生动形象、富有文采的语言对眼前景观进行具体细致描述，使其细微的特点显现于游客眼前。在旅游过程中，有些景观没有导游员的讲解和指点，很难展现其美之所在。使用描述法时应注意选择时机，在需要重点讲解的地方进行描述，尽力使游客目光所及与导游讲解聚焦一体，才能使游客感受到美的存在。

9.2.3 分段讲解法

分段讲解法，是指导游员根据景区中景观的分布情况，将大景区分成前后衔接的若干部分逐步进行讲解的方法。运用分段讲解法时，导游员应首先在前往景点的途中或在景点入口处的示意图前对该景点的概况（包括历史沿革、占地面积、欣赏价值等）作简单介绍，使游客对即将游览的景点有个初步印象，达到"见树先见林"的效果，进而产生"一睹为快"的心理需求。然后再带领游客顺次游览，做分段讲解。

9.2.4 类比法

类比法是指将游客眼前所见景物与游客熟悉的事物进行比较，以熟喻生、触类旁通，从而使游客感到亲切，容易理解。如此可以提高导游讲解的层次，达到事半功倍的导游效果。

（1）同类相似类比，指两种相似事物之间的比较，便于游客理解并产生亲切感。如将阆中古城与山西平遥、云南丽江、安徽歙县相比，将二滩水利工程与三峡水利工程相比等。

（2）同类相异类比，指通过比较显示两种风物在规模、质量、风格、水平、价值等方面的不同。如将峨眉山与黄山、华山、泰山相比，将邓小平故居和毛泽东故居相比，将石达开覆灭大渡河与红军强渡大渡河相比，将峨眉山报国寺与金顶华藏寺相比等。

（3）相同时代类比，指将同一时代而不同国家的帝王进行类比，也可将年号、帝号纪年转换为公元纪年。如讲康熙皇帝，可以说他与法国的路易十四和俄国的彼得大帝同一时代，且他们在本国历史上都是很有作为的君主；讲故宫，可以说建成于明永乐十八年，也可以说建成于公元 1420 年，更能给人以历史久远的印象。

9.2.5 问答法

问答法是指在导游讲解过程中向游客提问题或启发游客提问题的一种导游方法，其目的是活跃游览气氛，加强思想交流和互动，从而使游客产生成就感并对所游览景点有更深刻的印象。

（1）自问自答法。

在讲解中，为减少导游员平铺直叙讲解的枯燥性，导游员可适当地穿插着提出问题。并不一定期待游客作答，而只是为了激发他们的兴趣，促使他们思考。提问之后做适当停顿，然后由导游员自己简洁明了地给出答案，以给游客留下深刻的印象。

例如在游览武侯祠时，导游讲道："从刘备殿出来，低一个台阶就是过厅。为什么要低一个台阶呢？"稍做停顿，引起游客思考之后，导游员再做解答。原来，"这是封建社会君尊臣卑等级观念的体现。诸葛亮虽为蜀中人民敬仰，但终究是臣，当然不能跟刘备这个皇帝平起平坐了"。

（2）我问客答法。

我问客答法是为吸引游客注意力，加强游客参与性而采用的导游提问游客回答的一种问答法。在运用此法时，导游员一定要根据游客的文化层次和表现出的兴趣恰当地提问，而不要出难题为难游客，更不能强迫他们回答。

最后，导游员应给出问题的正确答案。比如，我们在讲解丹巴古城时可以这样设问："中国是一个多民族国家。傣族人居竹楼，蒙古人居帐篷，而作为游牧民族的藏族，本来是逐水草而居，居无定所，那又为什么会有这样高大、坚固、永久性的碉楼呢？"

（3）客问我答法。

为调动游客的积极性，激发他们的想象力，导游员应鼓励游客自由提问。游客的提问能反映出他们游览的兴奋点，这也正是导游员应该关注的地方。

9.2.6 引用法

引用法是指导游员将客人本国本土的谚语、俗语、俚语、格言等引入讲解之中，从而增强语言的生动性，起到言简意赅、以一当十的作用。

9.2.7 设置悬念法

设置悬念法，俗称"吊胃口""卖关子"，即导游员在导游讲解时提出令游客感兴趣的话题，却故意引而不发，让游客去思考、琢磨、判断，最后才讲出结果。最高超的方法就是通过连续提出几个环环相扣的问题，直至把游客的胃口吊得不能再高了，才公布答案。设置悬念法是一种"先藏后露、欲扬先抑、引而不发"的手法，在活跃气氛、制造意境、增加游兴、提高讲解效果诸方面都能起到重要作用。

9.2.8 虚实结合法（故事法）

虚实结合法（故事法）是指导游讲解过程中将典故、传说与景物介绍有机结合起来的一种讲解方法。"虚"是指与景观有关的民间传说、神话故事、逸闻趣事等，一般无证可考；而"实"则是指景观的实体、实物、史实、艺术价值等，一般有据可查。虚实结合可以使导游讲解更加生动形象，产生强烈的艺术感染力。

9.2.9 触景生情法

触景生情法就是见物生情、借题发挥的导游讲解方法。在导游讲解时，导游员不能就事论事地介绍景物，而是要借题发挥，利用所见景物制造意境，让游客感到景中有情，情中有景，给游客以想象空间，从而提高游客的审美激情。

例如，在欣赏三星堆历史博物馆馆藏文物时，一位导游员讲道："请朋友们凝神专注于这众多的青铜眼睛。这些林林总总的眼睛群像，或圆睁大眼，或

闭目冥想，正清楚地表达一种意象——古蜀先民不懈追求着对天地、自然、宇宙的认识。而在数千年之后，我们用自己的眼睛，透过这些青铜眼睛，看到了古蜀先民的灵魂和精神，想象出他们对宇宙、人生的理解和思索。"这样的讲解，不仅使游客感受到了文物自身美的价值，也产生了对古蜀文化的尊重和崇拜。

9.2.10 联想法

联想法就是导游对游客所见景物加以联想，借题发挥，进行扩充讲解，起到以点带面的作用。导游员在日常生活中，要注意培养和提高自己的形象思维能力，才能成功引导游客浮想联翩。

例如，游客初到攀枝花，看到道路两旁满树红花的高大乔木很感兴趣，导游可借机介绍，此树便是攀枝花市的市树凤凰树，可将其与攀枝花市市花攀枝花树作比较，还可以将讲述延伸到攀枝花的植被和气候特征，甚至可以延伸到第一代攀枝花创业者的艰辛等。

9.2.11 数字法

数字法是利用数字来精确地说明事物的年代、形状、特征、功能、角度等的一种方法，也是导游讲解中知识传递的重要手段。导游讲解，尤其是大型景观的讲解，往往离不开数字法的运用。

（1）数字换算。

导游员常用数字换算来帮助游客理解景观内容。

（2）数字阐释。

导游员运用数字阐释可以更准确地说明景观内容。

9.2.12 引经据典法

引经据典法，就是向游客引证有关历史人物或事物的逸闻典故和名家点评来帮助突出景观的特色、价值，使他们能更形象地理解眼前的景观。

9.3 途中模拟导游讲解

9.3.1 途中导游的概念

途中导游是指在旅游车行驶的过程中，导游员对途中所见景物所作的动态讲解。

途中导游是导游讲解服务的重要组成部分，是让游客排遣寂寞、提高游兴、增长见识的主要途径，是衡量导游服务和讲解质量的标志。

9.3.2 途中模拟讲解

9.3.2.1 途中讲解的内容

导游员率团启程，就开始了途中导游。在简短的致欢迎词、交代行程及旅游注意事项之后，根据运行线路顺序对途中景物进行随机取点、逐一讲解，即见什么就讲什么。途中讲解重点在展示游客途经路上能够见到的景物，如道路、桥梁、城堡、江河、城镇、民居、民俗、传说乃至土特产品的基本情况、主要特色和历史沿革。途中讲解也可以为前往目的地景区景点而讲解一些背景信息为即将开始的游览做一些铺垫。这些内容选点的多少、详略的程度，要根据距离的远近、行车时间的长短灵活掌握。

9.3.2.2 途中讲解的方法

与景区景点导游相比，途中导游有其特殊之处：随机性、即兴性强、不确定因素多。因此，途中导游对于导游员的语言组织能力、表达能力、时间把握能力、节奏控制能力、观察能力、应变能力等都有更高的要求。

9.3.2.3 途中讲解的技巧

综合应用"讲解 +"。

可以将讲解与唱歌，讲故事，讲笑话，猜谜语，学方言（语言）等活动结合起来，增加旅途的乐趣，增进主客友谊。

途中讲解应该是轻松愉快的，营造轻松愉快的氛围对即将开始的目的地景点讲解工作做准备。

9.4 现场模拟导游讲解环节

9.4.1 景区景点信息与途中模拟讲解

9.4.1.1 成都—峨眉山途中导游

熟悉沿途主要区市县成都（成华区、锦江区、双流区、新津县）、眉山（彭山、眉山）、乐山市（夹江、峨眉山市）等的地理位置、社会经济与科技发展水平、一二三产业的布局与发展水平、教育文化、医疗卫生及体育等的发展水平等。

模拟讲解时长：15 分钟。

9.4.1.2 峨眉山概况

峨眉山的地理位置、成因，"植物王国""动物王国"、地质公园、峨眉山旅游开发历史与现状，及与实习基地的渊源。

模拟讲解时长：15 分钟。

9.4.1.3 佛教与峨眉山

查阅佛教的相关资料：佛教发展起因与发展现状；佛教的教义，佛教的影响、佛教寺庙与佛教造像等。

关于峨眉山佛教的传入、发展与现状，峨眉山代表性佛教寺庙等。

模拟讲解时长：10 分钟。

9.4.1.4 峨眉灵猴

查阅资料：峨眉山灵猴种属、分布、特征、安全注意事项等。

模拟讲解时长：10 分钟。

9.4.2 峨眉山景区模拟讲解

9.4.2.1 报国寺景区

认识行进路线：天下名山牌坊—凤堡钟亭—报国寺（弥勒殿—大雄宝殿—七佛殿—普贤殿）—伏虎寺（虎浴桥—虎溪桥—虎啸桥—弥勒殿—普贤殿—大雄宝殿—五百罗汉堂—华严铜塔）—善觉寺—雷音寺—纯阳殿（药师殿—大雄宝殿）—神水阁（观音殿—弥勒殿—大雄殿—普贤殿）—中峰寺（普贤殿、大雄殿）。

模拟讲解内容：寺庙的概况（来历、典故、名人逸事等），寺庙内建筑物及塑像，寺庙的匾额楹联，寺庙的文物藏品，寺庙四周的风景。

模拟讲解重点：报国寺（报国寺来历、蒋介石匾额、七佛制作工艺），伏虎寺（"离垢园"、五百罗汉堂、华严铜塔），纯阳殿（道观如何变佛寺），神水阁（神水的来历）。

9.4.2.2 清音阁、九老洞景区

认识行进路线：龙门硐—"普贤船"—良宽诗碑亭—清音阁（接王亭—双桥清音）—广佛寺—牛心寺——线天—生态猴区—洪椿坪（洪椿晓雨照壁—锡杖泉）—九十九道拐—仙峰寺—九老洞—仙圭石—珙桐林—遇仙寺。

模拟讲解内容：寺庙的概况（来历、典故、名人逸事等），寺庙内建筑物及塑像，寺庙的匾额楹联。

模拟讲解重点："普贤船"地质成因与传说，双桥清音的来历，接王亭的来历，良宽诗碑亭的来历，生态猴区观赏猴时的方法与注意事项，洪椿坪的文物（千年洪春树、百字长联、千佛莲灯、木质"正明司碑"），九老洞（来历、财神赵公明）。

9.4.2.3 万年寺景区

认识行进路线：白龙洞—慈圣庵—万年寺—细心所—初殿—华严顶。

模拟讲解内容：寺庙的概况（来历、典故、名人轶事等），寺庙内建筑物及塑像，寺庙的匾额楹联。

万年寺（弥勒殿—无梁砖殿—行愿楼—巍峨宝殿—放生池）。

模拟讲解重点：万年寺（佛牙、贝叶经、御印），无梁砖殿及六牙白象，李白与万年寺的故事（《峨眉山月歌》、《听蜀僧浚弹琴》、弹琴蛙）。

9.4.2.4 金顶景区

认识行进路线：洗象池（洗象池—弥勒殿—大雄宝殿—藏酋猴）—大乘寺—雷洞坪（雷神殿、杜鹃花）—接引殿（阿弥陀佛）—太子坪—卧云庵—华藏寺（弥勒殿—大雄宝殿—普贤殿）—金顶（摄身崖、金顶四绝、四面十方佛）—远景山峦（瓦屋山、大瓦山、贡嘎山）。

模拟讲解内容：根据行进路线讲解与抵达的自然景观、人文景观，它们的来历，藏品及其背后的故事。

模拟讲解重点：洗象池（洗象池、藏酋猴），华藏寺（金顶典故、楹联、匾额），金顶四绝（日出、云海、佛光、圣灯）。

讲解工作准备：踩线、熟悉导游词、熟悉即将提供讲解服务的对象，进行知识准备和情绪准备。

讲解要点：脱稿讲解，不能照着纸张或者手机念；可以忘词，但是要注意把观众带入语境之中；讲解中应该将眼光扫视到每一个听众，不能仰视或俯视，跟观众有眼光交流；有一定的肢体语言，通过肢体语言（手势、面部表情与肩部、站立姿态等）反映讲解的力量、情感，讲解传递的信息跟场景相吻合；讲解中要注意跟观众通过问答、互动等进行交流，获得关于讲解效果的反馈信息。

●本章考核

本章模拟导游讲解的考核要点主要涉及讲解中的肢体语言、讲解语言、讲解内容、讲解精彩度和互动交流5项内容，由听众同学及老师现场进行考核。

考核对象	具体要求
肢体语言	手势、面部表情与肩部、站立姿态等恰当，增强讲解效果
讲解语言	语调有高低起伏、语音始终、每个人能够清晰地听到
讲解内容	内容完整，不遗漏（主要）内容；准确性，关键数据无误
讲解精彩	将所讲授景点的精华部分传递给观众，引起共鸣程度
互动交流	通过问答等方法获得游客对讲解的反馈，及他们的积极好评

第10章　活动组织与策划

课程思政： 在实习中组织学生进行活动策划及活动评估，引导学生用辩证唯物主义观点认识和理解节事活动的组织与管理，以期通过本章的学习学生能了解节事活动对经济和社会的发展产生巨大的推动作用。

实习目的： 掌握节事活动策划的概念及程序；掌握节事活动的组织与管理；掌握节事活动的评估。

实习方法： 实地调研。

实习地点： 峨眉山景区、实习基地。

知识要点： 节事活动的概念及程序；节事活动的组织与管理；节事活动的评估。

10.1　认识节事活动

10.1.1 了解节事活动

10.1.1.1 节事活动的概念

"节事"是一个外来词汇，通常由节日（festival）和特殊事件（special event）两部分内容组成，具有事件、节庆、活动等多方面的含义。在英文中简称为 FSE（Festival & Special Event）。

节日即各种周期性举办的节日和庆典活动，注重节日氛围的营造；特殊事件是指发生在日常生活中的文艺演出、体育赛事、文化仪式等活动或非日常性发生的一次性或经常举办的事件，能给人们提供前所未有的娱乐、社交或文化体验。

因此，节事活动是指在短时间内发生的，经过精心策划的、具有明确的主题，能对公众产生吸引力的，一系列融合旅游、休闲、文化、娱乐等参与性消费形式的各种庆典和活动的总和。大到举世瞩目的奥运会，小到社区的文娱活动，都属于节事活动的范畴。

10.1.1.2 节事活动的内涵

与常规旅游活动相比，节事活动吸引旅游者从世界各地或全国各地在短时间内集聚到旅游目的地，具有旅游团体规模大、停留时间长、消费水平较高等特点，能促进举办活动的城市或地区旅游设施的综合利用率提高，具有强大的产业联动效应。节事活动不仅能给城市带来场租费、搭建费、广告费、运输费等直接收入，还能创造住宿、餐饮、通信、购物、贸易等相关收入。更为重要的是，节事活动能汇聚更大的客源流、信息流、技术流、商品流和人才流，对一个城市或地区的国民经济和社会进步产生难以估量的影响和催化作用。为此，我们可以从以下五个方面来理解：

（1）目的。

举办节事活动的主要目的是庆祝、教育、市场营销和重聚。对于旅游业来说，节事活动可以提高举办地的知名度，树立举办地的良好形象，促进当地旅游业的发展并以此带动经济的发展。

（2）内容。

节事活动的内容一般从当地的特色和文化传统出发，经过精心策划和组织后形成的，它需要满足参与者社交性、体验性、娱乐性的要求，并能实现组织者商业性或公益性或社交性的目标。

（3）形式。

由于节事活动参与者的目的是通过参加节事活动获得特殊的娱乐、社交和体验经历，因此节事活动的表现内容必然要求其形式具有活泼、亲和力强和参与性大的特点，而且作为市场经济中的一个产品，节事活动的内容组合形式必须严谨，环环相扣，围绕主题开展。

（4）功能性。

节事活动兼具文化价值和经济价值，是地区文化现象与经济内容的载体。随着节事活动的发展，人们越来越认识到节事活动的经济内容载体功能，并且意识到这种功能的潜在价值。

（5）实质。

节事活动实质为经济性活动，大量的人流使举办地的零售业、娱乐业、住宿业、餐饮业和物流业等服务性行业收入大大增加，又促进交通、贸易、金融、通信等行业的发展，整个市场销售量大幅度提升，刺激消费，商业活动频繁。

更为重要的是节事活动有利于举办地塑造良好的形象和扩大其影响，并对举办地的经济和社会的发展产生巨大的推动作用。

10.1.2 节事活动的类型与特点

10.1.2.1 节事活动的类型

了解节事活动的类型对节事活动的定位、策划和组织管理是十分必要的，对于开发和策划节事活动，推动会业和旅游业的发展有着十分重要的意义。通常可按以下标准对节事活动进行分类：

（1）按规模分类。

这是最常见的一种分类标准，通常由节事活动主办方来界定。按照规模，节事活动可以分为全球性节事活动、国际区域性节事活动、全国性节事活动、国内区域性节事活动和地方性节事活动。

全球性的节事活动诸如"奥运会""世界杯""世博会"等。

国际区域性的如"亚太经济合作组织峰会""东盟会议"等。

全国性的例如"全运会""中国市长论坛"等。

国内区域性的如"长三角经贸交易会""丝绸之路狂欢节"等。

地方性的节事活动则主要包括各种地方性庙会、传统庆典以及本地居民为主的民族节日等，如"象山开渔节""内蒙古草原摔跤大会"等。

（2）按影响力分类。

可分为特大型节事活动、标志性活动、重要型活动和中小型活动。

特大型节事活动（mega event）是指那些规模庞大以至于影响整个经济并对参与者和媒体尤其是国际媒体有强烈的吸引力并引起反响的活动。

当今学术界对于超大型活动的界定仍然没有统一的标准，有的学者认为应该从参加人数、花费及声誉影响来判断，也有的认为应该以获得的国际媒体关注度来衡量，还有的认为主要应以主办国或地区获得的经济效益及该活动对其社会经济结构产生的影响来界定。目前普遍采用的界定标准来自盖茨（Gets，1997）提出的超大型节事活动的指标（表10-1）。依据这些指标，超大型节事活动包括所有规模宏大、参与国家和人数众多、媒体传播效果巨大、经济和社会效益明显的节事活动。这类节事活动在人们心目中的地位应该是"必看的"节事。从盖茨提出的特大型节事活动的2项定量指标和14项定性指标来看，特大型节事活动包括"奥运会""世界杯""世博会"等规模宏大、参与国家和人数众多、经济影响明显的节事活动。

表 10-1　盖茨提出的特大型节事活动指标

指标		标准和含义
定量指标	参观人次	>100 万人次
	投资成本	>5 亿美元
定性指标	目的多元化	目标的多样性
	节日精神	浓厚的节日气氛
	满足基本需要	满足相关利益主体（利益相关者、干系人）及观众的基本需要，提供相关的休闲和旅游机会
	独特性	"必看性""一生仅此一次"的独特性
	质量	高质量、超越观众的期望值并提高他们的满意度
	真实性	以本土文化价值为基本，活动的品质具有内在的独特性
	传统	以社区及其传统为根源，并展示相关的神秘性
	适应性	基础设施、空间和时间的要求，对不断变化的市场需求和相关机构需要的适应性
	殷勤好客	使每一个活动观众和参与者体会贵客的感觉
	确切性	体验到目的地鲜明的主题相关资源的"特殊性"，包括文化、款待和自然资源方面的特点
	主题	鲜明的主题，体现最佳的节日精神、真实性、传统、互动及活动观众服务至上
	象征性	综合运用仪式和符号，以强化节日氛围
	供给能力	提供游客买得起的旅游、休闲、社会、教育和文化体验
	便利性	为参与者和观众提供各种特别的、不需要事先策划的休闲和社交活动机会，为以工作为中心、紧张忙碌的世人提供各种机会

（资料来源：卢晓，2006）

标志性活动是指那些在某地重复举办，大多一年一次，并与一个乡镇、城市或地区的精神或风气吻合，以至于成了举办地代名词并广为人知的节事活动或因其强大的表现力而成为举办地旅游主题的活动才能称之为标志性活动。对于举办地来说，它们具有传统、吸引力、形象和名声等方面的重要性。它们包括交易博览会、节庆、文化和体育活动等。标志性节事活动在国际或地区性旅游营销战略中起着关键性的作用。它们提高和保证了举办地在旅游市场中的卓越声望（Hall，1989）。德国慕尼黑啤酒节、意大利威尼斯狂欢节，西班牙斗牛节、奥地利维也纳新年音乐会、世界经济论坛等都是国际著名的标志性节事活动。

重要型活动（major event）从范围和媒体关注的程度来说，就是指那些能吸引大量参与者和媒体报道并具有较大经济利益的活动。例如，我国一年一度的春节庆祝活动、F1中国大奖赛、ATP网球大师杯赛和全球绿色经济财富论坛等。重要型节事活动对活跃举办地的政治经济和文化体育活动、树立举办地良好的社会形象、推动能游业和举办地的经济发展也起着十分积极的作用。

中小型节事活动（minor event）是指那些规模不大、参与人数少、影响范围有限的节事活动。在主题各异、形式多样的中小型节事活动中，各类庆典、评比认证、颁奖仪式、营销推广、文化宣传、体育赛事和公关社交等活动占据了大部分。

（3）按节事活动的内容划分。

文化庆典。包括节日、狂欢节、宗教事件、大型展演、历史纪念活动等。

文艺娱乐事件。包括文艺演出、音乐会、文化展览、授奖仪式等。

商贸事件。包括展览会、展销会、交易会、博览会、看样订货会、广告促销、募捐等。

体育赛事。包括职业比赛、业余竞赛。

教育科学事件。包括研讨会、专题学术会议、学术讨论会等。

休闲事件。包括趣味游戏和体育、娱乐事件等。

政治或政府事件。包括就职典礼、授职仪式、贵宾观礼、群众集会等。

私人事件。包括个人庆典、周年纪念、家庭聚会、社交事件等。

（4）按照节事活动的主题划分。

传统性节事活动。即以传统节日为主题的节事活动。如春节、元宵节、端午节等。

文化性节事活动。即以文化为主题的节事活动。如上海国际茶文化节、中国国际动漫节等。

商贸性节事活动。即以地区的工业产品、地方特色商品和著名物产特产为主题，辅以其他相关的参观、表演、贸易洽谈会活动而开展的节事活动。如中国青岛国际啤酒节等。

自然景观性节事活动。即以自然景观为主题，综合展示地区旅游资源、风土人情、社会风貌等的节事活动。如峨眉山冰雪节、黑水彩林节等。

宗教性节事活动。即以宗教活动为主题，基于宗教对于信仰者的吸引力而创办的节事活动。如峨眉山浴佛法会等。

民俗性节事活动。即以民俗风情为主题，涉及民歌、风俗等多种题材为内容的节事活动。如广西南宁国际民歌艺术节、蒙古族敖包节等。

体育性节事活动。即以体育赛事为主题的节事活动。如世界跳水锦标赛、峨眉山国际武术节等。

政治性节事活动。即以政治事件为主题的节事活动。如博鳌亚洲论坛等。

综合性节事活动，即综合几种主题在大城市举办的节事活动。如上海旅游节等。

⋘ 知识拓展

峨眉朝山会重启　万人共襄盛事

2017年夏天，峨眉山景区推出了一系列趣味活动，令沉寂多年又重启的"峨眉朝山会"大火了一把；线上线下联动的"袍哥喊你来峨眉朝山会"主题活动，更是吸睛无数，粉丝及参与者高达数万人次。可以预见，今后到峨眉山游玩，"朝山会"将会成为一个全新的盛大主题。

据悉，"峨眉朝山会"原是川渝两地最大的祈福、祝祷的盛会之一，与袍哥文化渊源颇深。在清代乾隆、嘉庆年间最为盛行的"峨眉朝山会"，至今已有200多年的历史。

如今，峨眉山景区重启"朝山会"盛事，颇有些旧事新解、承上启下的意味。当下登山成为越来越多人的生活休闲方式，来峨眉"朝山"，游客将获得集登山、避暑、观光、休闲、礼佛为一体的全新体验。无论你是虔诚的朝拜者，还是刺激运动爱好者，或是摄影发烧友、资深吃货，总有一款玩法适合你。

未来的峨眉朝山会要怎么耍才尽兴？热心粉丝们纷纷建言献策。

"可以在沿途特定地方设置二维码，比赛登顶时必须扫齐所有的码，比武的同时还要比文才好玩！""作为吃货，希望每个景点都设置素斋；另外还可以设置可爱的吉祥物盖章，登顶的时候如果集齐所有的吉祥物印章，可以送个有意义的小礼物。"此外，还有游客建议，相比以往以朝拜和比脚力为主，建议新朝山会可以多些竞争形式：绘画、摄影、古筝、舞剑、太极拳……

景区表示，在此次"朝山会新玩法"征集活动收到了不少有价值的建议，相信很多有意思的设想，之后都能变成现实。

（资料来源：旅游界，搜狐，https://www.sohu.com/a/167909498_425030，2017-08-28，有删改。）

10.1.2.2 节事活动的特点

了解节事活动的特点，是策划和组织节事活动的重要前提。由于节事活动定义外延较广，因此一般具有以下特点：

（1）独特的文化性。节事活动与文化紧密联系，节事活动举办地在漫长的历史文化过程中，通过文化的创造、交流和融合逐渐形成了各具地方特色的节事传统，这种独特的地方文化是节事活动举办地具有旅游目的地吸引力的源泉。

（2）主题和表现形式的丰富性。从节事活动的定义就可以看出，节事活动的内涵十分广泛，任何能对观众产生吸引力的因素，都可以用来开发成为活动的组成部分。因此节事活动的主题和表现形式也通常呈现出丰富性的特点，表现形式多种多样，主题内容丰富多彩。

（3）鲜明的地方性。一个节事活动的产生往往都会依托当地地方特色，以明显的地方性为吸引源，由此引发的节事活动往往能够成为举办地的代名词。

（4）极强的参与性。节事活动实际就是亲身经历、参与性很强、大众性的文化、旅游、体育、商贸和休闲活动，是建立在大众参与和体验基础上的，

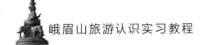
具有强烈的吸引力和认可性。参与者往往涉及面广泛，有活动相关主题的社会（行业）知名人士、特别邀请参加的对象、媒体、商业机构代表、普通市民等。

（5）时间的集中性。节事活动大都集中在某特定的时间段内，一般有固定的时间期限，活动安排十分紧凑，使节事活动参与者所参与的活动带有明显的集中性特点，若节事活动有吸引力，参与者的停留时间一般较长一些。

（6）效益的综合性。一次大型节事活动的举办，既能带来直接的经济效益，又能带来间接、隐形的其他方面效益。节事活动本身会形成一股强大的社会力量，会给举办地的发展带来多方面的推动，给区域旅游发展及当地经济、社会、文化发展带来巨大而广泛的影响，节事活动结束后其影响还可能持续一段时间。

10.2　节事活动策划

10.2.1 节事活动策划的概念

策划作为一种思维活动，早已被人类社会广泛应用。然而现代意义上的策划既不是某人或某个组织灵机一动产生的"点子"，也不是只针对事物或项目的某个具体细节提出的"看法"，而是完整的、系统的事先谋划。从这个角度来看，一般事先经过精心策划的节事活动才能取得成功，才能对促进举办地的经济发展和提升其知名度起到真正的作用。因此，节事活动策划是一项立足于现状、面向未来的复杂的创造性活动。节事活动策划就是以一定的资源和市场为基础，完整系统地对节事活动进行筹划、组织和安排，以达到预期目的的复杂思维过程。

◀◀◀ 知识拓展 ────────────────────

第 20 届峨眉山冰雪温泉节 "冰雪小猕萌" 摄影大赛

峨眉山冰雪温泉节已连续举办了 19 届，是擦亮景区冬游品牌的一张王牌，凝聚了广大游客的美好回忆。19 年来，峨眉山冬游客源结构发生巨变，亲子家庭占到冬季游客总量的 65%。第 20 届冰雪温泉节倾情回报，开展"冰雪小猕萌"摄影大赛，面向中外游客征集 20 名"冰雪小猕萌"，为"冰雪小猕萌"

及父母精心定制全家免费游峨眉山的超级大奖。

（资料来源：旅游专栏，搜狐，https：//www.sohu.com/a/290455191_100062
176，2019–01–21,有删改 .）

10.2.2 节事活动策划原则

节事活动的策划是一项极具创造性的工作：一方面要遵循策划本身的运作规律，体现策划的科学性；另一方面又要求在思维方式上突破原有的框架，体现策划的艺术性。具体而言，节事活动的策划大体要遵循以下原则：

（1）系统性、综合性和协调性原则。

策划和举办节事活动，尤其是策划和举办大型的节事活动，是一个社会经济、政治、文化、环境的系统工程，要涉及交通、住宿、餐饮、通信、购物、贸易等许多相关行业。而节事活动的策划过程是活动各部分和各要素系统化的过程，所以在策划中要从整体出发，使各环节、各部分、各层次相互制约和相互作用，有序进行。从经济效益、社会效益和环境效益三者综合的角度，根据节事活动的主题、举办活动地的现实条件和未来发展的情况，动态地进行策划，以确定在活动举办中不同阶段的主题、目标、规模和手段。系统性应贯穿整个规划过程，在不同层面上各构成部分、各部门有机组合、协调发展、综合考虑各要素间的关系，在整个系统中有重点、有次序，构成完善的良性循环的节事活动策划系统。

（2）参与性原则。

由于节事活动参与者的需求正向多样化、高层次的方向发展，因而将贸易、展览、会议与举办地的自然风光、名胜古迹、文化娱乐、购物等有机组合在一起，使节事活动更为丰富多彩，便已成一种趋势。如今，人们希望节事活动能有具有吸引力的文化、运动的内容和参与的机会，传统的走马观花的游览方式只是为人们提供了从旁观赏的机会，远远没有让人参与到活动项目中去那么亲切，那么激动人心，那么让人难以忘怀。参与性的活动能给参与者一种体验，而这种体验正是节事活动参与者所追求的。所以我们在策划节事活动的过程中应该考虑参与性原则，策划出能提供节事活动莅临者参与机会的各种活动，让他们通过亲身参与，留下难忘和美好的回忆。

领略茶颜悦色，研学一山一茶
——世界研学旅游大会体验团问茶峨眉雪芽基地

以"读万卷书，行万里路"为主题的 2020 世界研学旅游大会，于 10 月 19—21 日在四川省乐山市隆重举行，国内外众多研学旅游机构和教育行业的代表应邀参加了此次盛会。

大会围绕研学旅游发展的现状、挑战和未来，着眼研学旅游可持续发展新格局，共享全球研学旅游发展成果。

茶旅融合　展最美峨眉画卷

21 日上午，主办方邀请与会嘉宾参加峨眉雪芽有机茶基地特色研学基地课程的体验活动。

峨眉雪芽有机茶基地是峨眉山核心景区的黄金茶园，位于峨眉山半山腰处，是集茶叶生产加工、茶生产参观、采茶体验、禅意空间品茗于一体的高端生态文化旅游项目。这里群山环绕，林海如烟如波、茶园生机勃勃，清新的空气沁人心扉，原生态植被多样性保存完好，拥有举世罕见的林茶共生生态特征，独拥峨眉山自然与文化双遗产核心产区。

融汇古今　传承经典

参观过程中，讲解员还为大家介绍了峨眉山茶与陆游、苏东坡、康熙等名人历史故事。让历代帝王将相、才子佳人赞叹不已的峨眉雪芽是如何面世的呢？研学团团员们见到了四位峨眉雪芽手工茶技艺传承人，制茶师们现场展示了炒茶技艺。团员们兴奋地挽起袖子，在炒茶师傅们的指导下体验手工制茶技艺，惊叹于制茶的不易。

观赏了传统的手工制茶工艺后，研学团考察了峨眉雪芽现代化生产基地，洁净宽敞的车间里，安置着多台滚筒杀青机、色选机、微波红外线干燥提香机等现代化制茶设备，是制茶师傅对生产过程的把控，让消费者能够一年四季喝到相同品质的茶产品。见多识广的团员们对峨眉雪芽先进的生产工艺及管理水平给予了高度评价。

敬人也敬茶　凤凰三点头

研学团团员们都知道，中国是文明古国、礼仪之邦，但很多人还不知道中国茶道中的礼仪也大有讲究。美丽的茶艺师为来宾们做了精彩的演绎。

品茗之后，团员们普遍认为：峨眉雪芽滋味鲜爽，香气饱满，汤质细滑但不失劲道，富有张力，回味无穷。古乐悠扬，雪芽芬芳，在浓郁的禅茶文化氛围感召下，不少团员跃跃欲试，在茶艺师的帮助下亲手体验了一次茶道表演。

可以喝的画　可以吃的茶

上万亩峨眉雪芽茶园，如同一幅壮观的画卷。但是，大家只见过画上的茶，谁见过茶上的画呢？研学团的团员们这次可是大开眼界。

茶艺大师为大家献上了宋代时期兴盛的茶道技艺——茶百戏，大师手里的原料是峨眉雪芽金峨红，通过发酵—蒸软—捣碎成糊状—模具压制成小饼—焙干等一系列操作，制成红茶茶粉，加以水调制，最终成就的图案就像一幅幅水墨画，活灵活现的在茶汤中显现出来，让团员们发出了阵阵惊叹。茶百戏还具有保健功效，将茶汤连茶末一同饮用，人体可获得更多难溶于水的营养成分，如维生素、矿物质等。

接下来，茶艺师又为大家奉上了自制的七宝擂茶，用绿茶、花生、芝麻、绿豆、食盐等为原料，用擂钵捣烂成糊状，加水煮沸，一时满堂飘香。可食用也可药用，展现了"药食同源"这一博大精深的中华传统医药理念。

研学团成员兴奋地表示，这次可是大饱了眼福，又大饱了口福，堪称本次研学活动的一大亮点。

研学之旅　从茶园到茶杯

峨眉雪芽研学之旅，团员们品香茗、赏美景、学习中国传统文化、参观现代化的生产工艺，这种沉浸式的研学旅行让团员们获益良多、意犹未尽。团员们纷纷表示：要把峨眉雪芽基地的原生态魅力介绍给海内外的朋友，让更多人来峨眉山做一次从茶园到茶杯的研学之旅，让更多人爱上峨眉雪芽。

（资料来源：峨眉山景区，搜狐，https://www.sohu.com/a/426946610_355516，2020-10-23，有删改．)

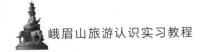

（3）市场化原则。

市场化原则就是要走出政府出钱包办的旧模式，把举办节事活动当成一个产业来经营，这样，在策划节事活动时就不仅要根据市场的需求来开发节事活动的产品和服务，而且要在调查现有市场的需求和其发展趋势的基础上找出消费的亮点。开发适合市场发展趋势的需求并具有前瞻性的节事活动产品和服务，来引导市场的需求和消费。这样策划出来的节事活动产品和服务就能受到市场的欢迎，并具有旺盛的生命力。精确的市场定位是节事活动成功策划的核心。

节事活动策划的市场化原则还要求按市场化运作的要求来策划节事活动的组织和经营，也就是说，要改变政府办节的做法，淡化政府行为，强化市场行为，坚持市场化规律，引入公平竞争机制，权责分明，既要追求远期的潜在效益，又要争取眼前的现实收益；既要充分考虑社会效益和环境效益，又要最大限度地追求经济效益。节事活动策划的市场化原则还要考虑节事活动结束后的总结和市场评估，应该将节事活动当作一项产品，注意它的品牌注册和无形资产的维护。目前，我国许多重大的节事活动已经改变了原来政府操办的模式，如北京为奥运会，上海为世博会都成立了专门的会展公司，按市场化原则进行市场运作。

（4）针对性原则。

节事活动策划一定要坚持针对性原则。也就是说，策划节事活动要针对节事活动的市场定位和参与对象来策划。这样策划出来的活动主题、内容和形式、产品价格和服务，就会更受到节事活动参与者的欢迎，更会增强节事活动的吸引力。因而，节事活动成功的可能性也就越大。

◁◁◁ 知识拓展

中国四川峨眉山国际武术节　享武术文化盛宴

"健康中国，养生峨眉"。2018年10月29日上午8：30，随着第六届中国四川峨眉山国际武术节的开幕，来自全球21个国家的123支武术代表队，也开启了他们在本届武术节的以武会友之旅。

据了解，峨眉山是峨眉武术的发祥地，源远流长的武术文化备受武术爱好者推崇。本届峨眉山市国际武术节吸引了来自美国、法国、俄罗斯、乌克兰、墨西哥、尼日利亚、喀麦隆等21个国家的武术爱好者参赛。国内外运动员总数达到了1671名。

本次比赛自10月29日开始，10月31日结束，分为传统武术套路比赛、《峨眉论剑》传统武术擂台赛两项比赛。在开幕式现场，众多选手表示，希望能够通过比赛一展身手，实现以武会友、弘扬中国传统武术精神的武术节宗旨。

值得注意的是，有别于其他武术类赛事活动，本届武术节特别开设了《峨眉论剑》传统武术擂台赛，来自世界各地的选手们可以不分武术拳种，直接进行对抗性散打搏击格斗。不拘一格的比赛规则、精彩刺激的现场表演带来了极大的观赏性，让现场的观众发出阵阵喝彩。

除了《峨眉论剑》传统武术擂台赛，《峨眉传奇》功夫秀也将在10月29日拉开帷幕，据悉，《峨眉传奇》功夫秀将现代搏击和四川本土特色文化相融合，以一种别开生面的方式诉说过往，开创未来。

据了解，为了配合本次武术节的举办，峨眉山景区特别推出了"登峨眉山，行走自己的江湖"武术文化线路。该线路行程为"报国寺—伏虎寺—雷音寺—纯阳殿—神水阁—中峰寺"，全程徒步8千米。此外，峨眉山景区还将推出武术文化线路优惠政策，景区于2018年10月10日至2019年4月30日期间，对游客游览经典峨眉武术线路（报国寺—伏虎寺—雷音寺—纯阳殿—神水阁—中峰寺）实行免票政策。

峨眉山市政府表示，为了加强峨眉武术的推广，峨眉武术将长期作为峨眉山展现旅游形象和城市面貌的一面旗帜，全方位融入峨眉山的旅游产业中。而第六届中国四川峨眉山国际武术节的举办，对弘扬峨眉武术，加快峨眉山市武旅融合，促进旅游业的发展将起到十分积极的作用。乐山市、峨眉山市人民政府一直致力于脚踏实地地做好各项体育文化工作，为繁荣中国民族文化做出新贡献。

（资料来源：曾谦，中国网视窗，2018-10-30.）

（5）可行性原则。

节事活动策划需要遵循可行性原则，要从实际情况出发，按照一定的程序，制定出最佳方案，以取得经济效益、社会效益和环境效益的统一，方案中的经济指标必须符合节事活动参与者的消费能力和市场的消费水平，实施途径也必须切实可行，策划的活动内容和形式既具有前瞻性和吸引力，也不脱离实际，具有可操作性。

（6）个性化原则。

要使策划的活动对社会公众构成吸引力，活动的策划就必须具有与众不同的鲜明特点。在活动主题、活动项目及表现方式上具有新颖性、独特性。节事活动策划要坚持的个性化原则是保证节事活动具有地方性和个性化特色的前提。个性化原则要求节事活动的举办地或举办单位要根据举办地的地理、民俗、文化、体育、经济各方面的特色或举办单位的具体特点，策划出别于其他地区和其他单位的节事活动。只有具有地方性和个性化特色的节事活动才会有魅力和吸引力，只有具有差异性的节事活动才会有生命力。

◀◀◀ 知识拓展

节事活动策划的基本思维要素

节事活动的策划的思维过程相当重要，是节事活动成功与否的关键。5W2H构成了节事策划最基本的思维要素：

1. 预先决定为什么做（why）。首先要明确该项节事活动的目的是什么，为什么要做，目的明确才能决定下一步行动。

2. 做什么（what）。节事活动的内容是什么？这是节事活动策划的总体框架，也是构成活动方案的主体内容。

3. 何时做（when）。节事活动的时间期限如何？什么时间开始？什么时间结束？主题活动、相关活动、配套活动的时间如何安排？

4. 何地做（where）。节事活动的地点在哪里？活动的现场、配套的活动场地在哪里？

5. 谁来做（who）。节事活动的责任者是谁？包括活动的主办方、承办方、协办方、支持方、赞助方、执行方、配合方、服务方、媒体方等，凡是与活动有关的人员包括相关领导、工作人员、辅助人员等都要明确相关责任。

6. 如何做（how）。完成节事活动所使用的方法和程序是什么？一般通过编制详尽的岗位职责分工或工作方案细则来保证计划的实施。

7. 花多少（how much）。完成节事活动需要花费多少人力、财力、物力？

10.2.3 节事活动策划的程序

节事活动策划是项复杂的系统工程，涉及各项法律法规的遵守、公共秩序与安全的保证等政府行政管理层面的内容，同时也涉及活动的市场化运作问题。社会效益与经济效益是评价活动社会意义与综合效益的两大支点。策划一项节事活动必须经过两大阶段：

（1）主题确定。

确定活动主题通常需要进行前期市场调查，收集近年来木地区与周边地区的节事活动举办情况分析相关活动的成功经验，吸取教训。尽可能避免主题的重复。此外，要综合考虑以下因素：

本地资源的特点。本地的自然资源和人文资源与周边地区比较是否具有自己的特色，对目标游客市场是否能构成一定的吸引力。节事活动的主题确定必须是建立在对本地资源的认识与评价的基础上，建立在对目标游客市场的需求、偏好的分析上，发挥本地的资源优势。例如峨眉山市作为一个盛产茶叶的地区，策划举办茶博会，主题非常鲜明，目的很明确，即通过活动达到宣传本地优势资源，开拓市场，引进资金，引进人才与其他先进的生产经营管理理念与模式，最终达到利用优势资源发展本地经济，把资源转化为生产力、转化为经济效益的目标。

本地的经济发展水平与社会面貌。无论地区经济发展水平的高低，都可能策划出成功的节事活动。但在活动主题的策划上，主题选择应与当地的经济发展水平、社会面貌、民风民俗相适应。一个相对封闭的小城，居民保留了传统的生活方式，在价值观念上、审美观上有自己独特之处，如果在此举办国际电影节，或许是一个非常大胆的策划。如果活动主题不能被本地居民认同，那么就意味着居民的参与度低，甚至产生抵触情绪。不能得到本地居民支持的节事活动，仅靠政府或某组织独力支撑，其综合效益必定大打折扣。

其他因素。如政策法规的许可、政府的支持度、民间组织的支持度等。在一定时期，政府部门往往会根据本地的整体发展战略与形势要求大力宣传某种思想观念、倡导某些行为。大型活动的主题如能得到政府的高度支持与配合，将大大提升活动的影响面，为活动最终取得效益打下良好基础。

（2）具体策划阶段。

节事活动的具体策划阶段包括拟订活动方案、费用预算、宣传方案制订、项目落实、活动评价等部分内容。

寻找合作伙伴——策划公司。节事活动的主办方一般为政府部门或大型企业、大型组织，如地方旅游节一般是当地政府、旅游局作为主办方；宗教盛事一般是宗教组织作为主办方；体育盛事的主办方一般为专业性协会组织，如奥运会的主办方是国际奥委会等。由于各种组织对策划节事活动的经验不同，尤其是作为政府部门，不可能像专业公司或专业机构那样，对特定主题的活动有丰富的策划经验，熟悉特定主题活动的组织、程序以及相关经验教训，因此，需要寻求与专业公司合作；即使是具有举办特定主题活动的丰富经验的专业机构，由于人力资源的局限，或者是需要不断吸取"外脑"灵感与创意，也需要寻求与专业公司合作，如策划公司、广告公司、公关公司、管理咨询公司等。

对专业公司的选择可以通过多种形式进行，如采取公开竞标、拍卖的方式进行，或根据以往的工作经验，与曾经合作过、相互熟悉与了解的专业公司合作，也可以通过朋友介绍，或者是联系在该行业内具有一定声誉和影响的公司。一般来讲，采用公开竞标的方式可以较公平、合理地选择合作伙伴，同时也能通过媒体对竞标过程的报道使活动的知名度得以提高。

成立组委会。节事活动的组委会是活动的筹备、组织、策划与实施的领导机构。组委会一般由节事活动的主办方、承办方和协办方组成。组委会的人员构成，组织分工、工作协调直接影响到活动的成败。通常要根据活动的性质、活动的主题内容、活动的具体项目与形式、活动涉及的相关工作类别，按实际需要在组委会下设立具体部门，承担相应职责。一般为组委会办公室、策划部、公关宣传部、资金招募部、项目执行部等。政府主办的节事活动，考虑到活动的组织实施过程中可能与相关政府部门的工作直接相关，因此在组委会的人员构成中，往往会把政府相关部门的负责人列入组委会名单，以便在活动实施阶段有更完美的配合与协作。力求使活动得到政府和商业机构自上而下的全方位配合。

制订活动的具体策划方案。以节事活动的主题为基础，围绕主题策划出具有个性的、内容充实、趣味盎然的活动，是吸引社会公众参与活动、吸引外地游客的基本保证。一个活动是否具有鲜明的个性，是否充分挖掘了主题内涌，是否赋予了传统题材新的表现形式，是否能使活动达到预期的效果或产生更大的影响力，具体策划方案的出台是关键点。

具体策划方案应包含活动的时间、地点、参加者、具体内容与形式、实施程序与标准控制、资源配置、预期效果、特殊情况的预备方案等。

费用预算。节事活动的费用预算主要包括场地租金、设备器材的购置费用（或租金）、宣传费用、公关活动费、日常行政费用、劳务费等。

节事活动往需要巨额资金的支持。因此在预算时应注意：考虑活动各方的承受能力，在具体策划方案中应有每一份项目的具体预算，力求让决策者能根据自身的经济实力和募集资金的能力对项目内容进行选择；在策划方案中应包含活动募集资金的基本渠道；由于节事活动在整个筹备、实施过程中存在不确定因素，或者由于发生预想不到的事件而增加费用。因此对活动预算要比较宽松。

资金募集方案。由于活动的性质、功能定位不同，资金的募集方案也会不一样。基本上可分为以下几类：政府拨款、企业赞助、广告收入、门票收入、租金收入等。对不同的活动，以上资金募集的比例也各不相同。

对于政治盛事，大部分的资金来源于政府拨款或政党经费，也可能会有部分的企业赞助。

对于体育盛事，有的属于政府拨款与其他渠道收入并举；有的是无须政府投入资金，活动资金全部来源于广告收入、企业赞助、门票收入以及体育产业链的收入，完全商业化运作。在 1984 年美国洛杉矶奥运会以前，受奥林匹克"非商业化、非职业化、非政治化"准则的限制，举办奥运会基本上是政府"赔本"的"形象工程"。如 1972 年慕尼黑奥运会花了 10 亿美元，1976 年蒙特利尔花了 24 亿美元，1980 年莫斯科花费高达 90 多亿美元，而收入却屈指可数。1984 年美国商业奇才彼得·尤伯罗斯通过出售电视转播权、商业广告与赞助等商业运作方式，把洛杉矶奥运会办成了赚钱的奥运会。此后，奥运会举办权被视作世界最大的全球性商业机会。

各种机构给予活动的赞助已经成为近年节事活动经费的重要来源。有关统计表明，1998 年美国总赞助（共 68 亿美元）的 9% 都流入节庆和展览赞助中，赞助总额达 6.12 亿美元。国际节庆协会（IEG）1999 年 9 月的赞助报告指出，节庆所得赞助超过所有赞助的 47%，体育所得赞助占所有赞助的 25%。

活动宣传方案。节事活动宣传方案质量的高低会直接影响到活动募集的资金数额，影响到活动的成败。活动宣传方案包括以下内容：

①明确宣传的基调和目的。活动主题确定后，明确宣传的基调和目的是活动宣传方案的基础。

②宣传口号的确定。宣传口号要与活动主题相贴切，口号内容要求简洁、易记和朗朗上口，如"新北京，新奥运"。一个好的宣传口号常常能对整个活动起到点睛之笔的作用。

③确定宣传策略和创意表现。一般的规律是，在活动启动阶段，采用新闻发布会、人物专访、新闻报道等软式宣传活动，目的是让公众知道和了解活动的主题、内容、意义及理念等，吸引公众和媒体的注意力。在活动初期和中期，要加大宣传的力度，烘托活动气氛。

宣传策略可采取活动专题、活动内容报道、阶段性成果宣传等炒热活动。要善于挖掘活动的热点和亮点，善于结合时事做技巧性宣传。在活动的尾声，要配合活动进程再次掀起宣传热浪，推动活动进入高潮，并为下一届活动的举办奠定基础。

项目落实。当方案思路与策划文本都确定后，就进入了具体项目的落实阶段。项目落实要规定具体的内容和时间，将节事活动内容分板块或项目交给相关人员，责任具体落实到部门及其负责人身上，规定工作的进度与完成的时间。对实施过程中的人力、财力、物力等进行调度，安排好有关程序，同时实施财务、消防安全和现场接待服务。做好各部门的协议和沟通工作，细致检查每一环节。此外，注意控制好执行的过程，及时依据策划方案调整进度，做好各种突发事件的解决预案，做到有备无患。

<<< **知识拓展** ────────────────────────

××演艺活动策划方案

为进一步推进社区的蓬勃发展，促进社区精神文明建设，陶冶居民高尚的道德情操，为营造××节日的喜庆气氛，现拟订于20××年×月××日，与社区人民共同打造一台迎××文艺演出。

具体实施方案如下：

一、整体情况

1.文艺演出主题名称：迎××文艺演出

2.演出目标：丰富居民的业余文化生活、营造××节日的喜庆气氛、增强社区凝聚力、构建××社区、展现文化公司和社区文艺风采。

3.时间：20××年×月××日××：00—××：00

4.地点：××

5.主办单位：××文化公司

6.协办单位：××

7.演出职员：××

8.演出职员及后勤工作职员共计：××人。

二、活动安排

（一）筹备阶段

1.联系演出职员，进行沟通协调，确定演出具体事宜。

2.确定工作职员配备及分工协作情况。

3.落实演出所需各种硬件设施。

4.进行演出前的宣传工作。

5.邀请相关领导（暂定）。

（二）进展及控制阶段

1.现场控制及协调。

2.后勤服务保障。

3.整个演出过程的治安治理。

（三）演出结束后的整理阶段

1. 观众的疏导。

2. 器材设备的收纳归还，桌椅搬运。

3. 垃圾清扫。

三、各小组任务

工作筹备小组组长：负责指导监视整场演出前后的各项工作。

副组长：协助组长进行治理协调。

小组成员：具体实施各项分类工作。

1. 机动小组：演出中突发情况的紧急预案及处理。

2. 后勤服务组：演出前的接待工作；演出期间会场后勤保障。

3. 治安治理小组：演出前后秩序的维护；演出期间会场纪律的维持。

4. 宣传小组：利用海报、横幅等方式开展宣传；现场摄影及 DV 摄像。

5. 节目协调小组：节目的核定及演出全流程的衔接、沟通。

四、节目安排

本次演出由××公司和社区共同打造，节目形式多样、题材新颖、喜闻乐见，另定节目清单

大洋中学文艺会演活动方案

为丰富校园文化生活，展现全校师生风采，汇报素质教育成果，推进学生的素质教育，努力营造文明高雅、奋发向上的校园文化氛围，丰富师生的课余文化生活，经校委会研究决定，大洋中学将举行庆祝 2014 元旦文艺会演，特制定本方案。

一、活动主题：活力校园德艺双行

二、活动时间安排：

1. 方案一：2014 年 12 月 25 日晚上

2. 方案二：定为 12 月 29 日或者 30 日晚上

三、总策划：

1. 会演地点：大洋中学外操场

2. 活动形式：舞台演出形式

3. 总指挥：李士敢

4. 文艺会演领导小组：李士敢、徐仁群、包顺平、周才行、陈斌管、体艺组和各班班主任

5. 文艺会演节目设置：歌唱类、舞蹈类、相声小品类、才艺展示类

6. 节目审核组：徐仁群、林光、杨海琪、应云辉

7. 舞台以及灯光组：

8. 后勤组：包顺平、钱定根

9. 安保组：政教处、门卫保安以及派出所的干警若干

四、节目编排、彩排时间：

1. 9月1日起，传达主题，收集、策划、创作节目

2. 11月1日开始正式排演

3. 12月10日之前上报节目名单

4. 12月8—12日检查排演情况，对不合适的地方进行修改

5. 12月11日下午抽签，定节目演出顺序。

6. 12月22日周一下午第三、四节第一次彩排。25日下午第二次彩排。25日正式演出。（具体情况视天气另行通知）

五、节目编排原则：

1. 歌舞类节目控制在五分钟内，不可过长。

2. 节目的编排要注重舞台效果，大气、热闹、舞台饱满。

3. 注意台风，上下场时间紧凑，不能拖拉。表情、动作到位。

六、节目详细内容：

参赛内容及形式：

1. 节目内容健康向上、具有时代性和校园特点，健康性、思想性与艺术性统一；节目要体现集体力量，尽可能让更多的学生参与，尽量不要安排和选送"个人秀"节目。

2. 节目形式：

（1）舞蹈：独舞、双人舞、群舞。

（2）歌曲：独唱（有伴奏）、对唱、小合唱、大合唱、歌伴舞。

（3）戏曲类：表演形式不限。

（4）相声、小品。（贴近学生生活，具有一定的教育意义）

（5）时装表演

（6）乐器演奏

（7）配乐诗朗诵

（8）其他形式

3. 每班精心准备一个节目，每个节目不超过 6 分钟。各班自备 MP3 或 VCD 光盘及表演道具。

4. 教师表演节目，教师自由报名。（待定）具体见节目单

七、活动当日议程：

1. 入场：6：00 播放入场音乐，各班自带凳子有序出场，并在指定位置就座。

2. 徐仁群校长作新年致辞

3. 文艺节目表演

4. 颁发活动奖状

5. 有序退场

6. 收拾场地

八、要求：

1. 提高认识，全员参与。各位教职工、学生要高度重视，积极参与，充分调动一切积极因素，形成合力，促进元旦活动顺利开展。

2. 强化责任，落实任务。各班班主任为班级节目负责人，各节目负责人和工作组成员要认真完成工作任务，确保活动取得圆满成功。

3. 加强宣传，营造氛围。

4. 所有节目要求内容健康、丰富多彩、有新意、生动活泼、积极向上。

5. 各班积极准备节目，班主任要全程给予指导，统筹收集节目，进行策划及再加工。各科教师要积极予以配合。每班级必须申报 1~2 个节目，内容自定，形式不限。

6. 节目要求自筹服装及相应道具。

7. 各班节目上报后利用音乐课和课余时间组织排练。

8. 活动中设施准备：舞台、灯光、话筒（6~7）

9. 化妆自行准备，确实不方便的，学校联系化妆师到校，化妆费用由学生

直接付给化妆师。

九、奖励办法：现场评奖，颁发奖状。

十、主持人：

十一、评委：徐仁群、杨海琪、

十二、统计分数：林光、任玲萍

十三、照相、摄像和报道：周玲君、鲍普元

十四、评分细则：见附件

十五、制定活动预案：

1.防火预案：见附件

2.防停电预案活动要求：见附件

十四、未尽事宜，另行补充。

本次活动为同学们提供了展示特长才艺的大舞台。希望各班同学踊跃参加，精心准备，为我校校园文化增添光彩。

领导小组职责：

（1）节目组：由徐仁群、陈斌官、杨海琪、林光负责全程节目编排的监督实施，体艺组、各班班主任负责组织和指导节目的策划、编排、筛选、彩排和演出等。

（2）后勤组：组长包顺平、钱定根负责节目会演前期工作准备，包括活动场地的安排、布置、奖状的购置、少量道具的准备及活动结束后舞台等的清理工作等。

（3）安全保卫组：组长林光，成员应云辉、蒋敏法、魏谟创、王冬春、蒋献满以及派出所民居若干，负责文艺会演活动现场的安全、护理及维护秩序等。

（4）各班班主任负责维持各班班级秩序和安排各班学生自带凳子按规定位置就座。

（5）临时工作组：钱定根（负责临时性的其他工作）

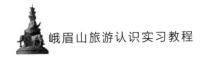

10.3 节事活动的组织与管理

10.3.1 节事活动的参与者

主办机构。政府主办的节事活动主要是大型节事活动；行政部门主办的节事活动一般是根据节事活动内容的不同由相应部门主办；政府引导企业主办的节事活动最能获得经济效益。

赞助商。大型节事活动的赞助商不仅能够提高其品牌的知名度，还能作为政府的合作伙伴而获得良好的公共关系和渠道。

媒体。媒体是节事活动的重要参与者，不仅起到宣传节事活动的作用，还对节事活动的效果有重大影响。

合作者。合作者包括志愿者、消防人员、保洁人员、交通疏导人员和安保人员等，他们的积极参与将保障节事活动的有序进行。

参加者和观看者。包括参加活动的演员、选手和观众。他们是节事活动的首批体验者。

10.3.2 节事活动的组织

联办单位和参与单位的分工与协作。只有联办单位和参与单位充分发挥主观能动性，节事活动的组织工作才能做好。关键的工作有：建立节事活动组委会，下设若干工作小组；制订总体方案和实施方案；行动计划和工作进度表。

艺术演出和体育表演的联络与组织。艺术演出和体育表演是节事活动必不可少的内容，也是提高活动亲和力和吸引力的有效手段。组织高水平的演出可以增强当地广大公众的参与性，为节事活动添光增彩。

后勤保障体系的组织。后勤保障体系涉及商业部门、文化部门、环境部门、公安部门、交通运输部门、金融部门以及其他相关服务部门。对后勤保障体系的组织，不仅要落实物质和人员，而且要落实思想教育和到位的服务。

新闻媒体的联络与组织。新闻媒体进行节事活动前的宣传、节事过程中的现场采访、节事活动后的跟踪报道，对加大节事活动的社会影响和经济效益起到非常重要的作用。作为节事活动组织者，要为他们提供工作便利。特别是在大型节事活动组委会中，还应有专人负责与媒体的联系，并配合媒体做好各项工作。

10.3.3 节事活动的管理

节事活动风险管理。指针对节事活动过程中突发的、预期之外的特殊事件或情况所造成的人员、财务、安全等方面的不确定性进行的预测、识别、分析评估、有效控制和解决，以保证节事活动的举办质量。

节事活动现场管理。涉及节事活动现场执行、节事活动项目计划、实施具体的节事活动方案和保障节事活动顺利进行直至圆满结束的各环节的管理工作。一般包括现场活动管理、后勤管理和人员管理三方面。这是节事活动管理最紧张也是最关键的一步。现场管理混乱的话，很容易造成风险和意外事故，给活动造成恶劣的社会影响。

节事活动财务管理。指在节事活动中，主办方处理与各赞助方、参与方等相关主体的财务关系，并对节事活动的各项财务活动进行有效管理的过程。它对整个节事活动的成败起着相当重要的作用。

节事活动人力资源管理。为了让节事活动组织中的所有相关人员能够更有效地发挥作用，必须开展工作任务设计与分解、人员的招聘与甄选、培训与开发、绩效管理、薪酬管理、激励机制制定与执行、劳动关系管理等。

节事活动物流管理。主要包括顾客供应、产品供应、设备供应和信息供应这四大要素的物流管理。有效的物流管理能够确保节事活动目标的顺利实现。

10.4　节事活动评估

节事活动评估主要包括对节事项目过去发生情况的总结和对未来的预测两部分。评估对于整个节事活动管理过程来说十分重要，是不可或缺的环节。评估的目的并不是鼓吹节事的成果，而更多是为了总结经验、吸取教训，为今后的工作提供建议，从而促使节事活动的持续健康发展。节事活动评估有助于节事活动的公众和组织者了解节事活动的成果和不足，使节事活动管理的作用得以体现，为今后的管理工作提供建议，从而打造更高水平的节事活动。

节事活动的评估是一个依赖收集到的大量信息而进行分析评价的过程，它提高节事举办质量和水平的重要性毋庸置疑。因此，评估者必须采用科学的方法和严密的评估流程，这样才能获得系统、客观、准确的结论。

10.4.1 节事活动评估的内涵

10.4.1.1 概念

节事活动评估是针对某个具体的节事活动，通过对活动前期准备工作、活动目的、实施、运作等情况的综合研究分析来对办节水平、服务质量、产生的直接和间接效益、影响力等进行系统的、客观的、精确的评价，从而总结经验教训、判断节事的成败、为节事主办者今后的工作提供建议和借鉴，同时也能利用及时有效的信息反馈报告，向赞助商、供应商、观众等提供参考，帮助其做未来的决策。

10.4.1.2 类型

节事活动的评估按照时间划分可分为节前评估、节中评估和节后评估，而在这些不同的阶段评估的重点也不同，因而对评价指标的选取也不同。

（1）节前评估的考察指标。

节前评估即筹备阶段的评估，主要考察主办方的组织力度、准备的情况和效率。这一阶段主要从立项的规范度、主办方的能力、节事活动的特色和组织者的筹资能力四个方面展开评估。

①立项的规范度。

考察节事立项是否规范应着重从制度的规范性和审查机构的规范性两个角度来考评。合理的制度是保证优秀项目能脱颖而出的基础，也是项目策划质量的重要保证。而执行该制度的主体，即立项审查单位，其专业性、权威性、公正性等能力的体现，也是能够反映节事活动档次的重要指标。

②主办方的能力。

节事的主办方作为活动执行过程的主体，其资质和能力是节事能否成功运作的至关重要的因素。当前国内的节事主办方通常分为三类：一是拥有政府背景的，即挂靠在政府和各个部委办局的主办机构，它们往往可以得到更多政策上的支持和操作程序上的便利；二是拥有企业背景的主办机构，它们往往擅长市场化的运作，使项目的操作过程更为经济有效；三为拥有行业协会背景的主办机构，它们更了解业内的动态，也掌握更多的参节商资源，因而主办的节事更符合市场需求。此外，拥有相关节事举办经验的机构对于活动质量的控制往往更胜一筹。

③节事活动的特色。

特色、个性化是节庆活动能否成功的关键因素，也是该活动能否吸引到充分参与的最重要的指标之一。其中，为了保证主题的吸引力，活动的立意应该和节庆举办地的产业和地域特征有一定的联系，形成独一无二的特色优势；节事应该有一定的创新性，此外还必须有一定的可持续性，一个只能举办一两届的活动是很难被塑造成一个具有高知名度的品牌节事的。

④组织者的筹资能力。

资金是维持一个节事顺利进行的基石。筹资情况直接反映了该节事前期筹备情况的优劣程度。资金来源主要分为自筹资金和财政拨款。其中，自筹资金的比例反映了项目的活力，而财政支持力度则反映了政府的态度。筹资能力越高，该项目的财务就越稳定和越可靠，组织者自身的财务风险也就越小。

（2）节中评估的考核指标。

节中评估是在节事实施阶段展开的评估，其主要目的是考察节庆活动执行的质量。这一阶段主要从节事的执行规范度、宣传的推广力度、配套设施和后勤服务是否完善以及安全保障能力四个方面来考量。

①执行规范度。

主要考察节事实施是否规范，是否依据事先制订的计划实施，是否依据标准流程进行了操作，执行情况又是否符合目标。执行的规范性对节事的顺利举办和达成目标具有重要作用。

②宣传推广力度。

宣传力度是衡量节事组织者是否充分开发市场的重要指标。这其中，是否有专门的宣传推广部门反映了对宣传的重视程度和组织效率，从宣传部门的专业化程度也可以预期一定的宣传效果。而对于宣传推广的结果，可从曝光率和宣传效果两个方面来加以衡量。曝光率考察的是宣传介入的广度，而宣传效果则反映了宣传的深度。

③配套设施和后勤服务。

节事活动是否成功，其硬件上的考量主要通过配套设施和后勤服务的完善度指标来体现。配套设施指的是场馆设施的现代化程度、服务标识和活动地点的交通便捷程度；而后勤服务主要指现场的各类状况应对情况和对来宾的接待质量。

④安全保障能力。

举办一个活动最大的风险莫过于在过程当中出现了安全事故，这其中包括人群聚集所造成的人身、公共安全，如恐怖袭击、踩踏事件等，也包含了卫生、环境安全，如食物中毒、环境污染等。安全事故的发生会对整个节事活动造成非常恶劣的影响。因此对其预防的措施和应急预案在评估当中应该占据非常重要的地位。

（3）节后评估的考量指标。

节后评估主要是对活动结束后产生的节事效果的评估，这一阶段评估的主要指标是：节事的规模、专业化程度、国际化程度、盈利情况和参与者满意度。

①节事的规模。

节事的规模是最能反映其成功与否的指标。除了预期的活动规模，参会的人数是更为直观的规模指标，其中包括参观各类活动的观众数量、参与项目的企业和赞助商等的数量。

②专业化程度。

节事活动的专业性是衡量其举办档次的指标。能体现专业化的因素包括了文化类节事活动中演员的级别和影响力，体育类活动中选手的级别，文博展示类活动中展出品的级别、档次，这些都直接决定着节事对群众的吸引力。而比赛类项目的评委，展示类、商旅类节事项目中邀请的专家的级别也是反映节事档次的重要因素。此外，受邀参加节事的专家数量可以作为另一个衡量其专业程度的依据。

③国际化程度。

国际化程度是衡量节事国际影响力的最佳指标。国际化，既包括"走出去"（向国外宣传推广节事甚至去海外办节），也包括"引进来"（吸引国际选手和国际观众的参与度），节事的国际化程度越高，代表其国际影响力越大。

④盈利情况。

节事的盈利能力是衡量其资金使用效果的重要指标，同时也是保证其可持续发展的重要因素。良好的盈利状况是对主办方积极工作的一种肯定和激励。对盈利状况的评估主要通过分析整体上盈利项目占项目总数的比例和单个项目的平均盈利率来展开。

⑤参与者满意度。

所有公众和企业是否愿意继续参与节事直接决定着节事是否能够得到可持续发展。所以组织者必须充分重视参与者的满意度。一方面将其作为衡量活动效果的指标，另一方面要搞清导致不满的原因并应该将其作为提升改进的重要依据。

（4）其他指标。

节事活动的意义和影响是衡量节事效果的另一重要指标。一个节事活动如果可以对一个城市乃至一个区域的经济、社会、文化、环境方面产生积极的影响，那么政府和社会公众都愿意看到该项目的发展和壮大，并会给予极大的支持。反之，则必然造成该节事的快速终结，所以节事活动的影响力也成为衡量其是否成功的指标之一。

①对经济的影响。

节事活动对于经济的影响从对经济的直接拉动和间接拉动两个方面来考虑。直接拉动主要是指在活动举办的时间范围内，该活动为社会带来的直接财富，如餐饮业、酒店业高于历史同期或高于其他时段的营业额和对于出租车行业营业额的影响等。而间接拉动则是通过对活动主题相关的行业的带动，如节事的主办城市能够通过相关的活动获得行业地位的提升，或引起消费者对该行业的关注等来促进行业的发展，以及通过促进城市建设等能够创造更多就业机会、拉动需求的措施来实现。

②对社会的影响。

节事活动对于社会的影响主要体现在提升所在城市市民的素质、幸福感、配合该活动所作的精神文明建设等方面。此外，当地为配合节事的开展而进行的城市基础设施的建设也是活动带来的积极的社会影响。

③对文化的影响。

节事活动的文化影响主要通过对所在城市的民俗文化和地域文化的保留和推广来实现，以及是否能对当地文化产业发展产生积极的影响。

④对环境的影响。

节事活动的环境影响主要体现在节事的举办对当地生态、绿化等方面产生的正面效益，同时还包括了因为举办节事而对当地居民环境保护意识的激发和

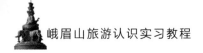

不良行为改变所起的作用。

10.4.1.3 特点

节事活动评估的结果通常被组织者作为调整今后管理和决策的依据，因此它必须具备以下特点：

（1）客观性。

客观性是节事评估的最根本特点，它必须贯穿评估的全过程。若节事评估由组织者自身开展，那么在评估时必须做到公正、客观，不能将主观情感添加进去，也不能避重就轻，只讲成绩，忽视不足之处。评估中的一个重要环节是对组织者管理能力的评价，这一块内容必须交由第三方机构去做，组织者只能做自我工作得失的总结。因而，为了评估结论的客观性，整个评估一般都交由第三方完成。

（2）透明性。

节事活动是一个公众参与性很强的活动，因此评估的过程越公开、透明，其报告的可信度就越高，公众也就更愿意接受，从而对节事组织者产生信任感和好感。另外，增加评估的透明度可以加强公众和社会对节事运营和管理的关注度，他们就会更愿意提供反馈意见和为节事出谋划策，这样才能真正达到社会监督的目的，从而使得评估结论更全面，也才能更好地树立起节事活动的良好形象。

（3）可信性。

节事活动评估的过程中应该首先充分收集信息并判断出信息的可靠度，而组织者提供给评估机构的信息也必须是真实可靠的，最终才能依据可靠的信息进行分析；其次，评估的方法和标准也必须是科学、客观的，且要遵循一定的程序，只有这样才能产生可信度高的评估结果，也才能如实地反映节事的举办情况。

（4）实用性。

节事评估的结果不能只是流于形式，评估机构不能只出一份空洞的报告，而必须在报告中反映实际的情况，一针见血地指出具体问题，甚至是一些细节的问题。评估报告必须具有实用性，要重点突出，条理分明，提出的建议不能止于观点，必须是能够对组织者的改进起到作用的具体策略和措施，要具有很强的可操作性。

10.4.1.4 作用

节事活动评估是节事整体运作的一个重要的组成部分，它具有以下作用：

（1）提供给组织者和各利益相关方信息反馈。

组织者通过评估可以了解实际执行和预期产生偏离的原因，从而加以总结和改进。而其他节事的利益相关方，如政府、当地社区、赞助商、参节商和公众也都有权了解活动的实际运营情况，因而将评估结果以报告的形式反馈给他们也是十分有必要的。只有这样，节事的决策和策划才能更加具有科学性，也才能更好地发挥综合效益。

（2）推动节事活动行业管理的规范化。

我国节事活动行业的管理与国际上的管理水平相比还存在较大的差距，因而亟须对整个市场做规范化管理。国外的经验表明，通过评估来规范市场行为、优化组合有限的办节资源是一种有效的手段，能够推动整个节事管理的规范化。评估机构应遵守国际节事市场的惯例和规则，结合本国实情，对节事主办者的资质进行认证，对节事质量进行市场化评估，并建立起相应准则，使节事管理有章可循，才能真正完善节事行业的各环节。

（3）促进节事活动的市场化运作。

当前，我国的节事活动仍存在许多问题。一是市场无序，资源严重浪费。重复办节、多头管理的现象普遍存在，造成节事管理水平低下，有限的资源无法被合理地优化整合。二是可行性论证不到位，服务意识差。我国的节事多为政府主导型的，因此大多缺乏先期的可行性论证，在不了解市场需求的情况下随意选择主题和内容。组织者的服务意识也很淡薄，现场相关服务机构缺失导致观众的不便和不满。三是缺乏品牌意识，国际化程度不高。大多数活动规模小、档次低、质量不高，能打入国际节事市场的更是凤毛麟角。这些问题都是因为中国的节事活动市场化运作程度不高所造成的。只有通过评估来预测节事的效益，以市场的眼光来进行活动策划和管理才能成功。可见，引进市场化的竞争机制和公平可信的评估机制才能避免问题的产生。

（4）提供给同类节事活动可参考的依据。

节事活动的评估结果不仅给该节事自身未来的发展提供经验教训，也给其他同类型的节事带去了可借鉴的东西。同类节事活动，尤其是新节事，从策划到筹备到管理到运作除了需要理论上的支持外，还需要大量的已有的实践为其提供参考，这样一方面可以借用成功的方法，另一方面可以少走弯路。总之，对以往节事的评估能够给予新办节事很多帮助，大大提高了办节的质量和水平。

10.4.1.5 节事活动评估的参与主体

节事活动评估可以从多个不同的角度切入，而其所对应的主体也不同。节事评估的主要参与主体有以下五类：

（1）观众。

观众（包括现实观众和潜在观众）是节事评估的重要调查对象，观众评估指的是对节事参与观众的心理和行为进行的双重评估的过程。衡量节事活动成败不能仅仅看经济指标，应该把观众满意度也作为一个重要的指标。对任何节事的主办方而言，争取更广泛的观众是它们不变的目标，因此观众评估具有现实性的意义，其核心在于对观众的心理满足进行比较和评估。主要的方法有通过问卷对现有观众进行参与感受调查，对潜在观众进行信息获得渠道调查，从而为市场细分和制定能满足消费者需求的营销方案提供依据。

（2）节事管理者。

节事活动的管理者参与了整个活动的全过程，他们亲身经历了策划、管理、运营的各项工作，因而是最具有发言权的一个群体。管理者评估分为自我评估和集体评估。自我评估是管理层当中的每个个体结合节事的目标和个人承担的职务对自己的目标、能力、资格、业绩、价值观等进行合理评价。而集体评估是一个全员参与、全员考核的过程，它是对整体团队的评价，更注重节事的整体效果。管理者的自我工作总结和自我定位是节事评估的重要组成部分。

（3）赞助商。

赞助商评估侧重对实际获得经济效益与预期效益的比较。从赞助商实施赞助活动的出发点来看，他们的主要目的是增加产品销量，提高企业知名度，塑造良好的公众形象。因此，赞助商会在节事过程中展开实时的监控，确定回报的落实，衡量企业产品的销售情况与节事赞助的实施影响是否一致，是否能达到预期的赞助目标。

（4）媒体公众。

媒体公众评估主要是对节事的推广成本和产生的社会效益之间的比较评估。媒体公众评估主要包含两层含义：一是对大众媒介的报道及其效果评估；二是对公众接触媒体信息的数量和渠道评估。节事媒体投放的渠道越来越多，包括了平面媒介、电视、广播、网络、手机、移动媒体等多种传播方式，而对其的分析能够很好地反映节事的效果及对社会的影响。

（5）第三方机构。

第三方机构评估指的是请节事供需双方之外的第三者对节事的实施、效果和影响进行评估。委托第三方机构对节事活动进行监察与控制从而获得的评估数据能够保证评估的科学性和客观性，减少了作弊的可能，使评估报告的可信度增强。第三方评估在欧美国家早已形成制度，有大量成功经验可以借鉴。在对于第三方机构的选择最好是邀请由行业内资深专家组成的非营利性质社会调查机构。

10.4.2 节事活动的评估方法

节事活动评估往往综合了定量和定性分析相结合、宏观层面和微观方面的分析相结合的方法，对信息进行采集和分析研究，从而得出经验教训并提出解决问题的对策。

（1）定量分析法。

问卷调查法是调研中最常用的手段，节事评估中用的调查问卷就是为了调查节事的效果和影响而专门设计的涉及评估内容的包含各方面问题的表格，同时将它们大量印刷并发给受调查者，以及回收并对其加以总结、分析。依据调查对象的不同，应设计不同的问卷。问卷设计的原则是：主题明确；所有问题必须紧扣主题；条理清楚，简洁明了；方便填写且节省时间、精力。

（2）定性分析法。

①面谈法。

访问者在直接面对调查者时，可提出较多的问题，在交谈中获得真实可靠的资料，并相互启发。整个谈话的过程应保持轻松的气氛，但又不能失去主题方向，同时应随时观察被调查者，采取随机应变。面谈的形式多样，包括了有组织的座谈、专访或随机采访，征求各方人士对节事的意见和评价，是定性分析的有效手段。

②电话调查法。

电话调查法相较于问卷调查法具有成本低、完成时间短的优点。然而因为通话时间的限制，很难询问一些复杂的问题，因此只能在电话里征求受调者对节事的基本意见和评价，它也属于定性分析，且获取资料速度快。

③现场观察和采访。

在节事现场可派专人对节事的实施情况和参与者的反应进行观察，以旁观的形式代替询问，避免了与受调查者的直接互动，从而获得更为客观的结果。例如，节事中的现场表演环节，观众热烈鼓掌且积极互动，无疑是对表演精彩度的认可，很多类似的情绪反应都能直接说明评估结果。另外，现场采访也是一种获取第一手资料的好方法，当然采访者应该经验丰富且能主导谈话，而受访者也要甘愿配合才能完成采访。在采访后还要及时整理记录，归纳出重点和要点。

（3）微观分析法。

①对比分析法。

对比分析法是一种微观的、具体的评估方法。在收集完信息之后，评估者应对信息进行分析，然后将节事活动执行的实际情况和节前制定的目标相对比，从而评价该节事产生的实际效益和影响。通过对比，组织者可以知道每一个具体环节上现实和预期的差距，进而找出存在差距的原因，日后加以改善。

②述职报告会。

节事结束之后，主办方的每个工作人员都要对自己在活动期间的工作表现作出报告，可以是口头汇报，也可以是上交书面材料。每个人的报告中体现了每个岗位上任务的完成情况，且能够作为奖惩的依据，是一种有效的微观分析法。

（4）宏观分析法。

总结大会。因为时间有限，所以不可能把节事当中的各个环节一一道来。只能对节事的基本完成情况、产生的效益、影响力进行一个整体的评价，同时也对未来作出大致的预测，是一种宏观的评估方法。

10.4.3 节事活动的评估流程

节事活动的评估流程指的是从制订评估计划到结束评估的全部过程。通常节事活动的评估要经历四个步骤：

第一步：制订评估计划。

在制订评估计划前，首先应该确定评估的主体，即是节事主办方内部机构还是委托第三方机构。同时，还要决定信息采集的渠道、方法，选择评估的工具、制订抽样计划、编制评估预算、确定时间进度和建立评估组织以及挑选相关人员等。评估计划的主要内容有：

（1）明确评估内容。

要明确需要进行评估的内容，并根据实际情况对其加以主次区分。

（2）收集资料和数据。

根据需要评估的内容来决定要收集哪些相关的资料与数据。数据指的是能被量化的内容，资料指的是需要加以主观分析判断的内容。这两类信息的收集工作同样重要。

（3）建立评估组织、挑选人员。

要尽早建立专门的评估组织并且精心挑选评估人员，在组织的协调下统一开展工作。挑选评估人员的标准包括：①对评估目标十分清楚；②具有引导受访者如实回答问题的能力；③善于同事间的合作和共享；④具有丰富的经验和相关知识；⑤乐于且善于学习；⑥能透过现象看本质，逻辑分析能力强。对于那些有潜力但还未能达到标准的评估人员，还应给予培训。

（4）选择评估方法。

可综合应用定性和定量的分析法，将宏观和微观的方法相结合。

（5）决定评估报告的形式。

评估报告的形式按内容分可以分为描述式和数据式两类。前者只有大致的总结，是定性的评估；而后者则通过具体的数据、图表等来反应结果，是定量的评估。评估报告还可分为书面的和口头的。总之，最终采用什么样形式的报告都要依据实际情况和受众的要求来定。

第二步：收集相关信息。

节事活动评估过程中，收集信息这一环节往往耗时、费钱又容易出错。在这一阶段，评估人员依据先前制订好的计划对有关对象进行调查，从而收集信息。主要手段有召集会议、发放问卷、电话调查、现场采访、实地观察以及收

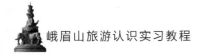

集二手资料等定量与定性结合的方法。定量的方法能够广泛收集数据，适用于效果评估；而定性的方法更适用于发现问题。

信息的来源多种多样，主办方、承办方和赞助商都能提供一些有用的信息，而售票情况、停车位等数据也同样可以说明一些客观结果。

第三步：进行数据分析。

在完成了信息收集这一步骤后，接下来的任务就是要对数据进行处理、分析。首先，对收集到的所有数据加以整理，计算出总数和各自所占的比例。原始数据是分散独立的，不具备评估价值，只有经过整合统计得出的数据，才能作为评估的参考依据。其次，应对照节事目标比较统计结果，判断活动是否成功，经济效益如何，管理水平如何，是否达到了目标等。最后，在统计、比较的基础上，对节事的效果和管理水平进行分析，通过数据发现规律和问题。

第四步：呈现评估结果。

评估结果要通过一定的方式才能表达出来。第一种方式是罗列数字和标准，即列出表达好坏程度的标准数值，然后给出节事该项的数值，其结果一目了然。这种形式适合表现定量的评估内容。第二种方式是罗列预期目标和现实情况，让受众明白差距。这种差距可用数字、比例或陈述的方法来展现。

综上所述，评估也是一项科学、严谨的工作，只有工作到位、准确了，对节事的评价才能公正、客观，也才能获得真正有用的经验教训。

●本章考核

1. 什么叫节事活动？节事活动的内涵是什么？

2. 节事活动有哪些类型？

3. 节事活动的特点是什么？

4. 节事活动的策划有哪些原则？

5. 节事活动的管理有哪些内容？

6. 节事活动的评估方法有哪些？

7. 与小组成员一起策划峨眉山认识实习的文艺演出活动。

8. 对文艺演出活动进行评估。

实习组织保障篇

第 11 章　主题实习线路与组织

11.1　峨眉山景区考察路线

11.1.1 全山深度体验经典考察游线

11.1.1.1 路线组织

由基地出发，经报国寺、黄湾、龙门硐、两河口、五显岗、清音阁（可宿农家乐）、分两路，一条路经一线天、洪椿坪（可宿寺庙）、仙峰寺、遇仙寺、九岭岗，至洗象池（可宿寺庙），另一条路经万年寺、息心所、初殿、严华顶，至洗象池（可宿寺庙）、雷洞坪（可宿农家乐）、接引殿、至金顶（可宿酒店）、千佛顶、万佛顶，返回雷洞坪，乘车返回。可安排 3 天，第一天可住宿清音阁，或者洪椿坪，或者洗象池；第二天住宿雷洞坪，或者金顶（图 11-1）。

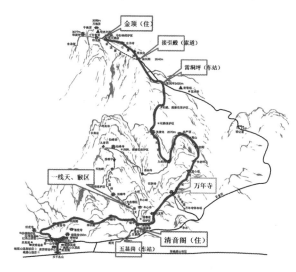

图 11-1　全山深度体验经典考察游线图

11.1.1.2 路线特点

该路线从峨眉山入口区，经低山区，一直到达中高山区，包括山地型旅游景区不同海拔高度各种业态，也包括了峨眉山众多地学景观。可徒步登顶，然后乘车下山返回。步行上山考察路程 27 千米，海拔高度跨越 2600 米。

11.1.1.3 考察内容

（1）文旅业态考察。

报国寺—黄湾段，为景区入口区域，集中了餐饮、住宿、购物、娱乐、交通、集散等功能，考察内容包括商业街区、游客中心、客运中心等。

清音阁至一线天、洪椿坪段，为低山区基础服务设施集中区域、也是生态猴区文旅项目分布区域，可考察清音阁社区参与、农家乐与购物等业态、生态猴区项目运营状态等。

万年寺至洗象池段，为低山区至中山区山势较为陡峭的一段，可考察万年寺、息心所、初殿、严华顶、洗象池沿途寺庙，尤其是万年寺和洗象池，万年寺创建于东晋隆安年间，历史悠久，为峨眉山最早的六大古寺之一，具有穹隆顶方形无梁砖殿、巍峨宝殿、白水池等景点。附近有万年停车场以及索道等交通设施。洗象池海拔 2070 米，是观景较好的地区之一，其中"象池夜月"是峨眉山十景之一。洗象池前的转天坡 1800 多级石梯，也是山岳型景区登山体验的地段之一。

雷洞坪至接引殿段，是上山公路和索道下站的连接点，集中分布了住宿、交通、餐饮等业态。雷洞坪是公共汽车交通的上站终点，接引殿是金顶索道的下站，该路段是所有游客必须徒步登山的必经之路，也是对游客市场调研的最集中区域。

金顶，是大多游客的终极目的地，具有十方普贤像、大雄宝殿、观音殿等景点，也是夜观星空、俯瞰峨眉山是夜景、观察日出、云海、佛光等金顶天象奇观的地区，还是酒店、餐饮、购物、索道上站的集中分布区。

（2）地学景观调研。

报国寺—黄湾段，沿公路可观察白垩系夹关组的砖红色的厚层砂岩地层。至峨眉河大桥是峨眉平原与峨眉山的交接地带，一侧是广阔的河流冲积平原地貌，一侧是高陡的龙门硐峡谷地貌。在名山起点处东望可欣赏到黄湾阶地的全貌。

龙门硐一带，峡谷地貌及龙门（悬挂）泉，特别是三叠系沉积相剖面，沉积构造十分丰富，相标志明显；其西可见二叠系地层剖面、峨眉山玄武岩的杏仁状、斑状结构、柱状节理及牛背山背斜、回龙山断层、挖断山断层，在挖断山以北东的地层均为倒转层序；在龙门硐索桥处别忘了观看"普贤船"等地质人文景观。

两河口经五显岗、清音阁、一线天段，可领略"峨眉山氡水温泉"、深切曲流峡谷地貌、木鱼山向斜；"牛心石"与双桥清音、万年寺断层、茅口组灰岩构成的白云峡"一线天"岩溶地貌及黑龙江栈道、"三大皇帝游峨眉"石刻等景观。

牛心寺附近可见到观心坡断层、大峨寺断层、峨眉山花岗岩、震旦系灯影组藻类化石、叠层石及葡萄状白云岩；洪椿坪万缘桥附近可见震旦系观音崖组不整合覆盖于峨眉山花岗岩之上。至仙峰寺的南西方向约 1.5 千米处，是著名的九老洞岩溶溶洞，此处可欣赏到岩溶溶洞内形态各异的石笋、石钟乳、石柱等多种岩溶溶洞堆积景观。此外，沿途还可观察到震旦系—寒武系的界线。

仙峰寺至遇仙寺一带，山体陡立、悬崖峭壁，一侧是筇竹寺组（九老洞组）砂岩风化和崩塌地貌，一侧是灯影组白云岩喀斯特峰林、峰丛、溶蚀洼地等侵蚀地貌，最著名的是石笋沟的峰林地貌。经过长寿桥约 500 米便可看到下寒武统沧浪铺组（遇仙寺组）紫红色的砂、泥岩，其间的三叶虫等化石十分发育。

经遇仙寺、九岭岗、莲花寺至洗象池，可一览峨眉山中山地带的神、奇、秀、险的山岳风光。在莲花寺的旧址是建立莲花寺组（现为龙王庙组）的剖面位置，剖面上波痕、虫迹等沉积构造现象十分发育。在至洗象池的途中，经钻天坡出露了中、上寒武统的陡坡寺组、西王庙组和洗象池群，可观察白云岩、灰质白云岩中发育的竹叶状及鲕粒结构，如果运气不错还可见到薄石膏层。

从洗象池经罗汉坡至大乘寺一段发育为下奥陶统罗汉坡组和大乘寺组，发育有波痕、虫迹等沉积构造，并产出大量的三叶虫，笔石等化石。大乘寺经连望坡至雷洞坪，沿途地势高峻，为下二叠统石灰岩分布区，岩溶地貌极为发育，所谓雷洞坪 72 洞分布于该区域。雷洞坪至接引殿的登山道路修建于下二

叠统石灰岩的层面之上，沿途可见珊瑚、腕足等化石。同时，形态优美的峨眉隐石燕也产出于该地层中。由接引殿至金顶、千佛顶、万佛顶，沿途为峨眉山玄武岩构成的单面山，可观察到玄武岩的杏仁状、斑状结构及柱状节理等。

在金顶，可观察到峨眉山玄武岩所形成的摄身崖、千佛顶、万佛顶的崩塌地貌。但也应一睹"日出、云海、圣灯、佛光"这四大奇观气象气候及地质景观。

11.1.2 高山区地学景观考察游线

11.1.2.1 游线组织

由基地出发，到报国寺客运站，乘车至零公里，到脚盆坝，而后乘车前往雷洞坪（可宿），步行至金顶，返回。可安排 1~2 天完成。

11.1.2.2 游线特征

该路线以观察脚盆坝第四纪古冰川遗迹及高山地学景观为主要考察内容，同时辅以峨眉山佛教文化体验考察。

11.1.2.3 考察内容

从报国寺乘车，在景区零公里至脚盆坝，可观察脚盆坝第四纪古冰川遗迹的"U"形谷、角峰、冰蚀盆地、冰湖堆积物以及脚盆坝龙洞地下河等地质景观。而后乘车前往雷洞坪，步行至金顶，观赏日出、云海、佛光、圣灯"四大奇观"后，再由金顶返回雷洞坪，可沿路线一返回。

11.1.3 低山区生态文化考察游线

11.1.3.1 游线组织

由基地出发，从报国寺乘车出发至高桥张山，然后步行至余山，经麦地坪、新开寺、纯阳殿、雷音寺、伏虎寺后，抵达报国寺。可安排 1 天完成。

11.1.3.2 游线特征

该路线沿峨眉山低山区进行考察，一是峨眉山麓三教会宗文化考察体验，二是低山区丰富的植物和动物资源调查，三是低山区峨眉山地学景观考察。可安排 1 个全天的考察，沿途按照各点考察内容。

11.1.3.3 考察内容

（1）三教会宗文化体验。

通过对三教会宗厅、报国寺、纯阳殿、雷音寺、伏虎寺等地的考察调研，对峨眉山佛教文化、道教文化，以及儒、释、道"三教"会宗的调研和体验。报国寺最初名"会宗堂"。明代万历四十三年（1615），明光道人建于伏虎寺右的虎头山下，取儒、释、道"三教"会宗的意思。寺里供奉"三教"在峨眉山的地方代表的牌位：佛教为普贤菩萨，因为峨眉山是普贤道场；道教是广成子，据说他是李老君的化身，他在峨眉山授过道；儒教的代表是楚狂，楚狂名接舆，和孔子同时代，楚王请他去做官，他装疯不去，后来隐居峨眉山。

（2）动植物旅游资源调查。

通过对峨眉山博物馆，以及沿途的珙桐、桫椤、桢楠，以及药用植物和成片的竹林等植物，以及枯叶蝶、弹琴蛙、环毛大蚯蚓等动物进行观察，对峨眉山低山区丰富的动植物资源进行调研和考察。

（3）地学景观考察。

该路线在张山至余山段，可观察峨眉山花岗岩、张沟辉绿岩、震旦系观音崖组覆盖于花岗岩上的沉积不整合接触，以及上震旦统灯影组中各种藻类化石。从麦地坪至新开寺，可观察著名的峨眉麦地坪震旦系—寒武系剖面，内部发育的多种沉积构造，以及小壳动物、三叶虫、介形虫等生物化石等。同时，在新开寺附近发育有下二叠统石灰岩的岩溶溶洞景观。从雷音寺、伏虎寺至报国寺一线，观察下二叠统的（燧石）灰岩、三叠系的雷口坡组白云岩、须家河组砂泥岩以及中侏罗统沙溪庙组和下白垩统夹关组"红层"砂泥岩及砾岩等。

11.2　峨秀湖度假区文旅业态考察路线

11.2.1 住宿接待主题考察线路

11.2.1.1 游线组织

从基地出发，步行环峨秀湖公园，经峨眉青庐、天颐文泉度假酒店、峨眉璞园、见山，到红珠山宾馆参观，再到黄湾度假小镇精品民宿，返回基地。可安排 1 天完成。

11.2.1.2 游线特征

该路线考察了天颐文泉度假酒店精品主题酒店、红珠山宾馆高星级酒店、旅游地产峨眉青庐、峨眉璞园、见山，还有黄湾度假小镇精品民宿和集中安置房民宿等多种类型的住宿接待设施。

11.2.1.3 考察内容

通过业主和管理人员的介绍、观察、问卷和讲解，理解不同类型住宿接待设施的特征和经营管理特点，掌握度假区建设和经营管理中不同类型住宿设施的作用和意义。

11.2.2 节事活动主题考察线路

11.2.2.1 游线组织

从基地出发，乘公交车前往旅博天地四川国际旅游交易博览中心，参观完毕乘车前往戏剧幻城，参观结束乘车返回。可安排 1 天完成。

11.2.2.2 游线特征

该路线整合了两大重要的文旅新业态：大型国际会展和大型行进体验式文艺演出，包括场馆和项目内容，均代表着文旅产业的新趋势和新方向。

11.2.2.3 考察内容

从 2014 年开始，四川国际旅游交易博览会在四川国际旅游交易博览中心已经进行了八届，每年在 9 月中上旬开办，可安排时间参观大型国际会议展览的场馆设计、活动内容、组织实施等，同时对全国全省乃至全世界众多旅游目的地发展与营销以及旅游商品设计、大学生志愿者管理等进行了解调研。

《只有峨眉山·戏剧幻城》参观调研内容包括戏剧幻城场馆，以及"只有峨眉山"演出。《只有峨眉山》是导演王潮歌继"印象""又见"系列之后，创作并执导的"只有"系列的开篇之作。整个项目占地规模约 7.8 万平方米，总建面 30500 平方米。通过"剧场演出"和"实景演出"的互动交换，使不同种类的剧场之间互相交融，开创了行进式的观赏方式。2020 年 11 月 18 日，当选"成渝十大文旅新地标"。

11.2.3 商业街区主题考察线路

11.2.3.1 游线组织

从基地出发，步行前往峨眉院子，参观完毕后，步行前往峨眉象城，考察完毕后返回基地。可安排 1 天完成。

11.2.3.2 游线特征

该路线串联了峨眉院子、峨眉象城两个商业街区，峨眉院子靠近峨眉山景区大门，峨眉象城靠近峨眉山市区，两个商业街区均聚集了住宿、餐饮、购物、娱乐、演艺等业态，具有一定共性，同时也有各自特点和差异性。

11.2.3.3 考察内容

峨眉院子紧邻峨眉山高铁站，由蓝光地产修建，整体建筑以川西建筑风格为主，院落式分布。考察项目包括峨眉山演艺中心、好多熊猫等主题客栈、戏台、文化体验与展示、餐饮等项目。

峨眉象城紧邻大佛禅院，考察项目包括商业街区、峨眉时光、好吃街、象城大剧院、非遗文化展览馆等项目。

11.2.4 文旅小镇主题考察线路

11.2.4.1 游线组织

从基地出发，乘车前往罗目镇，参观结束后乘车前往高桥镇，结束后乘车返回。可安排 1 天完成。

11.2.4.2 游线特征

该路线串联了一古一今两个特色迥异的文旅小镇，罗目镇是省级历史文化名镇，以历史文化特色著称，高桥镇的高桥里项目以乡村振兴文旅康养度假为特色，这两个文旅小镇分别是两种开发模式，展示了不同的文旅业态。

11.2.4.3 考察内容

罗目古镇也是国家 4A 级旅游景区，古镇保留了 1400 年古镇的魅力和原生态，考察内容包括古镇街道机制和四合院落建筑，还有红糖凉糕、豆花，炸土豆等古镇美食，宁静的古镇民俗生活。

高桥里项目是由恒邦集团投资修建的乡镇振兴康养文旅项目，考察项目包括旅游地产、商业街区、农耕文化、农业大地景观、精品民宿、中小学研学旅行等项目。

11.2.5 智慧文旅主题考察线路

11.2.5.1 游线组织

从基地出发，步行前往峨眉山智慧文旅大数据中心，参观之后到数游峨眉进行体验，结束后步行返回。可安排半天完成。

11.2.5.2 游线特征

该路线涉及智慧文旅项目，是当今文旅产业服务管理和新业态项目的技术支撑和展示。

11.2.5.3 考察内容

到峨眉山智慧文旅大数据指挥中心，听取观看乐山文旅云平台中运行监控、服务营销、行业生产、产业监控、数据共享等运行情况介绍。到数游峨眉一馆五厅和十四大主题展示区听取介绍和参与体验。

11.2.6 研学旅行主题考察线路

11.2.6.1 游线组织

从基地出发，步行前往乐山市中小学研学旅行实践教育营地（峨眉山大酒店），参观后乘车前往农夫山泉峨眉山旅游景区参观，结束后乘车返回。可安排1天完成。

11.2.6.2 游线特征

该路线从研学营地到工业旅游景区研学项目两个实地，分别从研学旅行的不同角度进行了考察调研，让受众能够更加立体全面地认识和理解研学旅行这一文旅业态。

11.2.6.3 考察内容

乐山市中小学研学旅行实践教育营地位于峨眉山大酒店内部，考察项目包括"室内综合实践区""室外拓展互动区""室外劳动实践区""乐游生活休憩区"四个功能区，其中室内综合实践区包括主题教育展厅（爱国主义教育、禁毒教育、法制教育等）、双遗研学体验（包含自然文化和遗产研学）、科创研学体验（包括声光体验，电磁探秘，远动旋律、机器韵律方面的实验体验）、国学礼仪研学。

农夫山泉峨眉山工业旅游区是国家4A级旅游景区，考察内容包括农夫山泉峨眉山生产基地参观中心、72000BPH生产线、水源地等景点。

路线特点：该路线串联了峨眉山众多地学景观，可徒步登顶，乘车下山。步行上山考察路线27千米，海拔高度跨越2600米，在地学景观考察的同时，也是对山地型旅游景区不同海拔高度各种业态的考察路线。

第 12 章　实习形式与考核

12.1　实习形式与任务

12.1.1 师生比与任务

原则上按照指导老师组进行指导，师生比 1：15 的比例进行指导，即 1 名老师指导带领 15 名学生。全体师生全程前往峨眉山实习基地，不间断完成课程任务。

指导老师组按照条块交叉，完成以下具体任务：

（1）完成每日参观实习前准备和实习过程讲解与指导；（2）在基地室内完成《旅游资源及调查评价》《市场问卷设计与分析》《导游讲解技能与技巧》《文旅融合创新发展理论与实践》四个专题讲座；（3）分别指导各组学生完成主题调研和报告；（4）负责查寝、组织学生文艺演出、户外运动等课外活动的开展与实施。

12.1.2 学生分组与任务

实习以分组进行统一实习，分主题完成实习调研和报告。按照每组 8~12 名学生进行自由组队，每个小组选定主题，推选组长及其相关成员分工。指导老师组进行统一指导，分小组一名指导老师对应一个小组完成实习指导任务。实习出队前，完成实习动员大会，对实习内容、任务及要求进行总体部署。

各小组完成以下具体任务。（1）带队与导游。各小组轮班值日，值日小组完成带队任务，涉及组长负责组队、点名及纪律管理。同时，值日小组派专人准备且实施当日参观对象的导游讲解任务。（2）市场问卷与专题报告。小组共同完成专题调查问卷设计与发放回收，小组专题报告撰写。（3）各阶段汇报PPT：第一阶段考察 PPT 汇报，第三阶段专题报告 PPT 汇报。（4）抖音与微信制作：每小组制作并推出实习过相关内容的主题抖音与微信文章，点赞最多的抖音视频提交最为实习成绩参考因素。（5）文艺节目编排：每小组编排1个文艺节目，参加实习文艺会演活动。

12.2 考核与成绩

12.2.1 考核方式

考核采取个人结业论文结合过程性考评的形式。

12.2.1.1 个人结业论文

（1）采用统一封面，明确课程性质、学生姓名及学号、指导老师姓名，以及实习时间。

（2）正文不低于3500字，包括实习目的、实习地简介、实习安排、实习内容及过程（不少于2000字）、实习收获与建议（不少于500字）。

（3）正文格式规范，用词得当，文句通顺，条理清楚，内容真实，复制率低（表12-1）。

表12-1 个人结业论文考核评分参考标准

支撑课程目标	评分标准				成绩比例（%）
	86~100	70~85	60~69	0~59	
	优	良	及格	不及格	
目标1：培养学生初步认识旅游地学背景、了解旅游资源及其调查、分类与评价的步骤。	概念清晰、表达准确、语言精练、写作规范	概念准确、表达较为准确、语言科学	概念基本准确、表达基本准确、语言基本通顺	概念不准确、表达不准确、语言不通顺	10%
目标2：了解旅游景区及其旅游服务要素，理解旅游景区精细化管理的基本要素。	内涵准确、表达清晰、语言精练、写作规范	内涵准确、表达较为清晰、语言科学、写作规范	概念基本准确、表达基本准确、语言基本通顺	概念不准确、表达不准确、语言不通顺	20%
目标3：了解旅游地产与接待住宿业，理解产业融合发展的实践，理解不同住宿接待业的特点与区别。	阐述清晰、表达准确、语言精练、写作规范	阐述准确、表达较为准确、语言科学	概念基本准确、表达基本准确、语言基本通顺	概念不准确、表达不准确、语言不通顺	20%

续表

支撑课程目标	评分标准				成绩比例（%）
	86~100	70~85	60~69	0~59	
	优	良	及格	不及格	
目标4：了解节庆活动与文艺演出等文旅新业态；了解旅游行业运作机制。	概念清晰、表达准确、语言精练、写作规范	概念准确、表达较为准确、语言科学	概念基本准确、表达基本准确、语言基本通顺	概念不准确、表达不准确、语言不通顺	20%
目标5：锻炼旅游资源调查、分类与评价能力、旅游市场调研与分析能力，导游讲解能力；锻炼学生提出问题、分析问题、解决问题的能力。	问题分析准确深入、解决对策科学合理、具有一定科学性、可操作性	问题分析基本准确、解决对策合理、具有一定自我见解	基本能够分析出相关问题、解决对策基本可行	问题分析不准确、解决对策不科学	30%

12.2.1.2 过程性考评

过程性考评包括：实习表现、实验报告。

（1）实习表现包括：实习纪律、参与讨论、现场演示等。

（2）实验报告：实验报告为小组共同完成，按照要求和标准完成，得分为小组共同得分。课程实验报告评价参考标准如表12-2所示。

表12-2 课程实验报告评价参考标准

支撑课程目标	评分标准				成绩比例（%）
	86~100	70~85	60~69	0~59	
	优	良	及格	不及格	
目标1：培养学生初步认识旅游地学背景、了解旅游资源及其调查、分类与评价的步骤。	阐述准确、表达清晰、语言精练、写作规范	阐述准确、表达较为清晰、语言科学、写作较为规范	阐述基本准确、表达基本清晰、语言基本通顺	阐述不准确、表达不清晰、语言不通顺	20%

支撑课程目标	评分标准				成绩比例（%）
	86~100	70~85	60~69	0~59	
	优	良	及格	不及格	
目标2：了解旅游景区及其旅游服务要素，理解旅游景区精细化管理的基本要素。	阐述准确、表达清晰、语言精练、写作规范	阐述准确、表达较为准确、语言科学、写作较为规范	阐述基本准确、表达基本清晰、语言基本通顺	阐述不准确、表达不清晰、语言不通顺	20%
目标3：了解旅游地产与接待住宿业，理解产业融合发展的实践，理解不同住宿接待业的特点与区别。	阐述准确、表达清晰、语言精练、写作规范	阐述准确、表达较为准确、语言科学、写作较为规范	阐述基本准确、表达基本清晰、语言基本通顺	阐述不准确、表达不清晰、语言不通顺	20%
目标4：了解节庆活动与文艺演出等文旅新业态；了解旅游行业运作机制。	阐述准确、表达清晰、语言精练、写作规范	阐述准确、表达较为准确、语言科学、写作较为规范	阐述基本准确、表达基本清晰、语言基本通顺	阐述不准确、表达不清晰、语言不通顺	20%
目标5：锻炼旅游资源调查、分类与评价能力、旅游市场调研与分析能力，导游讲解能力；锻炼学生提出问题、分析问题、解决问题的能力。	思路清晰、阐述准确、语言精练、写作规范	阐述准确、表达较为准确、语言科学、写作较为规范	阐述基本准确、表达基本清晰、语言基本通顺	阐述不准确、表达不清晰、语言不通顺	20%

12.2.2 成绩评定

过程性考评成绩＝实习表现成绩×50%＋实验报告成绩×50%

总成绩＝过程性考评成绩×40%＋个人结业论文成绩×60%

附件 1：实习纪律

（1）安全事项。

①确保人身安全。实习期间不得单独行动，注意交通安全，不得从事危险动作，在寝室不得使用违规电器，禁止在外住宿。非教学时间发生疾病、意外事件须第一时间向指导老师报告。

②确保财物安全。妥善保管财物，贵重物品随身携带。

③登山注意避免野猴袭击。外衣及背包忌红色、黄色、橙色；过猴区时，须多人伴行，所有物品均需放置包内，切勿喂猴。

④涉水区注意地滑，切忌游泳等擅自水上活动。

⑤严格遵守实习纪律。因违纪而造成不良后果者，自担其责。

（2）纪律与违纪责任。

①实习期间不得擅自无故外出；如有特别紧要事，需书面请假并经家长、实习指导老师、辅导员同意。

②主要违纪情形：

做出危险行为且不听从规劝者；

夜不归宿者，或连续两次查夜迟归者；

赌博、酗酒、或斗殴者；

无故缺席一天者；

未按质按量完成各项实习任务（含野外考察、资料收集、导游、实习报告、PPT 汇报等）者。

③违纪责任：

违背上述第（1）~（3）条者，取消实习资格，立即送返学校；

违背上述第（4）~（5）条者，实习成绩不及格；

其他违背纪律情形，按学校学生守则处理。

附件2：小组实习报告成果展范例

2020级旅游管理专业认识实习成果展
峨眉山景区抖音营销问题诊断与改进

一、研究背景

- 互联网流量快速向短视频平台迁移，短视频营销成为主流。
- 峨眉山景区抖音营销成效不显著，亟须诊断其问题并改进。

二、理论基础

1. 网络整合营销4I原则

- 趣味原则（Interesting），指营销信息需具备趣味性、娱乐性。
- 利益原则（Interests），指营销主体要为目标受众提供利益。
- 互动原则（Interaction），指营销主体要与目标受众展开互动。
- 个性原则（Individuality），指营销信息要满足消费者的个性化需求。

2. 抖音算法原理

抖音算法有着严格的程序（图1），可以分解为合规审核、画面消重与关键词匹配、用户反馈与叠加推荐、冷却和零散推荐等四个阶段。

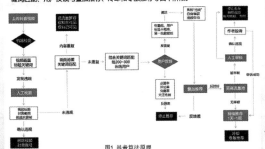

图1 抖音算法原理

三、峨眉山景区抖音账号短视频总体特征

2018年7月10日，峨眉山景区抖音账号发布首条短视频，到9月26日，共发布649条，沉淀7.7万粉丝，其短视频主要有以下特征：

1. 题材以人文活动、景观展示、产品推介为主。人文活动涵盖人物摄影、才艺展示、登山滑雪等内容；景观展示以天象气候（云海、日出）、植物动物、建筑雕塑为主；产品推介以戏剧幻境为主。

2. 发布频率较高，但不规律。平均每天约发布一条视频，2018年7月12日一天发了6条，2018年10月10—17日没有发布视频。

3. 优质视频比例不高。如果以点赞数（图2）作为判定视频质量的标准，截止到2021年9月16日，点赞数在100以下的有329条，占50.7%，在1W以上的有6条，占0.9%，优质视频比例不高。

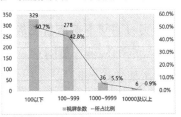

图2 峨眉山景区抖音短视频点赞数分段统计图

4. 吸引力缺乏持续性。点赞数达到1W的共有6条，集中在2018年10—12月，此后点赞数呈下降趋势，一方面跟新冠肺炎疫情的影响有关，另一方面也反映了视频内容的吸引力在下降。

四、问题诊断

视频结构

- 标题缺乏与近期热点的关联度且话题引用不当
- 多数视频没有明显地含有主题或者标题的封面，缺乏设计感
- 前期视频配乐与内容割裂；后期未充分利用背景音乐挑战榜
- 内容单调，关联性差且视频处理粗糙
- 风格平淡，由与周围的对比发现其对年轻群体吸引力不足

运营管理

- 缺少明确的定位，或者与现有抖音用户群体不符合
- 互动性弱，评论区的优质评论和优质互动稀缺
- 无流量管理，没有进行私域转换和忠实粉丝培养

流量变现

- 缺乏营销思维，没有抓住短视频带来的流量红利
- 没有引流变现措施，流量本身不能变现
- 高赞区间视频数量少，难以出爆款，流量基础少

五、改进建议

视频结构

- 增强视频结构完整性，涵盖所有的短视频因素
- 突出主题和景区特色亮点，讲述精彩故事，抓住稀有资源
- 增强剪辑艺术性，构建健康的短视频生态；具有发散式思维和更加开放、前卫、反转、超脱、潮流的创新思维

运营管理

- 精细化选择目标用户群体，获取公域、私域流量
- 推送时间的合理安排
- 重视评论互动与粉丝运营，增强用户黏性，培养粉丝忠诚度
- 深度优质内容的持续输出，强调对用户的深度触达

流量变现

- 充分挖掘平台功能，与抖音达人联动变现
- 借助用户主动上传短视频进行营销
- 主页商品售卖，直接变现

小组成员：李彦虹、张苊苊、何利霞、齐建萍、余丽均、李青阳、王绍杰、邱庆龙、钟斯璇

指导教师：张国平、李娴、肖倩茹、余志勇

小组概文　成理旅游新视界

2020级旅游管理专业认识实习成果展

峨眉山宗教旅游优化建议

一、峨眉山宗教旅游现状

峨眉山宗教概况

峨眉山在较长的历史发展中，有儒、释、道并存和各自发展时期，在不同的时期中它们的兴衰时有变化，但总的趋势是佛教日益兴盛。峨眉山景区原有寺庙108座，现存28座寺庙，总建筑面积约10万平方米。峨眉山有著名的八大寺庙，峨眉山佛教属大乘佛教，僧徒是临济宗、曹洞宗门人。峨眉山是普贤菩萨的道场，全山共有僧尼300余人。

峨眉山宗教旅游资源优势

● 佛教名山资源
四川峨眉山是"四大佛教名山"之一，拥有历史悠久的佛教文化。宗教文化底蕴深厚，风景秀丽，被誉为"天下名山"，每年都吸引许多游客到这里礼佛和旅游。

● 佛教建筑资源
峨眉山的宗教旅游建筑有万年寺、报国寺、大佛禅院等28座寺庙，山上寺庙建筑大多依山取势，形成了山野寺庙园林群落体系，这些寺庙中还保存了大量文物。

● 佛教造像
峨眉山寺庙中的佛教造像种类繁多，造型生动，工艺精湛。如万年寺的铜铸"普贤骑象""脱纱七佛""金顶的十方普贤金像"等，均为珍贵的佛教造像。

● 宗教文化
峨眉山宗教文化——特别是佛教文化构成了峨眉山历史文化的主体，所有的建筑、造像、法器以及礼仪、音乐、绘画等都展示出宗教文化的浓郁气息。

浴佛节

代表活动

节日名称	节日时间	节日内容
浴佛节	农历四月初八	到寺院参与浴佛、献花、供僧等礼拜佛像、供养僧众等活动。
佛得道节	农历十二月初八	以米和果物煮粥供佛
盂兰盆报恩法会	农历七月十五	施高供僧、举行诵经法会、超度法会等活动
初一十五	正月初一和正月十五	参拜祈福、撞钟祈福、参加法会、燃灯敬佛

二、峨眉山宗教旅游优化建议

峨眉山宗教旅游开发现状

取得的成就

1. 设置因地制宜的两级管理体制
2. 统一寺庙香烛价格及安全标准
3. 采取完备的疫情防控措施
4. 突破传统模式，将线上线下宣传方式结合

存在的不足

1. 部分寺庙基础设施建设不完备
2. 宗教旅游资源缺乏合理规划
3. 网络营销未能达到吸引游客的效果
4. 峨眉山宗教旅游营销依附于峨眉山旅游营销，宗教文化被弱化
5. 旅游活动内容浮于形式

峨眉山宗教旅游优化建议

宗教旅游网络营销优化建议 提升搜索引擎排名互联网软文的推广

宗教文化营销优化建议 通过竞答宣传以情景演绎方式传递

权衡优化 宗教旅游淡旺季 旅游旺季采取限流措施；旅游淡季开发针对淡季高出游群体的活动

基础设施建设优化建议 为增加游客游览方便感与乐趣感等，寺院需进一步完善院内外相应基础建设

资源规划优化建议 1. 优化线路规划 2. 优化特产商业规划

政策相关建议 政府、宗教开发者和宗教人士共同努力为峨眉山宗教开发的持续发展奠定坚实的基础。

景区环境保护优化建议 注重原有自然环境的保护；注重景区的绿化

小组成员：刘芷芊 罗欣 王欣怡 任婷 王荣霞 热依汉古丽·麦麦提 韩宜臻 杨新宇 汪秋寒
指导老师：余志勇 李娴 张国平 肖倩茹

小组图文 成理旅游新视界

2020级旅游管理专业认识实习成果展
峨眉山藏酋猴旅游资源深度开发初探

峨眉山藏酋猴旅游资源现状

资源开发现状

在有关峨眉山藏酋猴往年相关活动资料查询中发现，以藏酋猴为主题的活动几乎没有。现有活动仅是在景区搭建的栈道、观景亭、索桥等特定场所观察、拍照，以及游客利用在猴区附近的摊位购买的猴粮，或自行携带的饼干、零食、水果等食物，通过亲手抛投或递食物来吸引藏酋猴与自己近距离接触，进行拍照或者录制视频以在社交媒体发布。

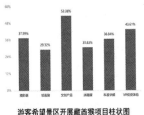

游客希望景区开展藏酋猴项目柱状图

分布现状

峨眉山拥有中国最大的野生自然生态猴区，藏酋猴分布于海拔800-2400米的群山峻岭之中，数量为1000余只。峨眉山中山区气候温和、花草繁茂，而且茂林修竹，有流泉飞瀑，是猴群理想的栖息地。峨眉藏酋猴通常出没在峨眉山的洗象池、遇仙寺、仙峰寺、茶棚子、洪椿坪、牛心岭一带面积约为50多平方千米的深涧密林中。

团队分工

现存问题

游客最感兴趣的体验项目饼状图

游客对于猴区防范措施了解程度饼状图

游客对猴子的印象饼状图

在新媒体平台上是否接触过藏酋猴饼状图

- 活动形式欠缺，资源整合不够紧密
- 相关文创产品缺乏创新
- 保护措施尚待完善
- 线上推广不足，营销渠道单一

对策与建议

保护 活动 创新 营销

初步IP形象图

对人保护 ＋ 对猴保护 ＝ 全面保护

文创系列

禅意系列： 将藏酋猴与金顶云海相结合，以倒流香为文化载体，底座用圆盘透明设计，旁配古松，边缘猴子观云海，有两重特色与感染力；四ура猴子环围蒲团坐垫，打造出禅意系类文创。

代表结合系列： 结合峨眉著名当地茶叶——峨眉雪芽、峨眉竹叶青，设计出带有藏酋猴元素的不同档次且成套的茶具，与峨眉雪芽整合销售，突出峨眉雪芽与峨眉竹叶青"观茶"的美感，也体现出峨眉藏酋猴的灵动。

猴态系列： 从佛教文化中提取"七珍八宝"吉祥纹样做辅助元素，根据藏酋猴古灵精怪等特点设计出数种形态的图案，印制出蕴含灵猴元素的系列文创产品，通过对产品包装的设计，加深游客印象。

保护＋活动
- 加强保护野生峨眉藏酋猴自然资源
- 合理使用峨眉山猴区形象，发挥最大影响力

创新＋营销
- 改变对古板的印象
- 扩大峨眉山景区藏酋猴知名度，增加峨眉山景区游客

小组成员：张忠涛、张雪、赵小芳、宋超、陈博、刘磊、常江涛、李丽、托合提卡热

指导老师：肖倩茹老师、李娴老师、余志勇老师、张国平老师

2020级旅游管理专业认识实习成果展

峨秀湖国家级度假区开发运营现状调查分析及展望

一、峨秀湖国家级度假区概况

峨秀湖简介

- 峨秀湖度假区位于世界闻名的自然文化双遗产、佛教旅游名山、温泉疗养圣地的峨眉山景区与城区之间。以自然山水为基底，以峨眉文化为主题资源，融合佛、山、水、道、武等资源特色。峨秀湖景区按照国家级景区标准打造，依旧"一核两环三片区十景点"规划布局，以峨秀湖为核心，围绕环湖步行道和车行道两条环线，打造北部娱乐美食休闲区、南部温泉养生度假区、高铁商务购物集散区。

峨秀湖发展历程

- 随着峨眉山景区从1996年开始旅游业发展壮大，峨眉山的周边随之发生了巨大变化。在峨眉山旅游刚发展时周边没有住宿没有餐饮，游客无法在周边停留，随着游客需求的增大，周边开始出现了各种产业，峨秀湖度假区就是在这个大背景之下产生的。峨秀湖度假区依托峨秀湖，在峨秀湖周边建立了一系列产业，最终形成度假区。而峨秀湖始建于文革时期，主要用于蓄水灌溉。竣工后取名为"工农兵水库"，直到改革开放后又更名为"峨秀湖"，一直沿袭至今。峨秀湖度假区从10年开盘至今，一步步发展，在15年成为4A级景区，到20年成为国家级度假区，发展突飞猛进。

二、度假区开发运营现状调查分析

➢ 峨秀湖度假区周边住宿接待业调查统计

➢ 峨秀湖资源配置现状及利用率

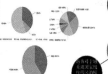

➢ 峨秀湖游客分析

三、存在问题

➢ 峨秀湖营销分析

品牌营销	服务营销
·定位不鲜明 ·整体营销欠缺 ·品牌打造力度不够	·公服设施运营良好 ·利用率及转化率不够

➢ 峨秀湖产品业态分析

基础设施

- 外立面混乱，缺乏统一打造，有损整体形象
- 基础设施特别是医疗机构欠缺，与康养旅游特色不符
- 当地民宿业态繁杂，缺乏有效监管，资源浪费现象突出

特色文化

- 各景点独自运营，尚未形成合力
- 服务业态单一，商业气息不足，消费市场欠缺

四、建议与展望

➢ 打造特色旅游标签

佛教文化旅游线路
- 将峨眉象城、大佛禅院等景区、峨秀湖度假区内的商业街、娱乐设施与峨眉山金顶、清音阁等景点串联起来，设计推广一条朝圣祈福的旅游线路。

康养+运动
- 利用峨秀湖旅游中游客的风俗格局以及期间的交通条件举办各种体育赛事。
- 提升峨秀湖在当地旅游及社交场合的曝光度，为度假区足运地发展拓宽更多可能。
- 改善服务与度假宿客的酒店住宿、旅游线路打包，富裕旅游休验。
- 提高度假区基础设施建设水平，增强服务意识和接待能力水平。

民宿文化+特色商业区
- 通过打造风情商业街区，建设丰富多样的娱乐设施，从酒吧、沉浸式剧本杀到文创特产店再到美食小吃等等，吸引年轻的消费群体，改变"白天登山看庙，夜晚关灯睡觉"的消费模式，打造峨眉山新的旅游商业名片，升级大峨眉旅游经济圈。

➢ 营销建议

小组成员： 徐书韵、陈嘉芊、曾彤、杨志卓、颜杰、马习尧、靳承乐、崔艺馨

指导老师： 李娴老师、肖倩茹老师、余志勇老师、张国平老师

2020级旅游管理专业认识实习成果展

乐山市中小学研学旅行实践教育营地现状分析及发展对策初探

一、营地现状分析

1、营地介绍

乐山市中小学研学旅行实践教育营地位于峨眉山风景区报国寺旁峨眉山大酒店内，依托大酒店升级改造。研学资源丰富，毗邻峨眉山珍惜植物园、峨眉山博物馆、成都理工大学峨眉地质实践基地、成都中医院大学峨眉学院等，在与四川各高校合作建设相关研学课程的同时，利用当地的师资壮大与培养自己的师资力量。

研学营地占地面积广阔共计7000 ㎡、设施设备齐全，配了篮球、足球、乒乓球、羽毛球等场地，可同时容纳800人开展开营、结营、团队拓展等活动。且住宿、餐饮条件优良，住宿环境整洁卫生每间宿舍环境配置良好，设置独立洗漱台、独立淋浴间、独立空调、储物柜、学生桌椅、酒店级床上用品等设施、餐饮搭配营养均衡。

高校力量　　绿茵操场　　住宿环境　　餐食标准

2、配套研学基地

峨眉雪芽有机茶基地。位于黄湾镇雪芽村，分布于峨眉山核心景区海拔1000米的群山幽谷中，占地3000亩，群山环绕，林海如烟。且集茶叶生产加工、茶叶生产参观、采茶体验、禅意空间品茗于一体。

《数游峨眉》科创研学基地。利用5G+、VR、3D探眼、全息成像等现代、互动科技技术全新打造的数游峨眉智慧体验中心，全面展示峨眉山丰富的动植物资源、灵动的地质结构变迁、悠久的人文地理文化等。面积达1990㎡，包含全息成像、沉浸式观影等功能展区。

《只有峨眉山》戏剧研学基地。基地位于峨川路99号，占地约117亩，省文旅融合发展、市文旅1号工程，项目充分融入民族精神，传承千年艰苦奋斗、诚实守信、勤劳勇敢、自强不息的优良品质。

二、SWOT分析

区位优势、
设施设备优势、
政策优势

线上宣传方式单一、
研学课程设计缺乏创新、
客源市场较狭隘

S　W
O　T

新兴行业造势、
搭上产业顺风车

市场饱和度过高、
疫情因素持续影响运营思维固化

三、调查问卷分析

四、建议与展望

创新课程，满足
不同群体需要

树立安全意识，
注重安全保障

发展策略

拓宽宣传渠道，
提高吸引力

以感知价值为
定价标准，追求
物超所值

制定多元化营销
策略

◆ 根据不同教育阶段的学生心智、受教育程度，进行细化，精准制定课程
◆ 充分利用峨眉雪芽有机茶基地、《数游峨眉》科创基地、《只有峨眉山》戏剧研学基地

◈ 营地根据学生实际和教育要求，在制定研学旅行课程方案中发挥主导作用
◈ 制定完善的接洽计，确保活动设施设备安全
◈ 政府部门加强监督管理，保障活动安全开展

▽ 改善公众号运营
▽ 形成宣传矩阵
▽ 组成宣传团队

▽ 不断拓展宣传渠道，提高产品的曝光率和宣传度，使家长们所能感知到的价值符合峨眉山研学旅行实践教育营地提供的服务价值，更深入了解研学旅行的价值，觉得物有所值

▽ 采用促销活动迎合对价格敏感的女性消费者
▽ 采取关系营销理念
▽ 采取整合营销理念

小组成员：郭笑男 吴嘉睿 谢浩然 舒之炜 潘晓宁 陈鑫 杨祖诚 马明宇 张玲燕

指导老师：肖倩茹老师、李娴老师、余志勇老师、张国平老师

2020级旅游管理专业认识实习成果展

四川国际旅游博览会大学生志愿者组织管理探讨

一、旅博会简介及志愿者现状

四川国际旅游交易博览会是国内外旅游产品及服务交易平台、国内外旅游行业交流与合作平台、四川旅游产业展示平台。为了确保第八届四川国际旅游交易博览会的顺利举办，本次旅博会在原有工作人员的基础上向社会及学校招聘了大量志愿者。据相关研究显示，随着我国志愿服务的发展，大学生志愿者服务队伍不断壮大，已经成为志愿服务队伍中的主力军。究其根本，是因为具有高素质、高学历、高技能的大学生志愿者们不仅便于委员的组织与管理，而且有利于提高志愿服务的质量和效。同时，对于大学生本身而言，他们参与志愿活动不仅有利于实现个人价值，还有利于他们提前融入社会，提高自己的阅历和技能。因此，无论是从理论还是实践意义上来讲，加强对大学生志愿服务的研究都有利于提升大学生精神境界，培育大学生的社会责任感和奉献精神。综上所述，本次研究旨在通过对第八届四川国际旅游交易博览会大学生志愿者的研究分析得出当代大学生志愿服务活动的现状、缺陷和应对措施，并据此构建出一套基本的管理模式，为以后的会展活动管理提供良好的经验与借鉴，达到更好的志愿服务效果。

二、旅博会志愿者的需求及管理缺陷

旅博会与志愿者的需求关联

1. 志愿服务需求
此次旅博会的顺利开展离不开志愿者的通力协助，从筹备工作、评审、开馆、到对现场客串工作中志愿者发挥的作用都无比重要。博览会的志愿者有从招募、培训、配置、激励等都是建立在服务保障与成功举办的重要因素。

2. 志愿服务必要性
建设和管理志愿者队伍，不但为博览会的圆满举办提供了更高层、高素质、高水平的志愿服务，而且传递了四川文化底蕴，将当代志愿者精神传递给大家。

3. 志愿服务标准（针对大学生）
我国大学生志愿服务队伍在不断地壮大，已成为志愿者的主力军，这些青年拥有着朝气蓬勃、晶学历、高技能，志愿者服务的过程中更容易带来愉悦的成就感、能稳定的发挥、使得服务客体能够有更加舒适的体验。

旅博会大学生志愿者管理存在的缺陷

1. 志愿者缺陷
（1）个体层面：
①志愿者自身对志愿服务的认识不足
②志愿者之间的经验差距
（2）社会层面
①不尊重志愿者的动机
②不尊重志愿者的才能
③不尊重志愿者的人格

2. 志愿组织缺陷
（1）招募流程欠规范，岗位针对性不强，培训边界不清。
（2）缺乏团队内沟通，团队凝聚力不足。
（3）招募方式通道狭窄，志愿者来源单一

3. 法律的缺失
（1）相关主体界定不明确，各地规定不统一
（2）相关主体之间关系界定不清
（3）志愿者合法权益未得到充分保障
（4）损害赔偿责任规定非常稀缺

三、大学生志愿者管理模式构建

3.9.2 模式图

1. 展前
主要针对各大高校的大学生进行招募，通过与各个高校领导联系，招募合适的大学生参与本次志愿活动，招募人员到位后立刻开展对志愿活动内容相关的培训，包括对赛会内容的讲解、发放志愿者服装和补给品等等，最后按照在培训中的表现和考核成绩进行分组，然后根据用人单位的需要，将各小组分配到不同的单位进行工作。

2. 展中
志愿服务队实行队长负责制，队长按照要求给每个志愿者分配相应的工作，并且监督志愿者保质保量的完成。在志愿活动期间，必须身着统一发放的服装，时刻保持精神形象，工作中表现优秀的志愿者会得到物质和精神奖励，相反则会给予批评，严重的甚至会被劝退。

3. 展后
志愿组织负责人将整个志愿活动中积累的经验和出现的问题进行总结和归纳，及时反馈给志愿者组织，志愿者组织会根据这些反馈总结出有用的部分用以应对之后的志愿活动，并且会对志愿者的表现进行评估，表现好的志愿者会得到奖赏。

四、改进建议

（1）构建一套完善有效的考核机制。不仅应当在志愿者工作完成度、工作态度、用人单位反馈等因素上进行优化，还应继续完善相关的激励机制——既要包括物质层面的奖励又要涉及到精神层面的奖励

（2）必须建立规范化、透明化的志愿者招募制度。不仅要制订出一套科学、有序的志愿者选拔标准，而且要及时公开透明有关志愿者选拔方面的信息，从而做到旅博会和志愿者的双向互动、双向选择——

（3）培训：除了从活动相关内容、工作流程、秩序维护、志愿者服务礼仪等专业知识方面进行培训，还应当重视旅博会志愿者的自我成长与心理减压，及时为他们进行心理疏导，始终保持高昂的服务热情。

（4）在旅博会志愿文化培育方面，我们不仅要加强旅博会的文化输出，而且要在旅博会文化建设与宣传方面正视旅博会给志愿者带来的积极影响

（5）旅游博览会应该定向地培养专业的赛会志愿者，将赛会培训的专业知识与技能融入他们的日常学习生活中，让他们提前了解旅博会的相关知识，练习旅博会志愿服务所需的专业技能，提高旅博会的志愿服务质量和志愿服务效果。

建立规范化的志愿者选拔制度
构建完善有效的考核机制
培育旅博会志愿者文化，提高志愿者的文化认同

改进建议

定向培养专业的赛会志愿者
加强对志愿者的岗前培训

小组成员： 杨虹 刘锐 达力亚 邹月 多菜提古丽 李建林 李郑君 董学海 麦麦提阿不都拉

指导老师： 李娴老师 张国平老师 余志勇老师 肖倩茹老师

小组撰文 戚理旅游新视界

2020级旅游管理专业认识实习成果展

黄湾小镇安置房片区民宿经营提升调查报告

黄湾小镇初步调查

研究思路

- 了解黄湾小镇的基本概况
- 黄湾小镇的集中安置房发展及趋势
- 黄湾小镇安置房片区民宿经营提升调查报告
- 黄湾小镇的民宿构成
- 黄湾小镇的消费群体及消费特征

研究背景

地处峨眉山进山山门的黄湾小镇安置房片区快速地发展了民宿群，随着峨眉山旅游基础设施完善，黄湾小镇安置房片区民宿群有一定的市场影响。因此，本小组希望调查黄湾小镇民宿快速发展的原因，疫情影响下他们的经营现状如何，以及在市场竞争策略、营销和民宿项目特色建设、质量建设等方面的优化策略

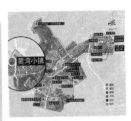

黄湾小镇

黄湾小镇安置房片区调查方法及结果

为了获取大量相关信息和有关资料，我们通过互联网进行搜集资料，同时为了保证资料的真实性，又采取了查阅文献，访谈，问卷调查等方式来搜集资料，并在最后将所搜集的资料整合，比对，筛选。

文献法　访谈法　问卷调查法

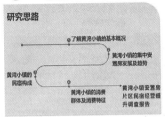

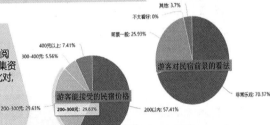

游客能接受的民宿价格
- 400元以上：7.41%
- 300-400元：5.56%
- 200-300元：29.63%
- 200以内：57.41%

游客对民宿前景的看法
- 其他：3.7%
- 不太看好：0%
- 前景一般：25.93%
- 非常乐观：70.37%

游客选择民宿的原因
- 距离景区近、交通便捷：74.07%
- 价格便宜：75.93%
- 更能体验当地生活：66.67%
- 有新鲜感：55.56%
- 有更多的设备：53.7%
- 入住、退宿时间灵活：72.22%
- 有人情味：77.78%

国内外民宿主题开发策略

法国：
"B&B"方式
保护农舍为目的的民宿收入作为家庭补贴

中国：
2010年后流行现阶段发展迅速以自发建设和集镇规划建设为主

英国：
居家型民宿青年旅舍/家庭旅馆价格相对便宜

英国：
以观光农业经营民宿的方式呈现属于副业经营

日本：
民宿本身是旅游的一种多位于景区、地域特色鲜明的区域

黄湾小镇现存状况及优化措施

	现存状况	优化措施
A	普通民宿服务质量较低	提高民宿服务质量
B	大多民宿集成群大并且达到二百多家，风格雷同	联合经营增加民宿风格
C	普通民宿并未达到民宿标准	与周边经营好的民宿交流并学习。
D	宣传手法单一	店家推送周边攻略，提高好感与人气

小组成员： 李开润昊，李蝶，师寒羽，汪雪枫，孟媛，古力，张盈，李菁

指导老师： 余志勇，张国平，李娴，肖倩茹

小组推文　峨眉旅游新视界

参考文献

［1］邓江红，张燕，邓斌.峨眉山地质认识实习教程［M］.北京：地质出版社，2013.

［2］成都地质学院峨眉科研队.峨眉龙门硐地区峨眉玄武岩顶部古风化壳［J］.矿物岩石，1982（3）：56-122.

［3］成都地质学院峨眉研究队.峨眉龙门硐上二叠统沙湾组沉积相［J］.矿物岩石，1982（3）：55-119.

［4］成都地质学院震旦系专题组.四川峨眉高桥震旦系—寒武系界线［J］.成都地质学院学报，1979（3）：1-17.

［5］成都地质学院震旦亚界专题组.四川峨眉高桥震旦系及震旦系—寒武系界线划分［J］.成都地质学院学报，1979（1）：73-91.

［6］《地质装备》编辑部.定位定向数字地质罗盘获得国家发明专利［P］.地质装备，201112（4）：8-9.

［7］王嘉荫.四川峨眉之冰川遗迹［J］.中国科学，1951，2（1）：121-131.

［8］蓝淇锋，宋姚生，丁民雄，等.野外地质素描［M］.北京：地质出版社，1970.

［9］刘怀仁，张致忠.峨眉山地学旅游［M］.重庆：重庆出版社，1988.

［10］骆祥君.四川峨眉山净水谷地冰川遗迹及其意义［J］第四纪研究，1991.（1）：38-44.

［11］四川省地质矿产局.1∶1500000峨眉幅、龙池幅区域地质调查报告（内刊）［R］.1989.

［12］陶晓风，吴德超.普通地质学（21世纪高等院校教材）［M］.北京：

科学出版社，2007．

［13］王小霞，夏克勤．峨眉山岩溶简介及其开发利用［J］．水土保持研究，2006，13（6）：250-252．

［14］王运生，金以钟．四川盆地下二叠统白云岩及古岩溶的形成与峨眉地裂运动的关系［J］．成都理工学院学报，1997，24（1）：8-17．

［15］王正瑛，邓江红．四川峨眉龙门硐下三叠统嘉陵江组沉积相［J］．矿物岩石，1982（3）：83-91．

［16］吴正．地貌学导论［M］．北京：科学出版社，1999．

［17］肖渊甫，郑荣才，邓江红．岩石学简明教程［M］．北京：地质出版社，2017．

［18］熊舜华，李建林．峨眉山区晚二叠世大陆裂谷边缘玄武岩系的特征［J］．成都地质学院学报，1984（3）：43-63．

［19］杨登华．峨眉山花岗岩时代问题之一佐证［J］．地质论评，1948（23）：341-344．

［20］张国成，王昆．四川峨眉山龙门硐下三叠统嘉陵江组段遗迹组构及其沉积学意义［J］．古地理学报，2010，12（3）：81-290．

［21］陈港．房地产营销概论［M］．北京：理工大学出版社，2010．

［22］龚苏宁．中国旅游房地产开发模式创新研究［M］．南京：东南大学出版社，2018．

［23］蒋静．峨眉山黄湾接待区旅游地产开发强度控制探索［D］．清华大学，2015．

［24］颉芳．乐山市红珠山宾馆企业战略研究［D］．西南交通大学，2008

［25］李兴荣，冯明义，余志勇．模拟导游实训教程［M］．成都：西南财经大学出版社，2009．

［26］刘诗妍．全域旅游背景下酒店业管理和服务创新的探析——以峨眉山市为例［J］．中共乐山市委党校学报，2019，21（2）：31-34

［27］余源鹏．旅游房地产开发全程策划．北京：建筑工业出版社，2009．

［28］80旅游．方聚峨眉设计师民宿——不住方聚，枉到峨眉 https：//www.sohu.com/a/43034000_218210. 2019-09-27．

［29］优联旅行.欢喜无厌·拈花溪.雨时烹茶、雪夜焚香、阑珊捧读——峨眉山最美精品民宿 https：//www.sohu.com/a/162871328_383658.2017-08-07.

［30］空气片坊.红珠山禅意山居，来一次走心之旅［家庭游］.https：//www.sohu.com/a/45919702_120657.［2015-12-02］

［31］黄羊山，贾鸿雁，马民华.我国旅游房地产的肇始——李德立及其牯岭公司［J］.东南大学学报（哲学社会科学版），2006，3（2）：75-78.

［32］邹益民，孔庆庆.我国旅游房地产开发前景的探讨［J］.商业经济与管理，2004，7（7）：60-62.

［33］陈燕，李桃迎.数据挖掘与聚类分析［M］.大连：大连海事大学出版社，2012.

［34］杜智敏.抽样调查与SPSS应用［M］.北京：电子工业出版社，2010.

［35］冯士雍，倪加勋，邹国华.抽样调查理论与方法［M］.北京：中国统计出版社，2012.

［36］胡琳.网络爬虫技术：一把锋利的双刃剑［N］.中国城乡金融报，2021-09-10：A04.

［37］简明，金勇进，蒋妍，王维敏.市场调查方法与技术［M］.4版.北京：中国人民大学出版社，2018.

［38］李金昌.统计学［M］.4版.北京：高等教育出版社，2018.

［39］刘阳.基于网络爬虫的CMS识别系统的研究与应用［D］.成都理工大学，2017.

［40］单艳，张帆.基于Python的网页信息爬取技术研究［J］.电子技术与软件工程，2021，14：238-239.

［41］谭祖雪，周炎炎.社会调查研究方法［M］.北京：清华大学出版社，2020.

［42］王卫东.网络调查与数据整合［M］.武汉：武汉大学出版社，2018.

［43］王新利.人文社会科学研究方法与技巧［M］.北京：高等教育出版社，2018.

［44］小卡尔·麦克丹尼尔，罗杰·盖茨.当代市场调研［M］.北京：机

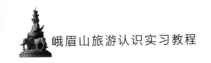
械工业出版社，2018.

　　［45］张鹏.网络爬虫数据采集技术在旅游行业中的应用与实现［J］.中国新通信，2021，23（14）：94-95.

　　［46］赵燕，胡芳，刘燕.社会调查方法［M］.3版.北京：电子工业出版社，2018.

　　［47］沈鸿，李晓.会展基础［M］.北京：高等教育出版社，2016.

　　［48］胡锡茹，谢洪忠.会展概论［M］.北京：中国旅游出版社，2018.

　　［49］杨春兰.会展概论［M］.上海：上海财经大学出版社，2015.

　　［50］崔益红.会展概论［M］.北京：北京大学出版社，2015.

　　［51］吴信菊.会展概论［M］.上海：上海交通大学出版社，2003.

　　［52］周彬.会展旅游管理［M］.上海：华东理工大学出版社，2003.

　　［53］胡平.会展旅游概论［M］.上海：立信会计出版社，2003.

　　［54］张红.会展概论［M］.北京：高等教育出版社，2006.

　　［55］王缇萦.商务旅游策划与管理［M］.上海：上海人民出版社，2007.

　　［56］王春雷，陈震.展览会策划与管理［M］.北京：中国旅游出版社，2006.

　　［57］王宝伦.会展旅游［M］.北京：中国商务出版社，2004.

　　［58］卢晓.节事旅游策划与管理［M］.上海：上海人民出版社，2006.

　　［59］过聚荣.会展导论［M］.上海：上海交通大学出版社，2006.

　　［60］马勇.会展概论［M］.重庆：重庆大学出版社，2007.

　　［61］郑岩.会展与事件［M］.北京：中国科学技术出版社，2008.

　　［62］李旭.马耀峰.国外会展旅游研究综述［J］.旅游学刊，2008（3）：85-89.

　　［63］王刚.节事旅游营销策略研究［D］.中国海洋大学，2009.

　　［64］马聪玲.中国节事旅游研究［M］.北京：中国旅游出版社，2009.

　　［65］刘嘉龙.会展的策划与管理［M］.北京：中国旅游出版社，2011.

　　［66］张敏.会展蓝皮书：中外会展业动态评估年报年度报告［J］.北京：社会科学文献出版社，2013.

　　［67］张丽.新编会展概论［M］天津：南开大学出版社，2015.

［68］徐丽莎.节事活动策划与管理［M］杭州：浙江大学出版社，2013.

［69］苏悦.会展基础［M］.北京：对外经济贸易大学出版社，2011.

［70］Davidson R. Business Travel［M］. Reading：Addison Wesley Longman，1994.

［71］GUNN CA. Vacationscape: Designing Tourist Regions[J]. Bureau of Business Research, The University of Texas at Austin, Austin, Texas, 1972.

［72］约翰.斯沃布鲁克.,景点开发与管理[M].张文,等,译.北京：中国旅游出版社，2001.

［73］黄其新，旅游景区管理[M].武汉：华中科技大学出版社，2009.05

［74］中华人民共和国文化和旅游部官方网站：https：//www.mct.gov.cn/.

项目策划：段向民
责任编辑：孙妍峰
责任印制：孙颖慧
封面设计：武爱听

图书在版编目（ＣＩＰ）数据

峨眉山旅游认识实习教程 ／ 李娴，肖倩茹，余志勇
编著． -- 北京 ： 中国旅游出版社，2022.9
  ISBN 978-7-5032-6952-3

  Ⅰ．①峨… Ⅱ．①李… ②肖… ③余… Ⅲ．①峨嵋山
－旅游地学－实习－教材 Ⅳ．①K928.3-45

  中国版本图书馆CIP数据核字(2022)第074848号

书　　名：峨眉山旅游认识实习教程

作　　者：李娴　肖倩茹　余志勇　编著
出版发行：中国旅游出版社
　　　　　（北京静安东里6号　邮编：100028）
　　　　　http://www.cttp.net.cn　E-mail:cttp@mct.gov.cn
　　　　　营销中心电话：010-57377108，010-57377109
　　　　　读者服务部电话：010-57377151
排　　版：北京旅教文化传播有限公司
经　　销：全国各地新华书店
印　　刷：北京明恒达印务有限公司
版　　次：2022 年 9 月第 1 版　2022 年 9 月第 1 次印刷
开　　本：720 毫米 ×970 毫米　1/16
印　　张：20.75
字　　数：320 千
定　　价：59.80 元
ＩＳＢＮ　978-7-5032-6952-3